国家出版基金项目
NATIONAL PUBLICATION FOUNDATION

欧亚历史文化文库

总策划 张余胜

兰州大学出版社

帝国的背影

——1368年后的蒙古

丛书主编 余太山

华喆 著

图书在版编目（ＣＩＰ）数据

帝国的背影 / 华喆著. -- 兰州 ：兰州大学出版社，
2014.5
（欧亚历史文化文库 / 余太山主编）
ISBN 978-7-311-04448-0

Ⅰ．①帝… Ⅱ．①华… Ⅲ．①蒙古族－民族历史－中
国－元代 Ⅳ．①K281.2

中国版本图书馆CIP数据核字(2014)第088031号

策划编辑　施援平
责任编辑　李　丽　施援平
装帧设计　张友乾

书　　名　帝国的背影——1368年后的蒙古
作　　者　华喆著
出版发行　兰州大学出版社　（地址:兰州市天水南路222号　730000）
电　　话　0931-8912613(总编办公室)　　0931-8617156(营销中心)
　　　　　0931-8914298(读者服务部)
网　　址　http://www.onbook.com.cn
电子信箱　press@lzu.edu.cn
印　　刷　兰州人民印刷厂
开　　本　700 mm×1000 mm　1/16
印　　张　17.5(插页1)
字　　数　234千
版　　次　2014年6月第1版
印　　次　2014年6月第1次印刷
书　　号　ISBN 978-7-311-04448-0
定　　价　55.00元

（图书若有破损、缺页、掉页可随时与本社联系）
淘宝网邮购地址:http://lzup.taobao.com

出版说明

随着 20 世纪以来联系地、整体地看待世界和事物的系统科学理念的深入人心，人文社会学科也出现了整合的趋势，熔东北亚、北亚、中亚和中、东欧历史文化研究于一炉的内陆欧亚学于是应运而生。时至今日，内陆欧亚学研究取得的成果已成为人类不可多得的宝贵财富。

当下，日益高涨的全球化和区域化呼声，既要求世界范围内的广泛合作，也强调区域内的协调发展。我国作为内陆欧亚的大国之一，加之 20 世纪末欧亚大陆桥再度开通，深入开展内陆欧亚历史文化的研究已是责无旁贷；而为改革开放的深入和中国特色社会主义建设创造有利周边环境的需要，亦使得内陆欧亚历史文化研究的现实意义更为突出和迫切。因此，将针对古代活动于内陆欧亚这一广泛区域的诸民族的历史文化研究成果呈现给广大的读者，不仅是实现当今该地区各国共赢的历史基础，也是这一地区各族人民共同进步与发展的需求。

甘肃作为古代西北丝绸之路的必经之地与重要组

成部分,历史上曾经是草原文明与农耕文明交汇的锋面,是多民族历史文化交融的历史舞台,世界几大文明(希腊—罗马文明、阿拉伯—波斯文明、印度文明和中华文明)在此交汇、碰撞,域内多民族文化在此融合。同时,甘肃也是现代欧亚大陆桥的必经之地与重要组成部分,是现代内陆欧亚商贸流通、文化交流的主要通道。

基于上述考虑,甘肃省新闻出版局将这套《欧亚历史文化文库》确定为2009—2012年重点出版项目,依此展开甘版图书的品牌建设,确实是既有眼光,亦有气魄的。

丛书主编余太山先生出于对自己耕耘了大半辈子的学科的热爱与执著,联络、组织这个领域国内外的知名专家和学者,把他们的研究成果呈现给了各位读者,其兢兢业业、如临如履的工作态度,令人感动。谨在此表示我们的谢意。

出版《欧亚历史文化文库》这样一套书,对于我们这样一个立足学术与教育出版的出版社来说,既是机遇,也是挑战。我们本着重点图书重点做的原则,严格于每一个环节和过程,力争不负作者、对得起读者。

我们更希望通过这套丛书的出版,使我们的学术出版在这个领域里与学界的发展相偕相伴,这是我们的理想,是我们的不懈追求。当然,我们最根本的目的,是向读者提交一份出色的答卷。

我们期待着读者的回声。

总　序

　　本文库所称"欧亚"(Eurasia)是指内陆欧亚,这是一个地理概念。其范围大致东起黑龙江、松花江流域,西抵多瑙河、伏尔加河流域,具体而言除中欧和东欧外,主要包括我国东三省、内蒙古自治区、新疆维吾尔自治区,以及蒙古高原、西伯利亚、哈萨克斯坦、乌兹别克斯坦、吉尔吉斯斯坦、土库曼斯坦、塔吉克斯坦、阿富汗斯坦、巴基斯坦和西北印度。其核心地带即所谓欧亚草原(Eurasian Steppes)。

　　内陆欧亚历史文化研究的对象主要是历史上活动于欧亚草原及其周邻地区(我国甘肃、宁夏、青海、西藏,以及小亚、伊朗、阿拉伯、印度、日本、朝鲜乃至西欧、北非等地)的诸民族本身,及其与世界其他地区在经济、政治、文化各方面的交流和交涉。由于内陆欧亚自然地理环境的特殊性,其历史文化呈现出鲜明的特色。

　　内陆欧亚历史文化研究是世界历史文化研究中不可或缺的组成部分,东亚、西亚、南亚以及欧洲、美洲历史文化上的许多疑难问题,都必须通过加强内陆欧亚历史文化的研究,特别是将内陆欧亚历史文化视做一个整

1

体加以研究,才能获得确解。

中国作为内陆欧亚的大国,其历史进程从一开始就和内陆欧亚有千丝万缕的联系。我们只要注意到历代王朝的创建者中有一半以上有内陆欧亚渊源就不难理解这一点了。可以说,今后中国史研究要有大的突破,在很大程度上有待于内陆欧亚史研究的进展。

古代内陆欧亚对于古代中外关系史的发展具有不同寻常的意义。古代中国与位于它东北、西北和北方,乃至西北次大陆的国家和地区的关系,无疑是古代中外关系史最主要的篇章,而只有通过研究内陆欧亚史,才能真正把握之。

内陆欧亚历史文化研究既饶有学术趣味,也是加深睦邻关系,为改革开放和建设有中国特色的社会主义创造有利周边环境的需要,因而亦具有重要的现实政治意义。由此可见,我国深入开展内陆欧亚历史文化的研究责无旁贷。

为了联合全国内陆欧亚学的研究力量,更好地建设和发展内陆欧亚学这一新学科,繁荣社会主义文化,适应打造学术精品的战略要求,在深思熟虑和广泛征求意见后,我们决定编辑出版这套《欧亚历史文化文库》。

本文库所收大别为三类:一,研究专著;二,译著;三,知识性丛书。其中,研究专著旨在收辑有关诸课题的各种研究成果;译著旨在介绍国外学术界高质量的研究专著;知识性丛书收辑有关的通俗读物。不言而喻,这三类著作对于一个学科的发展都是不可或缺的。

构建和发展中国的内陆欧亚学,任重道远。衷心希望全国各族学者共同努力,一起推进内陆欧亚研究的发展。愿本文库有蓬勃的生命力,拥有越来越多的作者和读者。

最后,甘肃省新闻出版局支持这一文库编辑出版,确实需要眼光和魄力,特此致敬、致谢。

余太山

2010 年 6 月 30 日

目　录

引　子

　　不知道这是否是以历史为专业的人们都共同经历过的尴尬场面，当你周围的人知道了你出身历史系以后，马上就会郑重其事地向你求教：西晋灭亡是不是因为出了个白痴皇帝？秦桧到底是忠是奸？明朝皇帝是不是大多心理变态？甚至还会遇到人问：萧峰到底是汉人还是契丹人？形形色色的问题，总会让你这个自诩以历史为专业的人感到难以招架。

　　虽然在历史学专业里，大家平时学习和思考的东西都与上述问题沾不上边，但我还是认为，当爱好者希望从我们这里获取一些历史知识的时候，我们有责任对这类问题做出回答，因为我们不可能指望普通百姓也会对九品十八班，或者江西某个县城四百年前的税粮是怎么交的这一类问题感兴趣。所以我要写这本书，也是因为在多年以前，新东方的包凡一先生问起我一个问题：为什么蒙古人当初席卷欧亚，能一口气打到欧洲去，结果到了元末，却被汉人给打跑了呢？

　　遇上这个问题，让我有点头大。因为这段历史的头绪太多，想要概括出一条有说服力的线索，能够让包凡一先生迅速理解，似乎不是那么容易。但这个问题又的确是历史爱好者们经常会提出的问题。我该如何解答，长久以来，我也在寻求着这个问题的答案。

　　爱好者们为什么会提出这个问题呢？我想在这里面也有多方面的原因。作为蒙古民族建立的帝国，蒙元帝国不仅空前，而且绝后。要知道，中原汉人的王朝政权，并不是从未被草原骑马民族征服过。当年覆灭西晋的匈奴人刘渊就曾经说过"帝王并非天命，大禹出于西戎，文王生于东夷，只是看你的德行如何"的豪语。就在刘渊说出这句话之后，在百余年间，中国出现了大大小小 14 个政权，分别由匈奴、鲜卑、羯、氐、羌 5 个民族建立，各有一时风光。然而，正如史家常说的一句名

·欧·亚·历·史·文·化·文·库·

言,这 14 个政权无不是"其兴也勃焉,其亡也忽焉",没有人能真正保住自己的地位。此后拓跋鲜卑一统北方,孝文帝甚至迁都洛阳,改汉姓,习汉语,也不过是与南朝的汉族政权对峙而已。此后的辽、金政权,分别为契丹、女真所建,虽然在对宋战争中占据上风,却不能完成对宋朝的征服。换句话说,作为草原骑马民族建立的政权,真正成为中国统治者,并进行了有效管理的,蒙元帝国是第一个。

不仅如此,这个帝国还不是只局限于东亚这一方天地,它大得惊人。当年大蒙古国的第二次西征,成吉思汗的孙子拔都作为统帅,每家均以长子出征,纵横万里,竟然一口气打到了东欧。第三次西征更将领土推进到今天的叙利亚一线,打出了四大汗国。这样的一个孔武有力的战斗民族,他们的后代竟然被朱元璋这样的农民军给赶出了大都,确实让人感到难以接受。更加让人觉得奇怪的是,他们被赶出大都之后,也曾努力试图反击,但是当年作为征服者的气魄似乎已经一去不复返,在与明朝作战中屡屡处于下风。

蒙古怎么了?

当我尝试站在爱好者的角度来思考这个问题的时候,我再次翻开记载蒙元帝国走向末路年代的史料,整理出这个帝国最后的故事,写在这里告诉大家。

1　蒙元帝国的晚期政治

1.1　元末政局的形成

　　所谓元末,一般来说,大体是指大元朝最后一任皇帝元顺帝在位的 36 年之间。史学家喜欢对历史进行不断的拆分归纳,整理成为一个个不同的历史时期,方便自己的历史叙述。正如中国史,我们往往以清道光二十年,公元 1840 年的中英第一次鸦片战争作为古代史与近代史的分歧点。尽管 1840 年之后,道光皇帝仍然在位 10 年,但他的角色已经从古代史中的最后一个皇帝,变成了近代史开始的第一个皇帝。当然,道光还是那个道光,只是他身处的中国发生了巨大变化。所以史学家只要用"古代""近代"这样的词语,我们头脑中就很容易呈现出相应的历史情景,这种历史分期的手段有助于我们理解历史中具有共性的一面。这是比较宏观的分期。以下还有更为具体的分期,比如古代史专业的学生往往会将先秦至唐初简称为"前半段",唐中后期至清中期则被简称为"后半段",这是就研究方法而论。从社会结构演变的角度,又有诸如上古、中世、近世等等划分方式,随着看待历史的眼光不同,我们可以对历史有不同的划分方式。更为直观的,就是断代史的划分,也就是随着王朝史的更迭将历史分解为唐史、宋史、元史等等若干小节。

　　元末就是元史学者对其断代进行进一步精密划分的结果。对于元史学者来说,他们所要关注的历史前后大约有 130 年,却要将这说长不长、说短不短的 130 年划分为 4 个不同阶段,即所谓蒙古国时期、世祖时期、元中后期和元末。其中蒙古国时期是从成吉思汗统一蒙古诸部直至 1259 年宪宗蒙哥战死于合州城钓鱼山,世祖时期则是从 1260

·欧·亚·历·史·文·化·文·库·

年忽必烈与阿里不哥争位开始至世祖忽必烈1294年亡殁，以上是两个界限比较清楚的阶段。相对而言，元中后期与元末的界限就不是那么分明。有人主张，元中后期是起自成宗朝至1333年顺帝即位为止的37年，元末则是顺帝登基后到至正二十八年（1368）大都被朱元璋攻破的36年。又有人认为，元中后期应当包括顺帝朝的一部分在内，将下限向后

成吉思汗像

推到至正十一年（1351）红巾军起义，这样元中后期就增长至55年，而元末则缩短为18年。在这里，为了方便读者了解元末政治的前因后果，我还是选取前者的说法，从顺帝即位开始说起。

顺帝名妥欢贴睦尔，是元明宗和世㻋之子，武宗海山之孙。顺帝这个谥号是他在明洪武三年，公元1370年病殁之后，由明太祖朱元璋亲自赐予的。当时的北元政权则称顺帝为惠宗，所以今天蒙古史研究者仍然多将顺帝称为惠宗，其实都是指妥欢贴睦尔。朱元璋之所以要给他起一个"顺"字的谥号，是认为顺帝逃出大都，属于顺应天命，自行退位，这

忽必烈像

样更可以彰显明朝是天命所在，有王朝正统的观念在内。我们在这里也就按照史学界的多数习惯，称妥欢贴睦尔为顺帝，而不用惠宗这一谥号。

顺帝13岁即位，其身世来历与即位经过都颇为复杂。我们得先从他的爷爷武宗海山说起。武宗海山是元朝的第三任皇帝，世祖忽必烈的孙子，由于成宗太子病死，成宗又暴薨，生前并未指定继承人，成宗的侄子们纷纷对皇位起了染指之心。海山长期镇守西北，凭借其手中的军事力量，胁迫其弟爱育黎拔力八达承认其大汗的地位，最终取得政权。作为政治交易，武宗将爱育黎拔力八达立为太子，即后来的仁宗，并与仁宗约定，武宗死后传位仁宗，仁宗死后再传位给武宗之子。但仁宗上台以后，不愿意再履行当初与武宗的约定，使用种种手段逼迫武宗之子周王和世㻋出京，同时将自己的儿子硕德八剌立为太子，是为

元英宗。元英宗性格比较急躁鲁莽,与当时权臣之间矛盾重重,在位仅3年,就被手下铁失等人发动南坡之变,稀里糊涂地死于刺客之手。仁宗一系后继无人,武宗一系的周王和世瑓逃亡在外,无奈之下,蒙古贵族们只好推举忽必烈的曾孙,英宗的叔叔也孙铁木儿继承汗位,是为泰定帝。泰定帝上台以后,自然希望将皇统世系建立在自己这一支,将自己的长子阿剌吉八立为太子。5年后,泰定帝过世,阿剌吉八正准备宣告即位之前,武宗旧部的后代燕铁木儿占据大都,发动政变,要求将汗位转授给武宗一系的后裔。

武宗身后拥有一定势力的儿子有两位,一位是武宗原定的继承人长子周王和世瑓,也就是顺帝之父,后来被称为明宗;另一位是次子怀王图帖睦尔。和世瑓名望最高,但因为得罪于仁宗,一直蛰伏在北方,与大都未通音信。图帖睦尔人在江陵,在燕铁木儿看来,图帖睦尔长期接受汉文化教育,比较容易控制,所以主动联系图帖睦尔,要求他入继大统。但就在图帖睦尔入主大都之后,和世瑓也获悉政变内情,由于他才是武宗系的正式继承人,并且身后有诸多西北藩王的支持,和世瑓在没有知会燕铁木儿和图帖睦尔的情况下,直接在和林宣布即位。

此时燕铁木儿和泰定帝太子阿剌吉八之间的战争已经结束,众人历尽千辛万苦才夺来的政权就这么拱手让给突然出现的和世瑓,任何人心中都难免不平。特别是先已到达大都的图帖睦尔,曾经一朝为帝,显然又要眼看皇权旁落,心中自然充满矛盾。但和世瑓名分在先,又是自己长兄,图帖睦尔还是做出了愿意让出帝位的姿态。在去迎接和世瑓的路上,图帖睦尔可谓极尽拖沓之能事,在路上耽搁了一个半月,才与和世瑓在旺忽察都,即今天河北省张家口市张北县相见。两兄弟见面之后,和世瑓作为主人,宴请前来迎接的图帖睦尔及诸位权贵。欢宴进行到第五天头上,和世瑓突然被宣告死亡,后被谥为明宗。半个月以后,图帖睦尔在上都再次即位,成为文宗。明宗抵达旺忽察都之后的几天之间究竟发生了什么,明帝是否正常死亡,如果不是正常死亡的话,是否存在一个幕后主使人,这一主使人究竟是恋栈皇位的文宗图帖睦尔,还是试图独揽大权的燕铁木儿?这一事件的真相当然没有大白于天下的可能。明宗突然暴死，文宗图帖睦尔和权臣燕铁木儿都是渔翁得利，他们回京之后，迅速对朝中倾向于明宗的大臣动手，使这一事件越看越像是一场早有准备的谋杀。到顺帝至元六年（1340），顺帝亲自在太庙中撤销了文宗的神主，认为文宗协同其大臣月鲁不花、也里牙、明理董阿谋杀其父，但此时燕铁木儿已死，顺帝也只能把气都出在文宗一人身上了。

文宗靠阴谋手段杀害胞兄，得到皇位，其内心也一直受到良知的煎熬。根据明代权衡的《庚申外史》一书记载，文宗在临终之前，对杀害明宗一事感到后悔，对皇后、太子燕帖古思以及燕铁木儿说道："当年旺忽察都事件，实在是朕平生所做的最大错事。朕每每午夜梦回，都会想到此事，至今仍为此后悔不已。燕帖古思是我的儿子，我当然希望由他来继承我的位子，但是这个位子本来应该是由我哥哥来坐的。你们如果尊重我的意见，那么我希望你们找来我哥哥的儿子妥欢贴睦尔继承皇位，这样我死后九泉之下见了我哥哥，总算可以对他有所交代了。"说罢，文宗咽下了最后一口气。

燕铁木儿听到文宗想要传位于妥欢贴睦尔，心中十分害怕，知道一旦妥欢贴睦尔登基，一定会追查当年的旺忽察都事变，于是劝阻文宗皇后不要听从文宗临死遗言。但皇后执意不愿燕帖古思即位，只好把明宗幼子懿璘质班找来做继承人，是为宁宗。当时宁宗只有7岁，还是个不太懂事的孩子。燕铁木儿认为这样比较容易控制，没承想宁宗没有皇帝命，十月当上了皇帝，十一月就病死了，在位仅有53天。燕铁木儿满心的如意算盘没得打，只得再去求文宗皇后，希望让燕帖古思出来做皇帝，文宗皇后怎么说都不听。有道是国家不可一日无君，没奈何之下，只好再把妥欢贴睦尔找回来当皇帝。

可以这么说，妥欢贴睦尔来当皇帝，是燕铁木儿最不希望看到的结果。虽然妥欢贴睦尔只比宁宗大上6岁，只能算是个大孩子，但是旺忽察都事变时他已经7岁，对当时发生的事情已经有所了解。燕铁木儿非常担心他登上皇位之后，会去清算当年旧事，可武宗一系只剩下妥欢贴睦尔和燕帖古思两个人，燕帖古思既然坚决不干，除了妥欢贴睦尔以外已经没有其他继承人选了。为了讨好妥欢贴睦尔,燕铁木儿不但把自己的女儿送给妥欢贴睦尔当皇后,还亲自到良乡迎接,接驾的仪仗队伍显得十分盛大。燕铁木儿骑马与妥欢贴睦尔并驾齐驱,述说国家屡遭大难,痛失君长,所以请妥欢贴睦尔继承大位的前后经过。这位未来的元顺帝也很有骨气,知道燕铁木儿是自己的杀父仇人,对燕铁木儿的大献殷勤,竟然一句不答。燕铁木儿一看势头不对,立刻明白了顺帝的态度。很快,顺帝启用伯颜对抗燕铁木儿,燕铁木儿也知道自己绝不会见容于新君,整日纵情声色,不到一年就病死了。

顺帝即位时仅有 13 岁,不仅要面对复杂的政局,还要面对自己身世的谜团。尽管我们在元代史料中看不到蛛丝马迹,明初编纂的《元史》中也没有透露相关情况,但是在权衡的《庚申外史》中却提到了个中秘辛。传说顺帝并不是明宗和世瓎的儿子,相反却是宋代的亡国之君瀛国公赵㬎之子。元世祖忽必烈至元十三年(1276)命大将伯颜平南宋,当时南宋群臣与太皇太后谢氏奉年仅 6 岁的幼帝赵㬎向元朝投诚归降,接受了瀛国公的封号。入元之后,赵㬎十分热衷于藏传佛教。18 岁那年,他在忽必烈的支持之下去吐蕃萨迦寺出家,成了一名僧人,此后一直居住在今天张掖一带的寺院里。据说后来有位赵王经过该寺,看到这位当初的大宋之君现在已经年岁不小了,孤零零一个人生活很可怜的样子,就从自己的侍女中挑选了一个回回女子送给赵㬎。后来这名回回女子发现怀上了身孕,在延祐七年(1320)四月十六日那天诞下一子。当时正巧明宗和世瓎要去投靠西北诸王避祸,路过此地,远处看到寺内有龙光闪动,五彩云气笼罩。一路寻来,找到赵㬎的居室,和世瓎就问赵㬎是不是在这里藏了什么宝贝。赵㬎非常讶异,表示没有什么宝贝,只是在五更前后出生了一个男孩。和世瓎听说了以后很是高兴,就向赵㬎讨要,最后把这个孩子和孩子的母亲一起带走,这个孩子就是后来的顺帝妥欢贴睦尔。后来根据相关记载,赵㬎在英宗至治三年(1323)被赐死,另一当事人明宗和世瓎又死在旺忽察都,有关这段秘事的详情已经无从查证。据《元史·顺帝纪》记载,顺帝的生母是罕禄鲁氏,名叫迈来迪,是郡王阿儿厮兰的后裔。从名字来看,这

·欧·亚·历·史·文·化·文·库·

位迈来迪极有可能是个回回人,看上去《庚申外史》的记载不像是完全虚构出来的。当然,这些故事也有可能是文宗时期编造出来的流言蜚语,因为文宗确实对妥欢贴睦尔非常忌惮。在他10岁的时候,至顺元年(1330)四月,明宗的皇后八不沙获罪被害,文宗命人将妥欢贴睦尔迁往高丽国大青岛看管,不让其他人接近,显然目的是隔绝妥欢贴睦尔与其父旧部,特别是支持明宗的西北藩王之间的联系。第二年,文宗又下诏书,宣布明宗生前就曾经说过,妥欢贴睦尔不是自己的亲生之子,这封诏书据说是由当时著名的文士虞集和马祖常一同起草的。于是又将妥欢贴睦尔从高丽大青岛转移到了广西的静江。对于这些传说,明代人非常津津乐道,笔记里面提到的不少,现在历史学界的主流观点还是认为不可靠。但是,文宗曾经下诏说顺帝非明宗之子是确有其事,估计顺帝的身份的确有些疑问,但至于是否如《庚申外史》所说,是瀛国公赵㬎之子,那就不得而知了。总而言之,当后至元六年(1340)顺帝看到当初文宗所下的诏书,勃然大怒,不但把文宗的神主迁出太庙,还试图杀掉虞集和马祖常泄愤,最后多亏丞相脱脱力劝,两人才得以幸免。大概经此一事,没人再敢拿顺帝的身世出来当作谈资了。

由于年幼,顺帝一开始并不能直接掌握中央权力,只能通过依靠年长的大臣来帮助自己建立权威。于是,曾经跟随武宗一起征战疆场的伯颜走进了顺帝的视野。伯颜出身于蔑儿乞部,在少年时代是武宗麾下的将领,曾经参加过在西北与海都的作战。武宗登上皇位之后,伯颜受到重用,不仅担任过尚书平章政事这样的要职,而且还领右卫阿速亲军都指挥使司达鲁花赤,手握军权,所以在仁宗上台之后,仍然能够保住自己的地位,免于仁宗的整肃。此后,燕铁木儿拥立文宗,伯颜保护文宗抵达大都,但受到燕铁木儿的压制,虽然后来官至太傅加徽政使,但都是些地位崇高,却实权有限的职位。此时的伯颜可以说在武宗旧臣子之间最有威望,同时又在燕铁木儿的压制之下很不得志,顺帝正是看准了这一点,把伯颜直接提拔为中书省右丞相,封秦王。在元朝的体制里面,中书省右丞相是行政系统的最高领导者,伯颜地位一下子提高了这么多,当然明白自己要怎么做。燕铁木儿刚死,伯颜马上就告燕铁木儿的儿子,御史大夫唐其势意图造反,同谋者还有唐其势之弟、文宗的义子答剌海。唐其势在家中被捕,答剌海为了保住性命,跑到宫中要求面见皇后。伯颜率人追到宫中,面奏顺帝道:"哪有兄弟谋不轨,姐妹可以隐匿逃犯的道理!"打算把皇后一并抓走。皇后把答剌海藏在自己的御袍下面,向顺帝高声求饶。顺帝本来就是为了安燕铁木儿一系之心才定下的这门亲事,根本就没把皇后放在心上,轻描淡写地说:"你兄弟想要害我,我哪里救得了你!"于是燕铁木儿的势力被清扫一空。

伯颜铲除燕铁木儿一家之后,朝中再没有能够与他分庭抗礼的势力,性格中骄纵跋扈的一面越发显露了出来。伯颜出身蔑儿乞部,蔑儿乞部是曾经与铁木真即成吉思汗对抗的一个部族,战败被俘为奴以后融入蒙古人之中,所以伯颜年幼时曾经是剡王家的家奴。现在伯颜大权在手,打算把这些不光彩的记录一笔抹杀,于是上奏剡王图谋不轨,要杀剡王满门。顺帝听闻此事,赶忙派遣专使前往制止,伯颜根本不听,强行命人行刑,顺帝也拿他无可奈何。当时号称天下只知有伯颜,不知有天子。

顺帝启用伯颜,本意是借助他的力量来巩固自己的地位,没想到会演变成一个失控的局面。伯颜欺顺帝年幼,一再独断专行。他在相位的几年中,狮子大开口一般地聚敛财物,国家收入困难,就滥发纸币。本来元代实行纸钞,通货膨胀一直比较严重,但泰定帝至文宗一段时间,国家对纸币发行控制比较严格,经济尚称稳定。伯颜一味增发纸币,一下子民间物价涌动,南方起义不断。伯颜当时请来一个西蕃师婆名叫界界,给他算命说伯颜日后会死在南人之手。伯颜于是不断在政治上排挤汉人、南人,并宣布停止科举,避免汉人、南人通过科举进入官僚系统。现在南方一乱,伯颜竟然提出要在天下杀光张、王、刘、李、赵五姓汉人。这种荒谬的想法当然无法实行,但是顺帝也意识到把伯颜换下马的时候到了。

伯颜有个侄子名叫脱脱,脱脱这个人能力很强,在蒙古人中是不可多得的人才，与汉人的关系也比较紧密，喜欢向汉人、南人学习文化知识。顺帝很注意提拔脱脱，并且将自己的太子爱育失黎达腊委托给脱脱的妻子乳养，对脱脱委以御史大夫的重任。脱脱知道自己叔父倒行逆施，不可救药，担心祸及家族，早在暗地里与顺帝形成了联盟。后至元五年十二月，伯颜请顺帝前往大都城外的柳林海子（今北京市大兴区附近）去行猎，顺帝当时生病，伯颜便带了文宗之子燕帖古思前往。脱脱在伯颜走后，向顺帝密报，认为伯颜此次名为出猎，实则调动了大批部队，如果顺帝一同前往，后果不堪设想。现在既然伯颜已经出城，应当赶紧召回燕帖古思，趁机褫夺伯颜的兵权。于是顺帝命令月怯察儿当晚夜开城门，偷偷潜往柳林，把燕帖古思带回城来。同时宣草密诏一道，将伯颜的军权撤去，罢免丞相之职，四更天时分，命平章政事马扎儿台去往柳林秘密宣诏。天亮之后，大都城门紧闭，只有脱脱端坐城楼之上口传圣旨，声明只有伯颜一人有罪，余者只要立刻解散，回到各自驻地，均按无罪论处。当时伯颜心腹部队并未撤离，还有一定的力量。伯颜的养子知枢密院事詹因不花劝伯颜趁人心未散，赶紧拥兵攻进大都，直入皇宫，要求顺帝惩办奸臣。伯颜此时方寸已乱，想如果现在攻入城门，就有真的变成叛贼的危险，哪里还敢轻举妄动，只好斥责詹因不花等人说："都是你们这帮不争气的东西，整天跟脱脱作对，才弄到今天这步田地。还打算继续拖我下水吗！这都是脱脱这个小人搬弄是非，皇帝怎么可能真的想要杀我呢！"话未说完，又有使者从宫中而来，宣读顺帝诏书，授伯颜为河南行省左丞相，即刻前往赴任。伯颜闻听，大惊失色，要求向顺帝当面辞行，被使者拒绝，只得快快不乐地上马离去。

伯颜本来仇视汉人，读书不多，各种为臣之道显然也不明白，始终认为是脱脱在他背后捅他一刀，把怨气都集中在脱脱一人身上。途经真定府的时候，沿路父老拿来酒食招待他。伯颜冲着众人发牢骚说："你们有谁见过儿子杀老子的事情！"影射脱脱作为自己的侄子以下犯上。个中有胆子大的，答道："没见过儿子杀老子，倒是见过奴婢杀主子的。"暗指伯颜当初杀剡王一家的事情。伯颜这才哑口无言。刚到河南,还尚未履任的时候,顺帝又下诏书,命伯颜去往江西行省南恩州阳春县(今广东省阳春市)安置。这下伯颜终于明白,是顺帝铁了心要杀他。勉强上路之后,到了江西行省龙兴路(今江西省南昌市一带)的馆驿之中,顺帝命人送来毒药,伯颜无奈之下只得服毒自杀。

伯颜被推翻之后,顺帝已经20岁了,年纪既长,威望也已经树立,于是将文宗皇后及燕帖古思都迁出大都,并在半路上将燕帖古思杀死,以绝后患。外朝则任用脱脱,试图扭转伯颜以来的弊政。脱脱也勇于任事,对伯颜以来的旧政策进行了大刀阔斧的改革,积极推行新政,比如恢复科举、选用儒臣开设经筵、组织太庙祭祀、减免盐税田租等等,史称"脱脱更化"。

"脱脱更化"进行了4年。这4年中,社会逐渐安定,政治上也趋于稳定,本来势头不错。但是经历了伯颜当政之后的顺帝,不希望看到有人久处相位,以免出现功高震主的局面。再加上当时有中书省左丞相别怯儿不花等一批脱脱的政敌不断排挤,脱脱终于在至正四年以父亲年老为由,辞去中书省右丞相之职,到甘州去侍奉老父。临行之前,脱脱推荐知枢密院事阿鲁图继续推进改革。

阿鲁图是蒙古国早期成吉思汗帐下"四杰"中博尔术的后人,可谓家世显赫。阿鲁图本来一直在顺帝身边担任宿卫工作,"脱脱更化"开始之后,得到脱脱的赏识提拔,并进封广平王。阿鲁图比较坚定地支持脱脱的改革政策,尽可能吸收中原文化以帮助统治,在蒙、汉之间做到不偏不倚。脱脱临走之前,曾经举行编修辽、金、宋三朝史书的工作,这一工作也由阿鲁图接手。虽然脱脱已经离开相位,其更化的基本政策仍然得以延续。但别怯儿不花并不打算放过作为脱脱一系的阿鲁图。他对阿鲁图采取先拉后打的策略,一开始表现得与阿鲁图十分配合,两人出入同乘一车,让担心二人关系的朝臣感到十分高兴。不久之后,先用排挤脱脱来试探阿鲁图的态度,发现阿鲁图并不合作,于是让御史台的台官在顺帝面前弹奏阿鲁图。终于在至正七年将阿鲁图又扯下相位。但是别怯儿不花也没有好结果,次年,他就遭到众人弹劾,被贬至渤海县(今山东省东营市附近),并在至正九年病死。此后顺帝还任用了木华黎家族的后人朵儿只为相,但是能力上也不如脱脱突出,脱脱的"更化"已经接近失败的边缘了。

"脱脱更化"的失败可以说是天灾人祸,各居其半。统治集团内部的结党营私,钩心斗角,固然是问题之一。另外一方面来说,就在脱脱离开相位之后的 5 年时间里,元朝正遇到了前所未有的几个大灾年。首先在脱脱离任的至正四年五月,黄河流域持续大雨 20 多天,黄河水位暴涨,结果在白茅堤、金堤(今河南省境内)发生了决口。黄河下游的主要州县都遭到了大规模水患的影响,涉及了今天的河南、安徽、山东几省。由于中央政府反应迟缓,拿不出合理的治河方案,导致水患进一步扩大,到了至正八年,大水已经把济宁路淹没,并且已经影响到了大运河,同时吞噬了河南、山东地区的大量盐场。要知道大都是一个商业消费都市,不仅依赖由运河送来的南方的粮食与物资,而且盐税也是中央政府的重要财政来源,如果不能尽早控制事态,后果不堪设想。再加上水患之后,失去了土地和生计的流民涌入江南地区,很快就受到一些如私盐贩子等地方势力煽动而发生起义。同时水患也使地方官员贪污的现象被暴露出来,加剧了官民之间的对立,逐渐形成了一种恶性循环。为了解决这一难局,无奈之下,顺帝只得再把脱脱从甘肃召回,于至正九年第二次登上相位。

脱脱二次回到相位,他认识到眼前的情况已经非常危急,必须尽快控制水患,同时要进行纸钞改革,更换货币以求平抑物价,这样才能让社会秩序慢慢恢复,平息老百姓对政府的怨气。但是,脱脱没有想到的是,元朝吏治的腐朽已经造成了百姓的极度不满,社会矛盾已经到达了总爆发的边缘,这时的元朝就好像一个重病的病人,如果一味使用猛药来医,只能加速病人的死亡。脱脱的改革恰恰适得其反,反而成了元朝统治崩溃的开端。

1.2 脱脱改革的失败

脱脱二次为相,第一件要做的事情就是推动钞法改革。元代从蒙古国时期开始,就推行纸钞,至元世祖忽必烈中统元年(1260),开始印行全国通行的统一纸币,人称"中统钞"。中统钞以银为本位,面值则按照传统钱数贯、文为单位,分为 10 文、20 文、30 文、50 文、100 文、200 文、300 文、500 文、1 贯、2 贯共计 10 等。法定银钞比价为中统钞 2 贯可以换白银 1 两。由于当时已经习惯用银作为交易时的计量单位,所以习惯上会将 10 文钞称为 1 分,100 文为 1 钱,1 贯为 1 两,50 贯为 1 定。以当时的经济水平和中央政府的经济思想来说,纸币是一种非常超前的货币模式,虽然金代和南宋都有类似纸币的货币出现,可是像元朝这样依靠国家力量大规模推广,并且禁止民间私自金银买卖

元代纸钞

的还是头一遭。但是很快纸币就因为印量增加开始贬值,主要原因是对南宋用兵,军费增长不得已而为之。随着南宋投降,纸钞行用区扩大,相关部门没有提前预估市场上实际需要增加的货币供应量,导致滥发纸钞现象越发严重。到至元十八年(1281),有官员上书说,现在的 1 贯中统钞只相当于当年 100 文的购买力,在 20 年之中,物价整整翻了十番。市场上交易买卖时签订的契约,已经不能再写纸钞价格,因为不知道什么时候物价又会上涨。

到了至元二十三年,江南儒士叶李被征召至大都当官。叶李对中统钞提出钞法改革,建议朝廷颁发新钞,新钞与中统钞之间的比价应为 1:5,并画出新钞版样。经过一年时间的讨论,在至元二十四年,忽必烈通过了发行至元新钞的建议。新钞面值增加 5 文一等,共计 11 等,与中统钞一同进入流通市场,民间可以持中统钞到钞库去兑换至元钞,国家停止印发中统钞。银价也相应调整为至元钞 2 贯兑换白银 1 两,比中统元年官定比价提高了 5 倍。

叶李的想法本来很有道理。只要推行新钞,通过控制新钞流通量,就有可能将不断上涨的物价控制住。但可惜的是,他仍然对当时元朝

·欧·亚·历·史·文·化·文·库·

滥发中统钞的形势估计不足。首先,滥发纸钞的核心问题是中央财政的入不敷出。由于市场物价不稳定,国家支出的预算也无从做起,最后只能缺钱就多印钞,通过这种手段饮鸩止渴。想要解决通货膨胀问题,必须从一方面提升国力经济力,一方面增加货币在市场上的流通频率,也就是增加民间的消费量,但这两点对于当时的自然经济和地区性小市场来说,都很难做到。其次,由于中统钞在市面发行流通已经30年了,滥发情况又很严重,到底有多少钞票在民间流通,这个数量根本没人说得准。所以必须发行足够的至元钞用以回收市场上的中统钞,这实际上是个无法完成的任务。结果市场上仍旧是至元钞与中统钞混用,至元钞并不能够在流通领域取代中统钞的存在。而且在新钞刚刚印行的一段时间,物价确实稳定了一段时间,但代价就是国家背上了严重的财政负担。到了至元二十九年,当时丞相完泽的奏议称,国家当年的赤字已经达到了660238定之多。世祖过世之后,成宗在对外作战上有所收敛,但是给诸王、公主的岁赐,宫廷兴建和做法事等等仍然花费不少,最后仍然只能乞灵于增加印钞量。至成宗大德末年,钞银兑换的比价是中统钞20贯换银1两,比中统年间比价提高了10倍,就是与至元二十四年的比价相比也翻了一番。所以到了大德八年(1304),元朝干脆取消了禁止民间金银买卖的规定,至此叶李等人的至元新钞改革可以说是完全失败了。

元朝第二次钞法改革是由元武宗的尚书省推动的。武宗至大二年(1309)七月,山东宣慰使高丽人乐实,建议实行改革钞法,发行至大银钞,并画出新钞版样奏进,得到脱虎脱、三宝奴等高级官僚的支持。同年八月,尚书省成立,取代了原来的中书省,成为中央最高行政机构。脱虎脱任尚书省右丞相,三宝奴和乐实均为尚书平章政事。九月中,新钞正式发行,名为至大银钞。至大银钞与至元钞的比价也是1:5,与白银比价为1:1,再次禁止民间金银买卖,并在流通领域中禁止使用中统钞。在发行新钞之外,同时又铸造较小面值的铜钱,称为小钱"至大通宝"和大钱"大元通宝"两种。至大通宝为1文相当于至大银钞的1厘,大元通宝1文相当于至大通宝的10文。前代的古钱也可以与至大通宝通用。从经济学的角度来说,武宗这次采取纸钞与铜钱并行的钞法改革是比较合理的手段,因为在流通领域中小额货币的流通频率最高,流通速度最快,但从当时的纸币印造技术来说,小额纸币在流通中出现损毁是非常普遍的现象,很容易造成流通领域中小额货币供应量不足。流通领域中小额货币不足,也是通货膨胀幕后的重要推手之一。铜钱虽然铸造成本较高,但金属毕竟不像纸钞那样容易损坏,可以实现多次流通,这样就可以保证流通领域中足量的小额货币供应。

可惜的是,武宗在至大四年年初即告病逝,至大银钞改革尚未见到成效,就被仁宗废止。仁宗上台之后,对武宗的政策持全盘否定态度,不仅停止印造至大银钞,停铸铜钱,而且恢复印造中统钞,官方及民间买卖交易活动,一律使用中统钞结算,重新开放民间的金银买卖,一切又回到了武宗上台之前的状态。事后,亦有不少大臣上言,武宗时期铸造铜钱的政策有其合理性在内,不应一概否定。大概是考虑到铸造成本问题,这一呼声经常得不到响应和支持,一直到脱脱上台之后才再次推行。

脱脱改革钞法的基本思路,大致还是来自于武宗时代尚书省的老办法。首先是发行新钞,但为了节约印造成本,就利用中统钞的背面,印上"至正印造元宝交钞"字样及相关图形,1贯等于铜钱1000文。其次就是铸造至正通宝铜钱,与历代铜钱一起使用。至元钞仍然继续使用,与至正新钞并行。

脱脱的钞法改革明显忽视了两点问题。第一点,新钞发行代表政府信用,国家必须做出足够的投入才能避免新钞初次流入市场造成混乱。就这一点而论,世祖后期和武宗时期的颁发新钞,都有比较强大的国家力量为后盾。但此时农民起义不断发生,是国家力量空前削弱的一段时间,新钞流入市场之后,国家根本无力应付货币流通上的混乱。第二则是伪钞问题。从中统钞发行之初,市场上就有大量伪钞出现。元朝又没有今天的防伪技术,只能依靠纸张墨色和钞票上的编号来判断是否伪钞,但纸钞全国流通,根本无法查验清楚。又有人修改真钞的面值,具体做法就是将原有面值磨去,模仿高面值的钞票自己用墨重

欧·亚·历·史·文·化·文·库·

新描写,这种做法被称作"挑补""描画",最后再经过人为的揉搓,把一张小额钞票弄成一张破损的大额钞票模样,既可以在市场上使用,也可以去钞库倒换大面值的新钞。中统钞流通的时间最长,伪钞自然最多,至正钞直接印在中统钞的背面,对造伪者而言也十分便利。再加上这些中统钞存放时间已久,纸料质地很差,用不了几次就腐烂不堪再用,根本起不到应有作用。

脱脱在至元十年十月开始讨论钞法改革方案,在中书省左司都事武祺和礼部尚书偰哲笃积极鼓动,和脱脱的大力支持之下,参与集议的大臣都不敢提出异议,只有集贤殿大学士兼国子祭酒吕思诚表示反对。吕思诚当面痛斥武祺等人为轻薄少年,认为新旧钞同时流通,一定会造成更大的混乱。结果监察御史们按照脱脱的意思,弹劾吕思诚狂妄之罪,竟然将吕氏革罢,于是钞法改革正式展开。

钞法改革之外,脱脱实行的第二项措施就是治理黄河水患。上一节中我们已经介绍过,从至正四年五月开始,黄河流域的大水不仅没有停息,反而愈演愈烈,已经严重影响到运河漕运。所以脱脱在结束钞法改革之后,马上着手进行治河工程。至正十一年,归德府(今河南省商丘市)知府观音奴对脱脱报告,自白茅堤决口之后,黄河水道流向已经发生改变,逐渐形成南北两条河道,其中南河道是黄河故道,造成水患的主要是北道。北道所过之处,原来都是无水地区,突然遇到大水,当然变成一片泽国。建议脱脱采用疏导、阻塞并举的方法来处理黄河水患。脱脱立即组织臣僚会商。负责朝廷营造的工部尚书成遵前往视察之后表示,从目前水患的形势来看,这种处理方式工程太大,花费甚高,再加上南阳、安丰等地起义不断,如果盗贼与河工串通起来,发动河工民夫作乱,恐怕日后的麻烦还不止于水患呢! 但是京畿漕运使贾鲁挺身而出,表示愿意承担此事。脱脱大喜,加封贾鲁为工部尚书兼河防使,主持治理黄河事务。

贾鲁的基本策略是,先疏通黄河下游故道,堵住北河道,使上游河水依旧流入故道,再加高北河道的堤防,促使北河道之水重归故道,最后完成决口处的合龙。于是在至正十一年四月四日,顺帝通过了脱脱命贾鲁治河的申请,发动汴梁(今河南省开封市)、大名(今河北省大名县)等13地民夫15万人,另调庐州(今安徽省合肥市)等地卫戍军约2万人负责河道治理工作,于四月二十二日动工。工程进行至九月,河水已经回归故道,只需要再对原先决口堤岸重新堵塞加固即可,到当年十一月十一日,水患已经基本得到解决。

可惜的是,贾鲁治河虽然取得成功,但是国家为此投资数以亿计,适逢脱脱的钞法改革,两大工程一起上马,其中造成的经济动荡实不亚于再造一次万里长城。后来形势的发展确如前面成遵预料的那样,一场足以动摇元代统治基础的空前大起义,在河工民夫之间爆发了。民间到处流传,所谓"宰相造假钞,舍人做强盗,贾鲁要开河,搅得天下闹"。脱脱二次上台,仅仅重掌政权3年,曾经的大元王朝就此走上穷途末路。

1.3 红巾大起义

贾鲁治河之后,就在当年的四月下旬,黄河河工在黄陵岗挖出了一个独眼石人。石人背上刻着一行字,写的是"莫道石人一只眼,此物一出天下反"。当时人人震惊,都认为是天下即将大乱的兆头,互相奔走相告。15万河工一时间人心惶惶。这到底是怎么回事呢?

石人其实是河北栾城县(今河北省石家庄市附近)人韩山童提前埋在那里的。韩山童出生于河北白莲教世家,祖父韩学究是当地白莲教主。该教的源头可以追溯到南宋时期,属于佛教净土宗的分支,信奉弥勒佛,他们组织烧香会,私下活动频繁,信众广大,力量很强。韩山童后来被推举为白莲教主。此次借贾鲁治河,四方民夫聚集的机会,韩山童在河工中不断传教,使刘福通等人都成为白莲教骨干,聚集在他周围。韩山童、刘福通等人商定,以"弥勒下生"和"明王出世"为号召,打算依靠河工的力量举旗造反。石人就是他们提前在黄河河道上埋好的,并且准备了"石人一只眼,挑动黄河天下反"的口号,为起兵进行宣传。

·欧·亚·历·史·文·化·文·库·

　　五月初，就在其他河工还在忙着疏浚河道的时候，韩山童和刘福通聚众3000余人，在汝宁府颍上县（今安徽省阜阳市颍上县）杀牛马祭天，宣布进行反元起义。韩山童等人一开始是想借用复兴大宋的名义来举兵，所以谎称自己是宋徽宗八世孙，先人在宋末到日本避难，现在要回来重掌天下。刘福通则自称是南宋初期名将刘光世的后代。两人写了一个"虎贲三千，直抵幽燕之地；龙飞九五，重开大宋之天"的对联，试图以恢复大宋作为政治口号，来争取民间非白莲教信徒的支持。

　　就在起义准备发动之时，义军之中走漏了消息，地方官府闻讯赶来，将韩山童抓获。韩山童的妻子杨氏携子韩林儿逃走，刘福通集合部众，占领颍川，正式发动起义。义军头裹红巾，名为红巾军，史料中有时简称为"红军"。由于红巾军有白莲教作为宗教背景，所以势力扩张非常快，影响很大，周边地区的几支义军也纷纷以红巾为号，响应刘福通。比较出名的有芝麻李、彭莹玉、郭子兴等等。其中彭莹玉又名彭和尚，是白莲教南方支派的教主，被教徒们尊为"彭祖"。据说彭莹玉小时候出生在南泉山慈化寺东邻庄的农民家庭，出生时红光漫天，如同火焰一般。寺中有一老僧，看到天降异象，便走到村边询问是否发生了灾变。村里面的老人告诉他，这里没有火灾，只是有一家媳妇生了个儿子。老僧大喜，于是找上门去，表示希望可以将这个孩子舍给寺里，自己想要收个徒弟。后来老僧又给了这家人一些补偿，终于在这个孩子10岁时，将他收进寺中。彭莹玉成了老僧入室弟子之后，平时经常做出一些预言，又时常得到应验。到他15岁那年，山下突然出现了一眼泉水，当时正赶上瘟疫流行，彭莹玉用这眼泉水给村民治病，卓有疗效，所以当地居民都拿他当活神仙看待。借着给人们看病的机会，彭莹玉很早就在南方民间积极活动。顺帝后至元四年（1338），彭氏与其弟子周子旺约定要在寅年寅月寅日寅时（其年为戊寅年）组织信徒发动起义。信徒们都在背后写上"佛"字作为标记。彭莹玉宣传，只有有"佛"字在身，打起仗来才会刀枪不入。后来聚集了5000人左右，还是被当地的镇戍部队剿灭。彭莹玉孤身避难，一直寄身在淮河流域，这一地区的百姓对彭莹玉十分拥护，所以元廷找了他十几年也没有找到。这次为了响应刘福通的红巾军,彭莹玉也再次出动。在彭莹玉的煽动下,罗田(今湖北省罗田县)的布贩子徐寿辉等人也开始宣传弥勒下生,在各路义军之中第一个建国号为天完,称起帝来。据说当时各地乱起,信报传至朝廷,负责传递文书的吏员在文书上题写"谋反事",脱脱为了不让顺帝觉得事态严重,就专门改成了"河南汉人谋反事",好像仅有河南行省一处谋反。结果没有多长时间,私盐贩子张士诚在江浙地区举事,赵明远在徐州起义,毛贵占据山东,明玉珍称霸川滇,烽烟已经遍及全国了。

面对红巾军的浩荡声势,脱脱也没敢闲着,赶紧调动号称战斗力最强的阿速军6000人,由枢密院同知赫厮、秃赤统领,前往河南行省平叛。又命河南行省徐左丞派遣汉军协助剿匪。阿速军原本是高加索地区的骑马民族,在成吉思汗西征时期内迁至中原,后来被编入元代侍卫亲军系统,在世祖平定南宋及对西北作战时立下了赫赫战功。可是眼下这些阿速军,都是当年那些身经百战的老战士们的后代。由于长期脱离一线作战,再加上指挥将领们根本瞧不起南方老百姓组成的部队,认为剿匪还不是手到擒来。于是将领们一味沉湎酒色,士兵只想着去哪里可以大抢一番,发笔横财,根本没有做好打仗的心理准备。真到了两军阵前,赫厮看到对方阵容齐整,斗志昂扬,压根不是自己以为的普通草寇,吓得扬鞭大叫"阿卜!阿卜!"也就是蒙语里"快跑"的意思,带头逃跑。身后的阿速军见统帅临阵脱逃,哪还有打仗的心思,竟然是不战而溃。最后,赫厮在逃命途中被杀,阿速军旧处北方,水土不服,溃败过程中连病带伤,死者过半。脱脱暴怒之下,只好将河南行省的徐左丞杀了,以承担战败的责任。但是无论如何,首战失利,双方士气此消彼长,元朝先机已失,再想要扳回局面,可就难上加难了。

此时的脱脱也被内忧外患弄得焦头烂额。政府已经为他的改革投入了大量人力财力,黄河治理刚见成效,正需要争取局面稳定,以便进行下一阶段的调整。结果没想到这些地方上的暴民并不领情,在这个时间点上来拆他的台。偏偏顺帝此时又宠信康里人哈麻和雪雪兄弟,由他们引荐西蕃僧人,将密宗的欢喜禅法传授顺帝。顺帝因为改革许久不见成效,原来励精图治的念头已经消磨殆尽,开始追求声色犬马之娱。当时有密教僧人对顺帝说,人生在世,就算你是皇帝,天下为你所有,但你又能比别人多活几年?这不过是你此世的福报,也带不到你下一世去,不如来学我的秘法大喜乐禅定,其乐无穷。于是顺帝被这些人蛊惑,一味热衷修行秘法,对朝政再无兴趣。他们在宣文阁内修习欢喜禅,男女之间赤身裸体,全无君臣之分,甚至掠夺民间妇女,影响非常恶劣。为此脱脱努力想除掉哈麻,但哈麻也在挑拨顺帝及皇后高丽人奇氏(一作祁氏)、太子爱育失黎达腊和脱脱之间的关系。这次平叛失败,哈麻更是在顺帝面前添油加醋,顺帝把脱脱传至面前,怒骂道:"你平日总说天下太平无事,现在红军已经遍布全国,你身为宰相,还打算怎么样!"脱脱无奈之下,只好调集更大规模的部队前往镇压。至正十一年九月,脱脱先派太师阿吉剌率宿卫部队十余万人前往河南行省,至十二月攻破上蔡(今河南省上蔡县),杀红巾军首领韩咬儿。可是这次进攻刚见成效,阿吉剌又犯了优势之下容易放松的通病。刘福通指挥红巾军先让出汝宁。至元十二年阿吉剌率元军收复汝宁,本来以为这里是起义军的大本营,可以来一次犁庭捣穴式的扫荡,没想到刘福通带着主力早就隐藏起来,晚间在沙河沿岸夜袭知行枢密院事巩卜班。双方在沙河岸边一场恶战,巩卜班战死,元军不得已,只好暂时退兵至项城县。脱脱听说前线战事不利,立刻加派御史大夫也先帖木儿率领增援部队前往。不久之后,也先帖木儿亲提重兵赶赴沙河,元军兵力已达 30 万之众。这也是脱脱平定红巾军动员兵力最大的一次。为了保证士兵们不会重蹈前面赫厮所率阿速军的后辙,脱脱为这支部队提供了充分的后勤保障,并且准备了很多金银财帛,供他们奖赏战功。但是元朝此时的正规军已经变成了扶不起的阿斗,前面被夜袭的惊惧情绪还没有消退,结果当夜就发生了夜惊。所谓夜惊,有可能是因为敌军的骚扰,也有可能是己方的失火、斗殴等等意外情况,被误认为是敌军发动了大规模的夜袭。夜惊的后果可轻可重,轻的是会发生小规模的混乱,严重的话会敌我不分,盲目乱打起来,甚至会出现不战而溃的情况。一般来说,一支训练有素的部队都会经常演练各种突发状况下的紧急处理方案,发生夜惊的可能性非常之低。元军在这种条件下会发生夜惊,可见平时疏于训练,军事素质之差与当年攻掠天下的蒙古军队简直天差地远。这次夜惊,元军战线完全崩溃,连夜后撤,虽然伤亡不多,但是全部的粮草兵器、钱财物资全部扔在原地。刘福通不费吹灰之力,就把留下来的物资全部弄到了手里。也先帖木儿一口气撤了500里,退到了朱仙镇附近才惊魂稍定,再也不敢也无力继续进军了。

在朝中的脱脱也拿不出什么好办法来了,他眼前除了无能的下属,就是欲置他于死地而后快的政敌,这时他宁愿以一己之力去面对到处肆虐的红巾军,也不愿在朝中坐等着哈麻等人用一个又一个的黑状把自己逼到绝地,所以脱脱干脆直接向顺帝提出,希望顺帝允许他亲自出征,前往南方平定叛乱。哈麻等人自然乐于看到脱脱离开京城,顺帝也懒得理睬脱脱,当即准许所请。于是在至正十二年八月,脱脱亲率大军离开京城。

脱脱打算先拿盘踞徐州的芝麻李开刀。之所以把芝麻李选作第一个进攻对象,脱脱是经过了一番深思熟虑的。河南、湖北一带红巾军目前势头正盛,也先帖木儿败后,当地元军士气不振,自己亲自上阵也未必能行。更为重要的是,在脱脱看来,江浙地区才是元朝的生命线所在,只有尽快肃清徐州红巾,同时压制正在蠢蠢欲动的江浙,才可以保证江南的财赋源源不断地通过运河送抵大都。刘福通虽然是红巾乱起的罪魁祸首,在各地起义军中有着最大的影响力,但他在汝宁一带闹得再凶,也不会对大局造成决定性的影响,但假如他整备力量,向东进攻,江浙可就难保了。故此脱脱集中力量进攻徐州,仅用了一个月的时间,就拿下徐州,生擒芝麻李,并将其解送大都,后来又毒杀芝麻李于雄州。这样就打通了运河交通线。紧接着,脱脱又分兵一支,由贾鲁率领,追击芝麻李余部,顺势围困濠州(今安徽省凤阳县附近),进展颇为顺利。

此时又有大事发生。至正十三年正月,泰州白驹场(今江苏省东台市)的私盐贩子张士诚起兵,攻占高邮,并于至正十四年建国号为大周。张士诚其人与刘福通等人不同,他这个人轻财好义,喜欢结交文士,受到江南地区知识分子的推崇。张士诚之所以举旗造反,是因为他在贩卖私盐的过程中,经常受到那些富豪之家的欺负。尤其是当地弓手丘义,不仅买盐不给钱,而且在张士诚登门要钱的时候,还对张士诚侮辱打骂,使张士诚不堪忍受。张家兄弟4人,均以贩卖私盐为生,在当地私盐贩子中很有号召力,于是纠集了自己兄弟和其他受过欺负的盐贩子共18人,一夜之间杀了这些富豪之家全家,烧了他们的田宅,又冲到泰州的盐场之中,号召盐户起义。盐场盐户平时赋役沉重,都对政府颇有怨言,一直没人敢率先出头。现在张士诚跑来煽动,竟然一呼百应,很快就夺取了泰州。以泰州为根据地,张士诚又打下高邮,势头甚盛。高邮、泰州与江浙行省的财赋大本营常州、松江等地仅有一江之隔,如果放任张士诚在此发展,将对江浙行省造成巨大威胁。于是脱脱只好撤濠州之围,举重兵来剿灭张士诚,哪承想这次出兵,竟然落得个一去不回的下场。

至正十四年九月,脱脱聚集大军,对张士诚占领区进行总攻。此次出兵,脱脱调集诸王、各省各翼兵马,号称百万之众,所过之处,鼓声震天,声势极为浩大。至十一月,脱脱率主力部队兵临高邮城下,张士诚领兵出战,大败而归,闭门死守。脱脱采取围而不攻的策略,由主力部队将高邮城团团围住,由侧翼部队分兵攻打六合、盐城等地,很快就收复了高邮周围的城镇。脱脱希望避免正面强攻高邮,打算用围困的方法对张士诚施加压力,逼迫张士诚开城投降,这样可以避免攻城所带来的不必要的损失。张士诚一方在围城之中也很窘迫。对他们来说,眼下内无粮草,外无救兵,固守下去显然毫无希望,所以城中明显分裂为两派。一派认为,既然守无可恃,当然应该尽快投降,否则等到城破之日再投降就没有意义了;另一派则认为,从徐州芝麻李及其他几路被剿红巾军的结果来看,即使投降,也要论罪斩首,怎么都是死路一条,不敢投降。两派之间争论不定,但在脱脱看来,高邮之中粮草囤积有限,等到城中无粮,张士诚除了投降以外,也就没有其他选择了,所以也不着急下令总攻。可是就在此时,朝中形势发生了突变。首先脱脱的政敌哈麻兄弟利用脱脱离京的这段时间,请顺帝将哈麻从宣政院使升为中书省平章政事,逐渐开始对日常政务发挥影响。此后,哈麻唆使监察御史在顺帝处弹劾脱脱,诬告脱脱围困高邮只是幌子,其实是拥兵自重,不想进攻,这样下去,不仅士兵士气受损,国家还要为他贴补大量军费。顺帝当然也明白哈麻与脱脱之间不合,这样的奏章肯定有不实之处。但是顺帝不了解前线的实际情况,对脱脱也不敢完全信任,毕竟脱脱现在手中掌握着大元目前最强大的一支部队,而这支部队此刻正在高邮对一批刚刚起事一年的反贼围而不攻,这又不能不引起顺帝的疑虑。在顺帝看来,脱脱现在威望甚高,假如他平叛成功,在军方树立足够的威信,一旦今后成为第二个伯颜,自己就难以控制局面了。故此顺帝决心已定,对监察御史的弹劾表示认可,下诏褫夺脱脱的兵权,以枢密院老张代替脱脱,命脱脱前往淮安路安置。

当时大军齐聚高邮,认为城破指日可待,没想到宣诏使者一来,竟然是要临阵换将,准备将主帅调走。当即引发众怒,军中哭声一片。当时脱脱的幕僚龚伯遂建议道:"当时丞相出兵之时,天子曾经说过,今后如果有什么指示,将会以密旨来宣。丞相将在外,君命有所不受,遇事可以自行处置。请您不要遵从诏书,时间一长,朝廷内的小人之言也就不攻自破了,现在千万不可离开。"脱脱摇头叹道:"不行,如果抗旨不遵,就更显得我有意违抗天子的命令了。"于是只得交出兵权离开。元军之中,有不少是贵族子弟来担任将领的。哈麻早就派遣使者秘密通知这些家族,表示诏书一到,脱脱就要离任,到时希望这些贵族子弟各自领兵返回,否则将杀他们全家。大军本来就对顺帝临阵换将感到极度不满,脱脱一走,这些蒙古贵族子弟也各自领兵返回,本来有百万之众的庞大部队,竟然在高邮城外一哄而散。最可怜的是那些汉军,打了这么长时间的仗,一点功劳也没捞到,本来是得胜之军,现在反倒眼看就要被张士诚部各个击破,索性直接就地投降,跟着红巾军一起造反去了。可怜脱脱丞相,到了淮安路才一个月时间,就被发配云南镇西路(今云南省腾冲市)。至元十五年十二月,哈麻假传旨意,命密使在吐蕃一带截住脱脱,逼他饮毒酒自杀。至此高邮一战成为元朝与南方

·欧·亚·历·史·文·化·文库·

起义军作战的一大转折点,此后元廷已经再没有足够力量对南方红巾军发动主动攻击,只能依赖察罕帖木儿、李思齐等地方武装力量抵挡义军了。

1.4 朱元璋势力的抬头

至正十五年二月,就在高邮战役发生剧烈转折之后,刘福通看准机会,迎接韩山童的儿子韩林儿归来,立韩林儿为帝,称"小明王",于亳州(今安徽省亳州市)称帝,改年号为龙凤,建国号为宋。龙凤政权仿照元朝官制设计,中央设中书省、枢密院和御史台,中书省有丞相、平章政事,下设六部。在地方上又设立行中书省,多委任各地红巾军首领,比如赵均用为淮安行省平章,朱元璋为江南行省平章,毛贵为益都行省平章等等。

朱元璋像

众所周知,此时尊奉龙凤政权旗号的朱元璋,就是后来明代的开国太祖。朱元璋本来是濠州钟离太平乡孤庄村人氏,出身非常贫苦。至正四年的时候,他的家人均死于瘟疫,只剩他孤身一人,于是投身皇觉寺为僧。至正十一年红巾乱起,朱元璋投奔濠州郭子兴部,成为濠州红巾的一员。由于他擅长计谋,多能料敌先机,深受郭子兴的喜爱,成为郭子兴的亲信。至正十三年六月,朱元璋回到故里,招纳当地百姓加入红巾军,后来明军的几位重要将领如徐达、常遇春、邓愈、胡大海等人都是这一时期参加朱元璋的队伍的。朱元璋以自己的一群乡亲为骨干,逐渐培养出自己的一股势力。

至正十五年三月郭子兴死后,濠州红巾主动投靠刘福通,被收编成为龙凤政权的一部分。朱元璋在这支部队里任左副元帅,开始向南进军,准备攻入元朝最为富庶的江浙行省。同年六月,濠州红巾攻取太平路(今安徽省马鞍山市),正式过江。在定远人冯国用的建议下,濠州红巾强攻集庆路(今江苏省南京市),结果两次进攻都没有成功,濠州红巾的最高统帅,郭子兴的儿子郭天叙战死。朱元璋顺理成章地取得了濠州红巾的指挥权,终于第三次攻打集庆成功,杀死元江南行御史台御史大夫福寿,在浙西一带站稳了脚跟,于是改集庆路为应天府。至元十六年七月,龙凤政权将朱元璋升为枢密院同金,在应天府设江南等处行中书省,由朱元璋担任行省平章。

此时的朱元璋在南方诸多割据势力中还不是太强的一支,并没有引起刘福通的充分重视。龙凤政权目前正在筹备即将开始的北伐,他们准备将朱元璋的濠州红巾余部留在应天一带,牵制不奉龙凤旗号的张士诚、徐寿辉等人。从后来事态发展的角度来看,朱元璋无疑是这一战略部署的最大得益者。正是由于他没有参加北伐,才能够在南方保存和积蓄力量,避免去和元朝部队硬碰硬,一边招纳贤才,一边蚕食南方其他割据势力。首先与朱元璋发生摩擦的是张士诚。张士诚在高邮战役中全力对元军进行反扑,在至正十六年二月攻克平江路(今江苏省苏州市),将政权从江北迁往江南,并且趁势分兵夺取无锡、常州、松江、杭州等地,迅速取得最为富庶的浙东地区。朱元璋过江之后,也试图与张士诚争夺这一地区的控制权,双方在镇江一带形成对峙。至正十七年之后,朱元璋率军攻入常州、常熟等地,张士德在常熟战败被俘,对张士诚打击很大。在取得常州等地之后,胡大海向朱元璋推荐刘基、宋濂、章溢、叶琛等名士。朱元璋的队伍中多是能征惯战的武将,但文化水平普遍不高,当时江南名士又大多投靠到张士诚一方,刘基等人的加入对朱元璋来说意义非比寻常,这使得朱元璋真正拥有了一个幕僚集团,彻底摆脱了起义初期的流寇色彩。

这时被朱元璋打得焦头烂额的张士诚,在无计可施的情况下,接受了元廷的招安,被顺帝敕封为太尉。原来张士诚侵占江浙,等于断去了元朝北边的粮食和财税来源。自元世祖忽必烈以来,大都的粮食供应很大程度上依赖于南方的漕运与海运,其中海运运量尤其庞大。由于张士诚占据苏杭一带,元朝海运实际已宣告停顿,至正十九年间大都出现了断粮。不管士兵战斗力再强,武器装备再精,没有粮食怎么打

·欧·亚·历·史·文·化·文·库·

仗,所以顺帝只好向张士诚妥协,命使者赐张士诚御酒龙衣,求张士诚运粮。张士诚正好拿朱元璋没有办法,为了避免多线作战,也就接受了顺帝的赏赐,并答应每年为大都运粮 10 万石以上。元廷与张士诚达成了这一同盟之后,对双方而言都有好处,张士诚没有后顾之忧,可以专心与朱元璋周旋,元朝也暂时解决了粮食危机,增加了两方面苟延残喘的时间。

就在张士诚与朱元璋在太湖地区形成拉锯的时候,陈友谅开始在朱元璋的西线打起了主意。陈友谅本来是徐寿辉天完政权一方的人,他在天完政权之中是统军元帅,掌控天完政权的实际权力。徐寿辉虽然是名义上的君主,但处处受制于陈友谅。徐寿辉与龙凤政权之间本来没有矛盾,而且早先天完政权也是以弥勒下生为号召,跟龙凤政权有共同的宗教基础,故此两大势力之间一直没有什么摩擦,反而有一种互相的默契。但陈友谅开始掌握天完政权的实际权力之后,想要联合张士诚,吞掉朱元璋,所以在至正十九年逼迫徐寿辉迁都江州(今江西省九江市),一路东进,夺取长江沿岸的重镇安庆。至正二十年五月,陈友谅攻击朱元璋的背后,袭取了太平路,并于闰五月杀徐寿辉自立,改国号为汉,改年号为大义,兵锋直至朱元璋的大本营应天府。朱元璋这时与张士诚激战正酣,没想到陈友谅突然从背后来袭,下一步究竟是转入防守,还是集中精力先打张士诚,的确是个令人困惑的选择。众将官意见不同,分为几派,有建议干脆向陈友谅献出应天求和,集中力量对付张士诚的,也有建议死守钟山的,更有认为应当孤注一掷,集中全力与敌一拼,打败了大不了是个跑。这时候就显示出刘基这种有一定战略眼光的幕僚的重要了。刘基当即表示,想要渡过眼前的难关,谁也不可以再提求和或者退兵死守的事情,违者必斩。先震慑住这些将领,控制住场面之后,刘基仔细为朱元璋分析道:"张士诚没有进取之心,不会主动出击,能保住领土,已经心满意足,所以不必担心他配合陈友谅发动攻势。陈友谅劫持徐寿辉,自立为王,背上不义之名,我们号称为徐寿辉复仇,对他还击,可以说名正言顺。陈友谅处于我们的上游,时刻不忘吞并我等,应当把打败陈友谅放在第一位。只要击败陈友谅，扫平长江中游，张士诚屈居一隅之地，孤掌难鸣，根本不是我们的对手。平定南方之后，大军再北向中原，这才是帝王根基所在。"

朱元璋采纳了刘基的意见，开始把主力从东线转移至西线。首先拉拢陈友谅当年的故交康茂才，让康茂才写信给陈友谅，表示愿意与陈友谅里应外合，袭击朱元璋，希望陈友谅率领水军前来接应。结果陈友谅不虞有他，领兵前来赴约，到了江东桥附近遭到朱元璋的伏击。当时正逢落潮，陈友谅的大船在滩头搁浅，只好孤身乘小舟逃走，属下水军精锐就此毁于一旦。接下来朱元璋又发动宣传攻势，揭露陈友谅杀死徐寿辉称帝的恶行，借此拉拢当初天完政权中的徐寿辉旧部。当陈友谅逃回江州之后，其余各地戍守部将纷纷投降易帜，尽管陈友谅多次进行反攻，但始终不是朱元璋的对手，只好再退往武昌。到至正二十三年，陈友谅已经孤立无援，只得纠集全部兵力，发动鄱阳湖战役。由于陈友谅一方久处江南，对水上作战颇有心得，而且战船远较朱元璋一方为大。而且陈友谅倾国而来，号称水军 60 万，朱元璋的水军仅有 20 万，所乘又都是小船，开战之后一直处于不利境地。这次水战大概是朱元璋自起兵以来经历的最大也是最危险的一次战役，即使在中国军事史上也是少有的一次水上大会战。根据当时双方交战的记录，朱元璋水军在开始阶段处于非常不利的状况，甚至朱元璋都几次遇险，几乎遭遇不测。但是朱元璋的指挥非常灵活，一看战况开始向对方有利的一面倾斜，立刻改变作战方式，采取火攻烧船的战法，避免陷入对己方不利的消耗战之中。由于风向对朱元璋军有利，他们用小船装满火药和易燃物，直捣敌阵，陈友谅的大船无处遁逃，结果数百船舰都在大火中被焚毁。陈友谅的几个弟弟陈友仁、友贵以及重要幕僚陈普略等许多将领均死在大火和爆炸之中，无数水军被溺死在鄱阳湖中。据朱元璋一方的战报称，这场战斗陈友谅一方的伤亡人数达到了 6 万人之多，而朱元璋水师仅溺死 7000 余人。鄱阳湖一战之后，陈友谅仓皇逃往武昌，其政权已经基本瓦解。到了八月二十七日，陈友谅在湖口中冷箭而死，其子陈理即位。朱元璋在至正二十四年率大军出征武昌，陈理无力对抗，只得献城投降，陈友谅的大汉政权终告灭亡。

·欧·亚·历·史·文·化·文·库·

剿灭陈友谅之后,朱元璋下一个目标就是张士诚了。由于至正二十年陈友谅与朱元璋的战争,张士诚在至正二十年到至正二十三年之间,获得了一段喘息的时间。他看准龙凤政权北伐失利的机会,出击濠州一带,与元军配合作战,压制刘福通。到了至正二十三年,张士诚更是趁着刘福通、韩林儿大败之机,派遣吕珍出兵安丰。此时龙凤政权所能动员的兵力,都在北伐与元军的作战中被消耗殆尽,只有朱元璋的部队长期经营南方,实力完整地保存下来。朱元璋在应天府虽然实质上是个独立王国,但他一直还尊奉龙凤政权的政治口号,仍然在名义上奉小明王韩林儿为主。比如朱元璋攻克婺州(今浙江省金华市)之后,设立浙东行省,就打出了"山河奄有中华地,日月重开大宋天"和"九天日月开黄道,宋国江山复宝图"的口号,这显然是继承了我们前面提到的韩山童、刘福通在起义之初提出的"直抵幽燕之地,重开大宋之天"。所以朱元璋尽管在江南地区自由发展,刘福通等人却一直认为朱元璋态度恭顺,是可以依靠的对象。于是韩林儿在紧急情况下,立刻选择向朱元璋求助。朱元璋当时正在积极准备与陈友谅的鄱阳湖水战,接到韩林儿的告急,立刻率领精锐出兵安丰,赶在刘福通军战线崩溃之前,抢出韩林儿与刘福通,并将他们一起安置在滁州,紧接着发布告示,斥责张士诚时而自立,时而降服元朝,立场摇摆不定,并且乘人之危,落井下石,威胁小明王的安全。朱元璋以此为口实,在结束对陈友谅战役之后,开始转入对张士诚统治区的攻略战。

至正二十五年间,朱元璋先攻打张士诚在江淮之间的领地,又于次年发布平周檄文,罗列张士诚八大罪状,诱降湖州、绍兴、杭州、嘉兴等地的守将。在至正二十六年十一月,终于完成了对张士诚大周政权的首都平江府的包围。平江府城防工事比较完善,易守难攻。朱元璋针对平江城防的特点,采取逐层深入的做法,用重兵将四周围住,在平江各门以外构筑阵地,严密防守。阵地之上修筑敌楼,也就是高层木塔,命士兵在敌楼之上瞭望城内动静,城中守军稍有松懈,就由敌楼通传围城部队,在相应位置发动进攻,让守军疲于奔命。这样,攻城部队可以好整以暇,轮番休息,但城内的守军却始终要绷紧了神经准备作战,完全奉行疲劳战术。另外,朱元璋还动用了大量的火器,向城内频繁射击,张士诚又要指挥部队四面灭火。即使如此,平江府攻防战仍然持续了将近一年。但是,张士诚这一次可没有当初高邮围城之战那么好的运气了,尽管福建地区有方国珍、陈友定,北边又有元将扩廓帖木儿,一共3股力量的声援,但是朱元璋仍有余力分兵抵抗。至正二十七年九月,平江城破,张士诚率军坚持巷战,力战被俘,在押送应天府的路上上吊身亡。此后,朱元璋又陆续攻破方国珍、陈友定,整个东南地区均落入红巾军之手。此时顺帝大概已经意识到,曾经的大元朝土崩瓦解,就在眼前了。

2 元朝覆灭与顺帝出逃

2.1 察罕帖木儿与扩廓帖木儿

察罕帖木儿与扩廓帖木儿两人,是元末对南方红巾军进行抵抗最为顽强的两名将领。尤其是扩廓帖木儿,他甚至被朱元璋称许为当今世上首屈一指的"奇男子",在元顺帝退回北方之后,仍然转战在草原之上,成为明朝军队最大的威胁。在此章中我们必须首先介绍一下这两个人的情况。

在前面一章中我们已经提到,元朝的中央直属部队由于各方面原因,训练程度不足,武力衰退非常快。所以脱脱还在相位的时候,就有人提出建议,认为元军的主力以蒙古色目人为主,这些人到了南方以后,容易水土不服,也不适应水战,不如在当地招募身强力壮之辈,加以训练,比出动正规军的效果要好。出于这种考虑,在红巾乱起之后,元廷表彰了两名主动招募兵勇抵抗红巾军的地方官吏,一个是颍州沈丘县探马赤察罕帖木儿,另一个是信阳罗山县的典史李思齐。所谓探马赤,是蒙古安插在地方的军人,这批军人被称作探马赤军。根据当代学者的研究,察罕帖木儿出身乃蛮部,从他曾祖父一辈开始,就跟随蒙古军队留居河南,成了颍州沈丘人。到了察罕帖木儿这一代,汉化程度逐渐加深,他不仅乐于学习汉地文化,甚至还曾用汉姓李姓,表字廷瑞,时人有"李上公"之称,后来朱元璋也称其为"李察罕"。据说他还参加过科举考试,但可能未能中举。察罕帖木儿生活的颍州和信阳正是红巾军闹得最凶的区域,他目睹官军剿匪不力,心中非常着急,于是集合了当地青年,联络李思齐,自行招募人马,偷袭罗山县得手。这件事在当时来说,并没有特别重大的战略意义,毕竟刘福通等人都在与北面前来剿匪的元军作战,信阳罗山在汝宁以南,并不是刘福通防备的重点。但因为政府军队作战不利,察罕帖木儿与李思齐私人招募的部队却能夺回罗山,自然要大为宣传,以冲淡正面战场失利的阴影,于是元廷决定对二人进行升赏。当时中央拟升察罕帖木儿为罗山县达鲁花赤,李思齐为罗山县县尹。但是顺帝表示,察罕帖木儿本来出身行伍,李思齐已经是县典史,只因为察罕帖木儿不是汉人,就将他位置置于李思齐之上,对李思齐不太公平。再加上当时人们已经议论国家轻视汉人,这才惹出汉人揭竿而起,你们这样轻李思齐而重察罕,不正是授人以柄吗?顺帝既然这么说了,大臣只好再做商议,最后干脆授察罕帖木儿为中顺大夫、汝宁府达鲁花赤,李思齐为汝宁府知府,允许两人继续私募部属,对抗红巾军。于是察罕帖木儿与李思齐就成了元代最重要的两个地方武装力量,部下士兵约有万人之众,配合政府军队的剿匪作战。

至正十五年,顺帝任命答失八都鲁为河南行省平章政事,负责元军平叛事宜。答失八都鲁与刘福通的红巾军几次作战,都宣告失利,红巾兵锋直抵洛阳。无奈之下,答失八都鲁只得调察罕帖木儿和李思齐放弃南线,转移至虎牢,保护元军侧翼。红巾军夜渡黄河孟津渡口,直逼怀庆路(今河南省沁阳市),元军节节败退,但红巾军唯独败于察罕帖木儿之手。察罕帖木儿于是名声大噪,顺帝将他进升为刑部侍郎、中议大夫。因为察罕帖木儿擅使一杆长枪冲锋陷阵,当时人称"长枪侍郎"。

至正十六年九月,刘福通分兵三路,发动了著名的北伐,准备对大都进行包抄作战,企图夺取元朝政权。三路部队中,东路军统帅是在山东活动的毛贵,由山东攻击河北地区;中路军统帅为盛文郁,率领关先生、破头潘、冯长舅、沙刘二等人沿太行山麓进入山西地区;西路军则由李武、崔德率领,出潼关攻打陕西。答失八都鲁作为元军总指挥,几次与红巾军作战均告失败,只得命察罕帖木儿助战。察罕帖木儿带领本部人马在灵宝、平陆几处击败西路军,并且引兵入潼关,击溃从兴元(今陕西省汉中市)一带来犯的敌军增援力量,解除了关陕地区的危机。其中凤翔一战,号称红巾军被斩首数万人之多,西路军已呈溃退之势。察罕帖木儿因此受封资善大夫、陕西行省左丞,红巾军西路统帅李武、崔德无奈之下只得向李思齐投诚。

与察罕帖木儿形成鲜明对比的是率领政府军作战的答失八都鲁。他一直瞧不起突然暴得大名的察罕帖木儿,可是察罕帖木儿在陕西不断获胜的同时,答失八都鲁则被中路军和东路军打得焦头烂额,节节后退。特别是战况越加不利之后,察罕帖木儿也不服答失八都鲁的调度,自行抗击红巾军,从陕西跨过河南,开始进入山东、河北地区与敌兵交战。这在答失八都鲁看来,无疑是一种越权行为。可偏偏察罕帖木儿还总能取胜,使得朝廷对答失八都鲁越加不满。答失八都鲁为了扭转战局,小心应战,希望通过防守站稳脚跟,再行觅地发动反击。但顺帝却着急解除红巾军的威胁,怀疑答失八都鲁消极抵抗,延误战机,不断派使者催促他主动与红巾军进行主力决战。在这种情况下,刘福通敏锐地把握到答失八都鲁处境的尴尬,派人行使反间计,伪造答失八都鲁给红巾军写的求和书信,派人装作无意间遗失在道路上的样子,被顺帝派遣来的使者发现。使者得此伪造书信,不虞有他,认为这是重要情报,赶紧向上报告。顺帝尚未做出明确反应,但答失八都鲁听闻此事,知道自己已不讨好,竟然惊惧而死。其部属交由其子孛罗帖木儿指挥。孛罗帖木儿对朝廷固然有意见,但认为父亲之所以会被逼死,很大程度上是察罕帖木儿造成的,于是派兵攻击察罕帖木儿的驻地,想要为父报仇,结果双方不顾外有红巾军之乱,竟然开始内讧起来。两人争夺中原地区的控制权,连续打了几仗,此时东路红巾军在毛贵的指挥之下,已经直抵大都附近的柳林,也就是当年伯颜出城行猎之处,距离大都已经非常之近了。但是察罕帖木儿和孛罗帖木儿完全不顾中央政府的危机,还在山西一带互相争斗。最后只得由顺帝亲自降诏,确定孛罗帖木儿负责山西,主攻中路红巾军;察罕帖木儿负责山东,主攻东路红巾军。此时中路红巾军的关先生部已经从冀宁迁回至兴和(今河北省张家口市张北县),并攻拔元上都,越过草原,向辽阳行省进攻。孛罗帖木儿和察罕帖木儿赶紧结束火并各率本部人马截断东路、中路两军的退路,三路红巾军北伐均告失败,龙凤政权最强大的武力集团就此宣告灭亡。

察罕帖木儿在至正二十年开始率兵向河南行省发动反扑，刘福通此时已无力对抗察罕帖木儿的大军，只能死守汴梁（今河南省开封市）孤城。察罕帖木儿将主力安排在虎牢，发动陕西、山西两地的驻屯军包抄汴梁城，将汴梁团团围困。刘福通无奈之下只得亲自保护小明王韩林儿突围，逃往安丰。至此察罕帖木儿威震北方，就连朱元璋也不敢轻易去捋他的虎须，只能卑辞厚礼写信给他，表示不敢北上与察罕帖木儿交战。

可惜就在察罕帖木儿名声达到极盛之时，他的死期也将近了。至正二十一年，察罕帖木儿接到顺帝命令，从河南战区转向山东一带。山东一直是毛贵的大本营，毛贵组织东路红巾北伐至柳林，被大将刘哈剌不花率军击败。东路军由于悬军深入，被击败之后，没有侧翼的支援，只得一路退回济南，战力损失很快。在这种不利情况之下，降将赵均用先暗杀毛贵，又被毛贵部将续继祖所杀，其部下拥立毛贵之子小毛平章为帅，但实际变成两派人马的暗斗。一派是自称花马王的田丰，另一派是自称扫地王的王士诚。两派之间为了争夺势力范围大打出手，元军收复山东，正是时机。故此察罕帖木儿率军从河南直驱冠州（今山东省冠县），迅速攻下东昌路（今山东省聊城市）和济南路，扫荡山东北部地区，将田丰、王士诚等人压制在益都、泰安等地。田丰抵挡不住，主动向察罕帖木儿请降，两家共同合作，将王士诚围困在益都。此时田丰的部队驻扎在益都南门，其他几门均由察罕帖木儿围住。田丰几次前往察罕帖木儿营中议事，看到察罕帖木儿接待元廷使者非常傲慢，对使者也不如实汇报战况，显然没有什么忠诚之心。田丰回到营中，愤愤然对亲信说："我当初拿出我的地盘投降察罕帖木儿，又帮他平定这么多城池，就是拿他当个复兴元朝的大人物来看。现在看他的样子，哪里像是个中兴名将，分明就是汉室的奸臣曹操。想要当曹操的话，难道只能他当，我就当不得吗！"于是派遣亲信去见王士诚，给王士诚带去一封密函。信中说："察罕帖木儿在本月十五日内必然要到各个城门去巡视围城士兵。等他到了我的营中，我会提前杀牛备酒招待他,并犒赏他的随行武将。到时请你派几个武艺高强,胆识过人之辈,乔装改变成侍候酒食的仆从模样。到时以击鼓为号,把察罕帖木儿以下众人全部杀光。"

王士诚得信之后,大为高兴,便依信安排不提。在十五日清晨,察罕帖木儿果然骑马巡城,往田丰营中而来。为了表示对田丰的信任,察罕帖木儿只让两名武将随行。王士诚派来的武士比较急躁,看到察罕帖木儿带来的随从不多,立刻准备动手。田丰给他使眼色,意思让他少安毋躁,这个武士误以为田丰是命令他尽快动手,闪到察罕帖木儿的背后就是一刀。这一刀正好砍在察罕帖木儿的右肩上。田丰一看事已败露,赶紧命人击鼓。王士诚在城中听到鼓声大作,赶紧打开益都南门。田丰胁迫察罕帖木儿入城,终于察罕帖木儿因失血过多而死。

为什么察罕帖木儿三人前来,田丰不愿意马上让刺客发动呢?关键在于察罕帖木儿的外甥扩廓帖木儿没有同来。田丰深知扩廓帖木儿的厉害,所以不愿意仓促行刺察罕帖木儿。我们在前面已经说过,扩廓帖木儿是连朱元璋都许为天下奇男子的人物。他到底是何许人也呢?

扩廓帖木儿的本名叫做王保保,他是察罕帖木儿姐姐的儿子。察罕帖木儿一家在河南生活,属于身份比较低的探马赤军,所以察罕帖木儿的姐姐就与当地汉人通婚,嫁给了一个王姓汉人,生下了王保保。察罕帖木儿的姐夫很早病死,姐姐孀居在家,将其子王保保过继给了察罕帖木儿,奉察罕帖木儿为父。此后王保保随同察罕帖木儿一同起兵,转战南北,立下军功无数,是察罕帖木儿帐下最得力的一名将领。扩廓帖木儿是元顺帝给王保保的赐名。所以我们在史料中经常可以看到王保保和扩廓帖木儿两个名字混用。

此时察罕帖木儿军中已经获悉主帅的死讯,一时间人心惶惶。察罕帖木儿军中都是私募部队,大家只对察罕帖木儿一人效忠,现在主帅一死,大家各有心思,眼看当日高邮战役一幕就要重演。正在此时,军中有一幕僚名叫白瓒,此人颇有智谋,见识不同于常人。他看到军心浮动,马上就有土崩瓦解的危险,赶紧在人群之中大声说道:"大帅奉朝廷之命来此平定叛乱,讨伐逆贼,现在大帅虽死,但朝廷之命不可以就此中止。大将王保保身为大帅养子,朝廷又赐名扩廓帖木儿,我们如果立王保保为主,那么大帅遗志也算后继有人了!"说罢请出扩廓帖木儿,率先跪倒磕头,以示效忠之意。其他将领参军基本上都是为了求荣华富贵,也不希望功劳未立,就此解散,看到有人愿意出头,也就跟着跪拜,人心也就安定下来。扩廓帖木儿赶紧命人将察罕帖木儿死讯报与顺帝知道。顺帝闻讯大哭,就连一向与察罕帖木儿不睦的孛罗帖木儿也感叹道:"察罕帖木儿若能为我所用,不知能省去多少气力!"中原妇孺,听到察罕帖木儿死讯,无不痛哭失声。

扩廓帖木儿比起他的养父,更是个擅长打仗的狠角色。他一直充任察罕帖木儿的先锋,冲锋陷阵,亲冒矢石,作战勇猛无比。顺帝让扩廓帖木儿继续统帅察罕帖木儿的部队,并且拜他为银青荣禄大夫、太尉、中书省平章政事、知枢密院事、太子詹事。扩廓帖木儿接到顺帝的正式任命之后,马上调集兵马,以复仇为号,攻打田丰、王士诚。扩廓帖木儿不耐烦像他养父那样旷日持久地围城进攻,他采取明修栈道,暗度陈仓的办法,先让围城部队在外面佯攻,吸引守城部队的注意力,再派一支敢死队挖地道入城。敢死队入城之后,从内部把城门打开,大军一拥而入。扩廓帖木儿将山东红巾几个头目如陈猱头之类解往大都,留下田丰、王士诚二人,亲手将二人开膛破肚,活生生摘出他们的心肝来祭奠察罕帖木儿,算是大仇得报。

扩廓帖木儿继承察罕帖木儿的兵权之后,元朝在黄河以北地区主要依靠的武装力量大致有 3 支。首先是察罕帖木儿留在陕西、河南一带的李思齐部,属于察罕帖木儿一系的旁支;其次是驻扎在山西、山东一带的孛罗帖木儿部,这支部队本来是中央直属部队,但由于答失八都鲁之死,归于孛罗帖木儿统率之下以后,逐渐向孛罗帖木儿的私人部队演变;最后就是继承察罕帖木儿的扩廓帖木儿部,属于察罕帖木儿的嫡系部队。3 支军队之间关系颇为复杂。李思齐自恃与察罕帖木儿同时起兵,扩廓帖木儿算是自己的晚辈,有些瞧他不起,不愿再受扩廓帖木儿的节制,两人既有联合行动,却又不时出现摩擦。孛罗帖木儿本与察罕帖木儿有旧怨,察罕帖木儿死后,他趁扩廓帖木儿忙于攻打益都为父报仇,马上联络陕西张思道一起攻打陕西、河南等地的原察罕帖木儿守备地区。很快,扩廓帖木儿与孛罗帖木儿之争就被太子爱猷识理达腊所利用,于是扩廓帖木儿与这位后来的北元昭宗一起,结成了十余年之久的政治联盟。但是这种无休止的内耗也使得元朝的庞大兵力无法形成合力,终于被朱元璋的北伐军各个击破。

2.2　后院失火的元顺帝

　　至正二十年以后的顺帝,真正担心的事情已经不是南方一时蜂起的起义军了,而是担心自己随时会变生肘腋,死在"自己人"的刀下。随着脱脱二次上台以后钞法改革的失败,再加上愈剿就愈盛的红巾军,中原地区就像一个无底的黑洞,不停地吸蚀着国力,国家财政入不敷出,无论官民,都对自己的生活充满了怨气。这种情况下,很多原来拥兵北方的蒙古诸王不仅对政府遇到的困难毫无体恤理解之意,反而对朝廷政策不断向中原倾斜而感到不满。其中阳翟王(一说鲁王)阿鲁辉帖木儿作为北方势力较强的宗王,感到顺帝已经陷入窘境无法自拔,于是闻风而动,于至正二十年在木儿古彻温起兵,向南进军,准备趁机夺取政权。

　　阿鲁辉帖木儿长期身处北地,向来以蒙古正统自居,他给顺帝写了一封长信,里面列举顺帝若干罪状,其中写到"大元的版图是历代祖宗皇帝靠着出生入死的争战才得来的,你现在随便就把中原疆土的一半丢掉了,还有什么脸面坐在皇帝的位子上! 依我看来,不如你把皇帝的印玺让给我,让我来替你做这个皇帝吧!"顺帝本人以及其祖武宗、其父明宗都曾受到北边诸王的拥戴,深知北边诸王兵权在手,其中不乏觊觎帝位、怀抱野心之辈,故此顺帝对阿鲁辉帖木儿的发难并不感到意外。只是阿鲁辉帖木儿的来信,正戳中了顺帝的痛处。顺帝本意是希望发愤图强,成为一代明主,结果闹到这么一个不可收拾的地步,眼看就连守成之业都难以完成,他内心深处充满了自责。此时的顺帝已经对自己的政治前途感到深深失望，内心退志已萌，看完阿鲁辉帖木儿的来信之后，只是淡淡说了一句"他要是真有天命佑护，我当然可以退位让贤了"。然而阿鲁辉帖木儿也确实没有皇帝命，他举兵没有多长时间，手下的一个心腹叫作脱欢的就发动了叛乱，把阿鲁辉帖木儿抓了起来，献给顺帝。按照惯例，宗王犯罪，为了保留宗室的颜面，通常不会对其处以斩首的极刑。但又不能对罪行姑息，于是就叫人带着一副弓弦给犯罪的宗王，由派去的人用这副弓弦把宗王绞死，这就是所谓的"赐死"。宗王一经赐死，当初所犯的罪行就算一笔勾销，家人也可以得到保全。可是阿鲁辉帖木儿在这个时间点竟敢高举叛旗，实在罪不容赦。顺帝一反"赐死"的惯例，下令将阿鲁辉帖木儿斩首以正典刑，同时也等于敲打了一下其他宗王，让他们不敢再有所异动。

除了周围掌握兵权的庞大蒙古宗王势力以外，顺帝更为担心的反而是自己的至亲骨肉，皇后奇氏和皇子爱猷识理达腊。说起来顺帝的这位奇皇后，倒是个元末的重要人物。奇氏是高丽人，本来只是个宫女。当时高丽王朝是元朝的藩属国，定期需向元朝进贡，其中包括进献高丽贡女。宫中的高丽贡女大部分身份不高，初来乍到的时候又不通蒙语，很少有能取得皇帝宠幸之人，多数在宫中只能扮演执役的角色。奇氏一开始也不例外，只是负责给皇帝烹茶倒水而已。可顺帝小时候在高丽的大青岛住过一段时间，不像前面几任皇帝那样有点瞧不起高丽人。奇氏又是个聪明人，利用接近顺帝的机会，很快取得了顺帝的欢心。顺帝即位之初，身边没有什么可以完全信赖依靠的人，又需要拉拢安抚权相燕铁木儿，因此娶了燕铁木儿的女儿，是为答纳失里皇后。在这种情况之下，奇氏对于顺帝而言，变得越来越不可或缺。再加上顺帝与燕铁木儿有隙，顺帝对于他的女儿自然也很疏远，很自然地会宠爱奇氏多些，所以答纳失里皇后对奇氏也十分嫉妒，几次把奇氏招至面前，虐待一番。奇氏一味容让，给顺帝留下了极好的印象。

燕铁木儿死后，答纳失里皇后也被废黜，当时顺帝就有立奇氏为后之意。但丞相伯颜执意要立孛罗帖木儿之女为后，因为她出自蒙古贵姓弘吉剌氏，成吉思汗就娶自弘吉剌氏，此后弘吉剌氏的女子在元

·欧·亚·历·史·文·化·文·库·

朝为后的非常之多,已经成为近乎定制的习惯。顺帝当然无力否决,只得坚持要求给奇氏一个"次后"的身份。蒙古人原本没有嫡后与侧室的分别,但在顺帝朝,汉文化的影响力还是处处可见的。在这种情况下,顺帝提出要求将奇氏封为次后,当然是顶着很大压力的。终于在伯颜倒台之后,奇氏被册封为次后,位居兴圣宫,与正宫皇后号称东西二宫。

就在奇氏被册封为次后之后,在至元五年(1339)冬天,她生下一名男婴,取名爱猷识理达腊。我们前面已经说过,原本文宗过世时太子是燕帖古思,因为燕帖古思年幼,文宗皇后坚决不愿让燕帖古思去当皇帝,这才把妥欢贴睦尔从广西召回即位。而在顺帝即位之后的这五年里面,燕帖古思仍然在名义上是元朝太子。到了爱猷识理达腊出生之后,顺帝算是有了自己的接班人,又听到了文宗如何害死自己父亲明宗的传言,于是就借此机会把燕帖古思迁往沈阳,并派云都赤月怯察儿沿路护送。名为护送,实则是在半路上把燕帖古思杀害。清理掉燕帖古思以后,爱猷识理达腊就成了顺帝名正言顺的继承人,奇氏更是母以子贵。为了好好培育爱猷识理达腊,顺帝又请来了脱脱的妻子来做太子的乳母,把孩子寄养在脱脱家中。我们前面提到脱脱曾经二次入相,其中第二次入相就与奇氏母子有着密切关系,奇氏在背后出了大力。由于奇氏支持脱脱一方,所以她对哈麻等人拉拢顺帝去跟西蕃僧人学习秘法非常反感,几次劝谏顺帝说:"您现在的年龄也不算小了,太子也日益长大,宫内的嫔妃伺候您已经足够多了,不应当再受天魔舞女的引诱,应当爱惜自己的身体才是。"顺帝不肯听从,反而把太子爱猷识理达腊也拉进来。奇氏也不是省油的灯,见顺帝不听规劝,便开始留心培植自己的势力。她找来很多高丽美女,将这些美女赐给朝中的重臣,成为奇氏打听外朝消息的耳目。从此以后,奇氏与太子形成了一股重要的政治势力。

就在红巾乱起之后,眼看大元局势已经越来越不可收拾,顺帝对政事的兴趣一天比一天淡泊,太子爱猷识理达腊日见长大,开始对皇权表现出了浓厚的兴趣,奇氏开始着手准备一个极其大胆的计划,想要通过太子与朝臣对顺帝施加压力,要求顺帝内禅。内禅这种事情,在中国历史上并不算非常罕见,多数是皇帝因年老退位,让年富力强的太子来处理国家事务的一种手段。比如南宋高宗传位孝宗,孝宗又传位光宗,光宗又传位宁宗,都采用了内禅的方式。但是内禅有个先决条件,就是老皇帝年事已高,或者身有疾病,无力再管那些琐屑的政务。可是顺帝此时刚刚30多岁,再怎么说也不可能是老而无用之辈,所以奇氏就希望能够让丞相出面代替太子向顺帝提出要求。基于这样的想法,奇氏派遣资政院使宦官名叫朴不花的,去暗地里接洽当时的丞相贺太平。贺太平本来是个汉人,是顺帝即位以后一手提拔起来的,又赐了个蒙古姓氏,所以贺太平对顺帝颇为忠心。听了朴不花的说辞之后,贺太平根本不敢答应这样的要求,连忙推辞。奇氏又将贺太平召入宫中,再次面谈,贺太平只是唯唯诺诺而已。奇氏见贺太平不敢任事,就退一步要求贺太平提拔几个自己培植的心腹到一些重要岗位上去,又被贺太平所拒。奇氏回来就对爱猷识理达腊说:“不能再让贺太平坐在丞相的位子上了,此人会是你登上皇位的一大障碍。有一个叫作兀亮歹的人,这个人会听你的话,现在正在真定带兵,你如果能劝天子把他召回京师,代替贺太平为相,咱们的大事就有望了。”不久,果然顺帝有诏书召兀亮歹进京。贺太平在官场打拼几十年,对此早有觉察,马上命御史台官弹劾兀亮歹有罪犯过错。兀亮歹丞相还没当上,就落得个发配兴州的下场,不出一月,竟然无疾而终。奇氏和爱猷识理达腊认为肯定是贺太平在背后下手,对贺太平越发怨恨。至元十九年冬天,爱猷识理达腊命令监察御史买住和桑哥失里弹劾中书左丞成遵及参政赵中等6人,此6人都是贺太平所依赖的左膀右臂。这6人被判以赃罪,各打107下,然后流死远方。贺太平深知爱猷识理达腊的意图所在,但身处顺帝父子之间,也无计可施。爱猷识理达腊专门到中书省的大堂上大声质问贺太平,说道:“我要用的人你一概不用,你要用的人都贪赃枉法,这算是怎么回事!”贺太平没办法,深感处于顺帝和爱猷识理达腊父子之间的难做,只得告病引退。

贺太平虽然罢相,但奇氏和爱猷识理达腊的目的并未达到,这场

·欧·亚·历·史·文·化·文·库·

宫廷政争自然不能就此结束。顺帝跟自己的心腹御史大夫老的沙讨论贺太平去相之后的丞相人选,老的沙本来希望自己当丞相,但是又不好意思直接向顺帝开这个口,于是就推荐了年辈小于自己的搠思监。老的沙本来以为自己作为老前辈推荐搠思监,搠思监一定会领自己的人情,事事都会找自己商量,跟自己当上丞相也没有太大区别。谁知道搠思监根本不领老的沙的情,老的沙凡有请托,搠思监一概不允。后来老的沙才弄明白,原来搠思监早就跟奇氏与爱猷识理达腊勾结到一起去了,于是顺帝与奇氏、太子之间的宫廷矛盾终于延伸到了外廷之上。

前面我们提到过,孛罗帖木儿和扩廓帖木儿在元末是元廷所依赖的最重要的两个武力集团。孛罗帖木儿与扩廓帖木儿之间又有矛盾,经常互相攻击,又贿赂朝中权臣,帮他们在顺帝面前说话。其中就经常会向资政院使朴不花和丞相搠思监行贿。如果孛罗帖木儿一方送来的贿赂多些,他们就替孛罗帖木儿一方说话,并且对孛罗帖木儿秘传消息称:"天子有密旨,让你可以讨伐扩廓帖木儿";如果扩廓帖木儿一方送来的贿赂多些,他们就替扩廓帖木儿一方说话,也向扩廓帖木儿传达同样的情报。所以两家各自均认为自己得到顺帝的信任,一直纷争不断。御史台官暗中查访此事,发现是朴不花与搠思监在背后弄鬼,就推举监察御史傅公让弹劾二人赃罪。奇氏风闻此事,对爱猷识理达腊说:"朴不花是我身边的人,出身贫寒,收了点贿赂也在情理之中。御史台非要把我信赖的人赶走,你难道就不能替我做主吗?"爱猷识理达腊听罢说道:"母亲不必担心,一切都交给我了。"第二天将傅公让贬至吐蕃,其余参与弹劾二人的御史台官都改除外任官,不得再在京城任职办事。结果补缺上来的新台官们又上奏疏,继续弹劾二人,爱猷识理达腊又将新上来的这群台官除外。这种做法一下子激起御史台系统官员情绪上的反弹,这下不只是京内的台官,就连各个派出在外的行御史台,以及各路的监察机构都纷纷上奏弹劾二人。爱猷识理达腊勃然大怒,认为这绝不可能是个偶然的行为,一定是御史台的首脑御史大夫老的沙在背后捣乱。老的沙听说爱猷识理达腊为弹劾朴不花和搠思监之事,把自己恨上了,也不敢继续在京城待下去了。他与孛罗帖木儿是知交好友,干脆化装改扮逃出京城,躲到孛罗帖木儿军中去了。孛罗帖木儿听说朴不花和搠思监也收受了扩廓帖木儿的贿赂,便收留了老的沙,公然与爱猷识理达腊一方决裂。

也是时机凑巧,这时另外一支元军因为待遇不公而举义了。主其事者为知枢密院事秃坚帖木儿。秃坚帖木儿声称:"朝廷权力均被弄臣把持,天子也偏听偏信,我一定要带兵入京,把这里面的事情前前后后说个清楚!"朴不花与搠思监代拟诏书,坚持把秃坚帖木儿和孛罗帖木儿扯在一起,认为秃坚帖木儿与孛罗帖木儿勾结造反,要削孛罗帖木儿的兵权。孛罗帖木儿见到诏书,怒不可遏,当面撕毁诏书,与秃坚帖木儿一同进军大都。爱猷识理达腊见势不妙,带着亲信从安贞门逃出,一口气跑出了古北口。顺帝无奈之下只得交出朴不花与搠思监,秃坚帖木儿将两人关押,又向顺帝取得了赦免状以后,这才脱下戎装,进京与顺帝相见。秃坚帖木儿对顺帝大哭,劝谏道:"您受左右近臣的蒙蔽已经不是一天两天的事情了,长此以往,天下该怎么办呢?我这次把这两个奸臣带走,您一定要努力反躬自省,任用正人君子,不能再听信妖言邪说。这样天下之势,尚有可为。"秃坚帖木儿把朴不花与搠思监转交给孛罗帖木儿。孛罗帖木儿倒不亏待他们二人,只是笑着问搠思监说:"我当初曾经贿赂你过一串七宝念珠,你怎么不还给我啊?"搠思监命人先后取来六串类似的七宝念珠,都不是孛罗帖木儿原来送的那串。换到第七串,才算是把孛罗帖木儿当初送他的那一串给找出来。孛罗帖木儿见此大怒,痛斥搠思监道:"身居天子身边之人竟然如此贪赂无耻,我怎么可以就这样坐视不理!"于是将朴不花、搠思监斩首示众,以"清君侧"为名,带上老的沙与秃坚帖木儿再次领兵入京。

孛罗帖木儿这一次入清君侧,提出几点明确要求。首先是要立刻任命也速为右丞相,孛罗帖木儿自任左丞相,秃坚不花为枢密院知院,老的沙为中书省平章政事。也就是说,今后元廷的中枢权力必须掌握在他们这个小集团手中。其次是要求顺帝停止崇拜秘法,不再供养西蕃僧人,停止一切正在进行的宫殿修造等奢侈活动。最后一条,则是要

· 欧 · 亚 · 历 · 史 · 文 · 化 · 文 · 库 ·

奇氏立刻搬出兴圣宫,以后只能住在厚载门以外,不得再入皇宫。爱猷识理达腊闻听孛罗帖木儿杀朴不花和搠思监,亲自带兵进京,心知不妙,连夜从古北口又逃往山东,要求扩廓帖木儿为自己提供保护。扩廓帖木儿正在发愁找不到向孛罗帖木儿发难的口实,爱猷识理达腊正是奇货可居,两人一拍即合,密谋准备推翻孛罗帖木儿不提。孛罗帖木儿进京之后,马上就变得专横跋扈起来,认为自己大权在握,可谓挟天子以令诸侯,整个人都懈怠了下来。奇氏知道孛罗帖木儿此人酷爱美女,听到爱猷识理达腊已经跟扩廓帖木儿接上了头的消息,就主动将手下的高丽美女提供给孛罗帖木儿,让他放松警惕。孛罗帖木儿竟然一口气接收了40多名美女,每天只跟这些美女在一起饮酒作乐,再无复当日领兵入清君侧的雄心壮志了。奇氏出宫以后一直住在厚载门外的造作提举局,看到孛罗帖木儿中计,趁机提出要求,表示自己虽然可以不回兴圣宫,但希望还能每天出入宫廷。孛罗帖木儿看到奇氏态度恭顺,不再对她存有戒心,也就点头答应了。

扩廓帖木儿此时早已按捺不住,他已经把形势看得很清楚,目前元廷只是名义上的一国之主,但实际手中无兵无将。无论是谁,只要把部队开到大都,就可以对全国发号施令。现今孛罗帖木儿虽然占据大都,但是态度已非当日入清君侧之时可比,人心并未偏向孛罗帖木儿一方,自己发兵举事,正是时机。于是分兵三路,号称讨伐孛罗帖木儿。扩廓帖木儿先攻取孛罗帖木儿占据的山西北部,拿下大同,又亲提兵马直奔大都而来。孛罗帖木儿也曾尝试主动出击,但是先派部将迎击,却在通州大败被擒。孛罗帖木儿亲自领兵出发,结果却在中途抢了几个民间美女就回来了,竟然一战未接,明眼人已经知道孛罗帖木儿的失败已成定局。

孛罗帖木儿自恃女儿是顺帝正宫皇后,自己是顺帝的岳丈,一直深得顺帝信任,又一手掌握元廷的朝政兵权,逐渐就连顺帝也不放在眼里了。一天入宫的时候,孛罗帖木儿看上了顺帝的一位妃子,就找顺帝索要。顺帝气愤之极,对自己身边的人说:"孛罗帖木儿这家伙竟然欺负到我的头上来了!"于是找来汉人待制徐施畚商量对策。徐施畚劝顺帝多找忠义勇敢之士,趁孛罗帖木儿入宫不备的时候,将他刺杀。于是顺帝找来6个武艺精良、对己忠心的随从,让他们平时都穿着长大宽松的衣服,刀不离身,塞在长衣之下,全都埋伏在宫内延春阁外的桃林之中。这天孛罗帖木儿上朝之后,准备回府。按照惯例,丞相回府时须有卫士开道,一般是丞相下令回府之后,卫士先到门外上马,等丞相出外准备上马时,卫士们从马上起立,待丞相上马坐稳之后,卫士们分为左右两翼,将丞相夹在中间,护送回府。所以如果孛罗帖木儿上朝不入宫,埋伏的刺客是完全没有机会对他实施刺杀的。听到孛罗帖木儿发出回府的命令,这6人都认为今天肯定又是白白埋伏了一天,本来都准备撤退了,徐施畚却坚持让他们再等等看。就在此时,孛罗帖木儿正要出门上马之际,忽然有捷报传来,说是西北元军剿灭当地红巾军。平章政事失烈门对孛罗帖木儿说:"许久没有收到这样的好消息了,您应该亲自入宫去奏与天子知道。"孛罗帖木儿本来没有入宫的打算,结果碍不住失烈门不断要求,最后被失烈门强拉着进了宫门。两人听说顺帝正在延春阁,就一直往延春阁而来,半路上孛罗帖木儿的帽子还被一棵杏树的枝丫给碰掉了。失烈门赶忙将帽子拾起,孛罗帖木儿正对失烈门打趣说:"咄!莫非今天有什么大事要发生不成!"埋伏的6人已经靠近孛罗帖木儿身边。孛罗帖木儿看到来人面色不善,还在问身边的失烈门说:"平章,我看这人好面生……"一句话尚未说完,当先一人冲过来,对着孛罗帖木儿抬手就是一拳,猛击他的前额。孛罗帖木儿被一拳打倒,尚未来得及呼救,就被跟上来的人一刀砍中左耳,很快就因失血过多而死。顺帝又安排一路人马去抓孛罗帖木儿的同党,老的沙被砍中一刀,但伤在不要紧处,趁乱跑了出来。路过中书省的时候,孛罗帖木儿的众多卫士看到老的沙带伤而出,纷纷围了上来,七嘴八舌地问他宫中是否出了事情,孛罗帖木儿情况如何。老的沙已经猜到孛罗帖木儿已死,但是担心对这些卫士说出实情,自己带伤又未死,难免会被误认为有份暗算孛罗帖木儿,心中一动,就对这些卫士说:"你们家大人进宫喝酒,又发起酒疯来了!就连我都被他砍了一刀!"卫士们一听也就放了心,各自散开,仍然继续等着孛罗帖木儿出宫。老的沙跑开一段距离之后,才向他们高声叫喊:"天子已然动怒,孛罗帖木儿刚刚被杀,扩廓帖木儿大军已经入城了!"众卫士大惊,一哄而散。秃坚帖木儿当时统兵在外,老的沙出城投奔秃坚帖木儿,把事情的经过对秃坚帖木儿讲述一遍。秃坚帖木儿说道:"现在的天子就是饭桶一个,已经不足与谋大事了!爱猷识理达腊这个小毛孩子也不是什么好东西,我们不如扶立赵王登基。"两人便带了军队,去投奔赵王。赵王的祖上本来是成吉思汗的亲戚,祖辈与成吉思汗有约,由成吉思汗赐给他封地民众,如果天下有变,赵王一族必须要出来保护黄金家族。赵王想起祖训,于是佯作答应,使老的沙与秃坚帖木儿放松了警惕,趁机将二人灌醉,将他们械送到大都去了。由于太子觊觎皇位,弄出来这样一场内部混战,至此才算暂告平息。

然而在这样的内乱之后,奇氏与爱猷识理达腊却并不死心,还希望能够借助扩廓帖木儿的力量让顺帝让位。奇氏密令扩廓帖木儿用大军护送爱猷识理达腊进城,意在逼迫顺帝让位。扩廓帖木儿却不想被人当工具摆布,让部队在距离大都城门还有 30 里的位置停止前进,分散扎营,不许进城,只是自己带了几名亲随护送爱猷识理达腊入城。这下子不仅得罪了奇氏和爱猷识理达腊,而且让顺帝对扩廓帖木儿也产生了忌惮。我们前面已经说过,顺帝此人本来就疑心病重,孛罗帖木儿的事情刚刚解决,又来了扩廓帖木儿,怎么能不让顺帝担心呢?扩廓帖木儿也深知孛罗帖木儿就是自己的前车之鉴,自己唯一的依靠就是手中的兵权,在大都参与文官政治,非是自己所长,所以只在大都待了两个月,就主动请率军平定江淮。顺帝正好也不希望他带着大队人马一直驻扎在大都,顺势应他之请,在至正二十五年闰十月,封扩廓帖木儿为河南王,总领天下兵马,专门负责剿灭红巾起义军。

至元二十六年,扩廓帖木儿出外之后,大都、上都这块元朝政府的核心地区算是彻底进入真空状态,顺帝已经预见到局势已不可挽回,他必须做好一旦国家有变,能够有所趋避的准备。故此在至元二十六年的时候,顺帝做出了一个重要决定,就是派遣工匠在高丽的济州岛上修建宫殿,计划在未来几年安顿好国家政局,就将帝位禅让给爱猷识理达腊,自己退居济州岛。这是顺帝在位最后几年中非常关键的一项决策,充分说明了顺帝此时的心态。这项决策无论在明朝初年编订的《元史》也好,在其他中国本土流传的元代史料中也好,都无法看到。反倒是朝鲜李朝的史官郑麟趾编订的《高丽史》中,有关于此事的蛛丝马迹。《高丽史》一书全书用汉文写作,记载了高丽王氏王朝的历史,大概时间相当于我国的宋元时期,其中《恭愍王世家》中曾经提到,在高丽恭愍王十六年(1367)二月,相当于元顺帝至正二十七年,元朝使节高大悲抵达了济州岛,并带来顺帝赐给恭愍王的彩帛绸缎550匹。《高丽史》对高大悲此行使命的描述是,当时元顺帝有避乱济州岛的打算,所以赠送高丽钱帛。当然这只是高丽史官对高大悲之行的单方面描述,仅凭此点,并不足以说明顺帝真有这样的打算。恰好《高丽史》在恭愍王十八年(1369)九月,又有一条记载。这条记载的大意是说,恭愍王去济州岛招来元朝工匠元世等人,为自己营建宫殿。元世等一共11人,拖家带口从济州岛来到高丽的都城开城,对国中宰辅们说:"元顺帝因为大兴土木,生活奢侈而失去民心,所以下诏命令我们来到济州岛为他营建宫殿,想要日后在这里躲避战乱,结果我们尚未竣工,大元就已灭亡。我们本来已经是无家可归,衣食没有着落之人,承蒙贵国信赖,将营建工程委托给我们,让我们能够安身立命,固然是可喜之事。但是我大元尚且因劳民伤财而灭亡,高丽虽然也是大国,但能够保证兴修土木而不失民心吗?希望各位能够转告贵国国王。"这段话是在高大悲来使之后两年所说,此时大元已经退出中原,大都已被朱元璋攻破。从元世所说内容来看,元顺帝在高大悲使高丽之后,确实曾经向济州岛派出工匠,而且营建工作已经展开。只是在至元二十六年以后形势恶化太快,顺帝这一想法尚未能够完全付诸实践,朱元璋、徐达的大兵已至山东。由于顺帝想要去济州岛,必须取道山东出海,一旦山东陷落,顺帝就再也没有机会去往济州岛了。在顺帝看来,至元二十六年至二十七年之间,朱元璋刚刚平定张士诚不久,在其政权之南,方国珍、陈友定仍有一定实力,据有一隅之地,朱元璋在完全统一东南之前,不会提前开始北伐。可惜的是,顺帝的判断只是基于一般性的战略常

·欧·亚·历·史·文·化·文·库·

识,但他并不知道,他的对手是堪称不世枭雄的朱元璋。朱元璋对战略局面的把握异于常人,根本无法从常识的角度来判断他的下一步行动。就在朱元璋做出提前北伐的决定之后,顺帝完全没有时间去完成他前往济州岛的计划,更没有时间向爱猷识理达腊进行内禅。不管是顺帝的计划还是奇氏与爱猷识理达腊的野心,都被朱元璋的大军无情埋葬了。

2.3　朱元璋北伐

我们在上一章中已经提到,朱元璋在至正二十七年六月方始攻破平江,击败张士诚,此后马上转入对浙江、福建地区的方国珍与陈友定的作战。同时朱元璋也已经做好了北伐的打算。他在至元二十七年十月对徐达说:"自从元朝失德,战事四起,生灵涂炭。我与诸位揭竿而起,一开始不过是为了在这乱世之中保全自己而已,同时也希望能够找到一个能够安定天下的明君。没想到后来会大难不死,并且被诸位所推举,成了一方领袖。于是率军渡江,与天下英雄相角逐,先平陈友谅,后灭张士诚,下面将依次攻克福建、两广等地。虽然我们已经完全占领江浙地区,但仍然不敢遗忘中原饱受苦难的人民。山东地区虽有王宣等义军,却都是强盗出身,仍然侵扰百姓。河南地区则是王保保,名义上受元朝辖制,实则专横跋扈,滥发爵位,自专赋税,人心不附。陕西地区有李思齐、张思道,彼此猜忌,势不两立,且与王保保之间矛盾重重。由此可见,天之将亡元朝,机会正在此时。"从时局发展的情况来看,朱元璋的判断非常正确。此时北方几个军阀之间关系不和,中央政府又无兵可派,顺帝本人对形势发展持悲观态度,已经萌生退意。就是这样稍纵即逝的机会,被朱元璋以非常敏锐的战略嗅觉紧紧抓住。

朱元璋根据自己做出的独特形势判断,认为北伐与平定南方必须同时进行。他对徐达做了如下的战术安排:"先攻取山东地区,撤去大都的屏障;再进攻河南,只要击败王保保,就是断去元廷的一条臂膀。对于李思齐和张思道,没必要倾力进攻,只要拿下潼关,把他们压制在关内,天下的形势就尽在我方的掌握之中了。然后进军大都、上都,他们军事力量分散,又没有险要关口可以据守,唯有逃走一途。届时大都可以不战而克,再率领大军西进,云中、太原以及关陇等地肯定会望风而降。"于是,就在至正二十七年十月二十一日,朱元璋命徐达为征虏大将军,常遇春为副将军,率领25万大军渡过淮河,直驱黄河流域,开始山东攻略战。又在十月二十三日发布北伐檄文,提出"驱逐胡虏,恢复中华"的口号,一场浩浩荡荡的恢复中原之战就此展开。

我们在上一节中曾有交代,扩廓帖木儿,也就是朱元璋提到的王保保,自请出京平叛,被封为河南王,总领天下兵马。那么他领兵离开大都之后,又是一个什么样的情况呢?

就当扩廓帖木儿率军离开大都之后,他帐下有两名汉人幕僚孙翥和赵恒惧怕到南方与朱元璋等义军交战,打算想个拖延时间的法子,于是就对扩廓帖木儿说:"您现在身份已经跟以前大不一样,要统制天下兵马,肃清江淮。领兵之道,想要战胜敌人,必须先严肃自己的军纪。现在除我们这支部队以外,隶属于大元的还有李思齐、白孔兴、脱里与张思道4支部队,常年盘踞在陕西,平白占用朝廷粮饷,不肯听朝廷调动。您应当命这4支部队南下武关,并力渡淮,从侧翼支援我军。假如他们自恃武力,拒不服从调动,那么我们也就有了出兵攻打的口实,可以借此机会把关中地区变成我们的势力范围。不知道您意下如何?"上一章中我们已经提到,李思齐本来与扩廓帖木儿的养父察罕帖木儿一同起兵,双方本来是同僚关系。但扩廓帖木儿继承察罕帖木儿之位以后,李思齐觉得自己辈分在扩廓帖木儿之上,不甘心受制于扩廓帖木儿,便与孛罗帖木儿串通起来,屡次在背后骚扰扩廓帖木儿。扩廓帖木儿也早有心把李思齐料理掉,但陕西并不是战略重点,一直找不到合适的机会。现在听了孙翥和赵恒的主意,觉得的确是个机会,欣然同意,立刻给关中四军送去调兵公函,责成李思齐、张思道等人日内点兵启程,策应扩廓帖木儿大军行动。

张思道、白孔兴、脱里收到公函之后,自然不肯接受调遣。李思齐接到公函,对着使者怒骂道:"王保保这个黄口孺子,胎毛未退,竟敢调动我的部队。我跟你爹有同乡之谊，就算是你爹来敬我酒喝，也要先拜上三拜，然后才能喝下去。在我面前，你这小子算什么东西！现在还敢拿着公函来命令我来了！"下令给手下各部："如果没有我的命令，就算是一兵一卒都不许擅出武关。假如王保保提兵前来，直接迎头痛击。"扩廓帖木儿见关中四军不听调动，便命手下大将关保、虎林赤领兵西进，先取张思道。张思道与李思齐合兵一处，与扩廓帖木儿在陕西、河南交界处对峙到第二年，前后交战不下百次，不分上下。

到了至正二十七年，顺帝看扩廓帖木儿离京已经接近一年时间，到现在连黄河流域都没有肃清，还在西线跟自己人大打出手，眼看这样内耗下去，只能让南方的朱元璋坐大。急切之下，顺帝只好命左丞相袁涣、知枢密院明安帖木儿传旨，要求扩廓帖木儿停止西线作战，立刻带领本部人马出潼关以东，平定江淮地区；李思齐率军出凤翔，挺进巴蜀。孙翥见势不妙，眼见还得出兵到南方去，赶紧劝阻扩廓帖木儿说："我们现在正处在功败垂成的时刻，千万不要听从旨意停止进攻。来传诏书的左丞相袁涣是个贪赂之辈，我们只要贿赂他一下，他一定会在朝中替我们说话。"扩廓帖木儿听信了孙翥的话，对袁涣赂以重金，袁涣果然表示"不除张思道、李思齐，终有一天会后患无穷，不妨暂时不要依照诏书执行命令，先攻下张、李二人，再向顺帝认错不迟"。于是扩廓帖木儿继续向西线投入兵力，可是仍然不能取得决定性的胜利。这时扩廓帖木儿也有点着急，又召孙翥、赵恒前来商议。二人说："关中四军之中，李思齐部最强，如果能把李思齐先行击溃，其他三家自然降服。现在我们派往关中的兵力与敌军相等，所以虽有优势，却不能转化为胜利。我料南方义军不论如何现在也没办法越过山东的王宣，直接攻击我们的背后，不如将我们在河南的部队调来西线，全力攻击李思齐。"可是扩廓帖木儿留在河南的部队，大部分是从孛罗帖木儿处收编来的人马。这部分人马原来本是官军出身，对扩廓帖木儿一直心存芥蒂。扩廓帖木儿军令到来之后，几名将领随军上路，行至河南卫辉（今河南省新乡市），这些将领晚上凑在一起，互相商量道："我们都是官军，扩廓帖木儿身为总兵，让我们去南方打仗平叛，都在情理之中。

现在却让我们去陕西作战,李思齐也算是官军,让我们之间自相残杀,这算是怎么回事!"于是几个将领开始密谋,决定在五更时分发动兵变,拥护貊高作为首领。就在至正二十七年八月六日一早天还没亮的时候,貊高依照大家的计划,发兵起事,派遣将领胡安之进京禀报顺帝,顺便告扩廓帖木儿的状。又派两名将领分别往彰德(今河南省安阳市)、怀庆(今河南省沁阳市)两地,准备偷袭扩廓帖木儿在这两地的守将,夺取他们的部队。没想到派往彰德一路的兵马虽少,却取得了成功;派往怀庆一路的兵马虽多,却被守将黄瑞察觉,提前关闭了城门,没能成事。扩廓帖木儿亲率人马驰援怀庆,貊高退回彰德,引发了新一轮元军内部混战。

顺帝见扩廓帖木儿出任总兵之后,引发诸多矛盾,只得在至正二十七年十月,也就是朱元璋下令北伐开始的同月,再发诏书,命爱猷识理达腊立大抚军院,总领天下兵马,实际上等于卸去了扩廓帖木儿的兵权。后来顺帝干脆正式下诏免除了扩廓帖木儿的兵权,让他以河南王的身份安置在汝州(今河南省汝南县),所领兵马由各个将领指挥。扩廓帖木儿失去了朝廷的支持之后,立刻陷入了腹背受敌的境地。西线的李思齐、张思道等人转入反攻,东线又有貊高、关保等人不断引诱自己的部下叛乱,他忙于两条战线的作战,已经左支右绌,只得返回太原,重整战线。虽然在太原之战中,貊高、关保均被扩廓帖木儿攻破,但是扩廓帖木儿也失去了黄河沿岸的战线,使得朱元璋的部队在北进过程中减少了不小的阻力。所以在朱元璋的整个北伐过程中,原先看似战无不胜的扩廓帖木儿,对于战局竟然没有发挥任何作用。

作为朱元璋一方来说,由于元朝军队陷入新一轮内耗之中,北伐进展非常顺利。在朱元璋的构想之中,第一步应当先取山东,清除通往大都的障碍。于是在至正二十七年十月二十四日,徐达大军过淮安(今江苏省淮安市),给占据山东的军阀王宣、王信父子发信劝降。王宣父子无力抵抗,宣布投降徐达,北伐大局在一月之间就扫平山东地区,几乎没有遇到什么有效抵抗,就渡过黄河,推进到了济南一带。

度过了风雨飘摇的至正二十七年,顺帝已无法完成内禅爱猷识理达腊的计划,只得下诏要求李思齐、扩廓帖木儿等人尽快停止内战,合力阻止朱元璋北伐。然而就在至正二十八年正月,又有一个重大消息传来,朱元璋在集庆路,也就是今天的南京称帝,立国号为明,改集庆路称应天府,改元洪武。洪武政权取代了原来的龙凤政权,成为反元力量的核心,这使北伐大军更增声势。顺帝一见不妙,只好下诏将扩廓帖木儿官复原职。但此时李思齐、张思道等人一看势头不好,已经各领本部人马撤回关中,扩廓帖木儿刚经大乱,无力同朱元璋争锋,只能任由朱元璋的北伐部队挺进河南。

洪武元年,也就是至正二十八年二月,徐达率军直扑汴梁。守将左君弼投降,李克彝逃至洛阳。徐达又命冯宗异率领一支人马出陕州(今河南省三门峡市),堵住潼关以东的交通要道,使李思齐等部无法东顾。同年五月,朱元璋从应天府赶赴汴梁,亲自主持北伐大计,并于七月与山东方面部队会师东昌路(今山东省聊城市)。闰七月初二日,徐达汇合两路人马,挥师北进。只用了13天,也就是在闰七月十四日,常遇春的前锋部队攻克德州,兵锋直至大都。扩廓帖木儿此时率军刚刚移动至大同路。以当时的交通道路而言,想要从大同驰援大都,大队人马只有两条路可走。一条路是从大同向东北,经桑干河谷地,沿宣德、怀来入居庸关,可以抵达大都的西北面。这条路是元代比较重要的交通道,路况较好,适合大军通行,但行程较长。另一条路是从大同一路向东,经蔚州(今河北省蔚县),走飞狐道,出紫荆关,可以到达易州(今河北省易县)。这条路线相对较短,正好可以迎头截住北伐明军。遗憾的是,飞狐道之得名,就在于道路艰险,仅有飞狐才可通行之意。这条路对于驿站使节往来,还算便利,但对于扩廓帖木儿的大军来说,走飞狐道需要翻越太行山,实在是绝难通行。所以无论扩廓帖木儿选择哪一条道路赶往大都,在时间上都要比朱元璋的北伐军吃亏。

比较而言,朱元璋一方的准备就要充分得多了。在攻克山东、河南两地之后,朱元璋对徐达表示,北方以平原丘陵地区为主,对熟悉骑兵作战的元朝部队来说更为有利,所以不可拖延时间,贻误战机,应当尽快调集精兵为先锋,徐达亲率主力部队跟随在后,直扑大都。此时元朝一方入援人马尚未赶到,我方兵锋所及,对他们的心理是个极大打击,定会不战而溃。如果因平定河南、山东而产生贪惰之心,放慢行军脚步的话,对方一旦将部队调动完毕,就很难夺取大都了。于是徐达毫不怠慢,就在扩廓帖木儿尚未将兵马移出山西地界的时候,这一年的闰七月二十三日,徐达率军已经抵达了直沽,也就是今天的天津一带。在此守卫的中书省左丞相也速率军出击,结果遭到大败。闰七月二十七日,徐达再败知枢密院事卜颜帖木儿的元军主力于通州,顺帝再也无力抵抗,除了出逃以外,别无选择了。

2.4　顺帝逃亡上都

至正二十八年闰七月二十八日夜晚,顺帝携皇后奇氏、太子爱猷识理达腊以及后宫、大臣等等,仓皇逃出大都,直奔上都。4 天之后,也就是八月二日,徐达攻破大都齐化门。八月十五日,顺帝抵达上都。顺帝恐怕不会意识到,就在这短短 17 天之中,大元王朝的历史地位发生了根本性的变化,因为在史学家的眼中,至正二十八年八月二日就是大元王朝在汉地统治的结束,此后残存的元朝势力仍旧在北边继续活动,是为"北元"。

大都城垣遗址

·欧·亚·历·史·文·化·文·库·

正如游牧民族所建立的诸多王朝一样,元朝采用了所谓"两都制"的基本制度,即大都、上都共同作为元朝的政治中心。元朝皇帝有所谓"纳钵"的活动,即每年春夏时节从大都前往上都以避酷暑,秋冬时节再从上都返回大都以避严寒。当元朝皇帝离开大都之后,不仅后妃、太子、诸王需要跟随出行,而且重要的官员大臣也必须随行。比如总理全国政务的中书省左右丞相以及负责军政的枢密院使等等都需要一同随行。所以当皇帝开始纳钵之后,大都往往只留下几名官员处理日常事务,重要的公文就必须由大都的留守官员转发至上都,请高级官员甚至皇帝批阅。由于皇帝不时还要在路上走走停停,打猎游玩,这样一支庞大的巡幸队伍往往要在路上花掉 20 多天才能到达上都,一年大概有一个半月的时间都是在大都与上都之间的路途上度过的。

元朝的皇帝与其他历代皇帝均有不同。比如武宗、泰定帝等人,他们在登上帝位之前曾经多年在西北征战,但等他们当上皇帝以后,基本上都深居大都与上都的宫中,只有去柳林打猎与纳钵时才有机会在宫外玩耍。所以对于元代政治来说,大都与上都之间是一个非常特殊的区域,许多重大的政治事件都在这一区域之内爆发。比如元世祖忽必烈在位的至元十九年(1282),权臣阿合马被王著等人杀死,就是趁忽必烈与太子真金在上都时,假称真金回宫,命阿合马出迎,才将其诱杀。又比如发生在元英宗至治三年八月五日著名的"南坡之变",也是英宗从上都返回大都,驻跸南坡店,当夜被铁失与铁木迭儿发动兵变,从而被杀。从这一层面来说,元顺帝失守大都,逃往上都,是非常自然的选择,可是为什么却会被后世历史学家以此作为元朝对中原统治的结束?我们有必要先对两都之间的地理与历史情况做一简单介绍。

元上都(今内蒙古自治区正蓝旗)在金代原称"金莲川",因漫山遍野的金莲花而得名。忽必烈在金莲川开府,征召天下名士,史称"金莲川幕府"。由于金莲川幕府中大部分幕僚都是汉族士人,并不习惯草原生活,尤其是冬天需要城居抵抗酷寒,故此忽必烈在蒙古国宪宗六年三月,让刘秉忠在金莲川北边的滦水岸边筑城,命名为开平府,这就是后来的元上都。上都真正变成元代的两都之一,是在忽必烈登上帝位以后的中统四年(1263)五月,忽必烈下诏宣布开平府为都城,由此定名为上都。上都的规模并不是很大,主体部分是宫城,为皇帝居住燕息之所。今天我们在内蒙古自治区正蓝旗还可以看到当初元上都的遗址,虽然经过元末战乱,至明代以后,这里被明人改造成了驻军的卫所,但我们还能够从遗址依稀看到当时的城郭街道和宫殿的台基。

大都与上都的情况不同。上都是在忽必烈的指示下从无到有建设起来的草原城市,而大都则是从金代的燕京改建而成,本身就具备一个大型都市的基本条件。大都成为元代两都之一是在上都的次年,即元至元元年(1264),传说其城市规划者也是刘秉忠。比起上都而言,大都的规模要大得多。根据资料记载,大都城墙周长达到 60 里,东、南、西面各开 3 门,北面 2 门,总共 11 座城门。为什么北面的城门只有 2 个,而其他三面城门都有 3 个呢?根据明代人叶子奇《草木子》中所载的说法,刘秉忠是根据哪吒的传说来兴建大都城的。哪吒在传说中是有着三头六臂的神将,大都就好像一个头南脚北的哪吒,南面三门是哪吒的三头,东西各三门则是哪吒的六臂,北面两门则是哪吒的双脚,整个大都内的宫室街道就相当于哪吒的五脏六腑。当然也有人从风水的角度来解释这种设计。古人通常认为南主阳北主阴,南方正中的丽正门代表大都城的南北中轴线,阳气通过丽正门汇聚在皇宫之中,如果北面正中也开通一门,则阳气外泄,不得在皇宫聚集,所以北面只开二门。无论是出于何种理由,元大都的城池构架对后来北京城格局的影响是决定性的,今天我们仍然还在用当时的城门名称作为地名,譬如健德门、安贞门等等。大都城内固然以宫城为核心,但与上都不同的是,有大量的中央常设办事机构在此,所以官府的数量也相当庞大。而且除去作为政治意义上的首都之外,大都也是国际性的大都市,这里不仅居住了大量的普通民众,还有很多来自西域的商人与传教士等等都汇聚于此。著名的《马可·波罗行纪》中曾经提到,在大都城外 1 英里左右的地方,都有招待骆驼商队的大型旅店,不同的人会被指定不同的住处,来自德意志和法兰西的人都有不同的会馆居住。可以这么说,大都与上都在蒙元王朝之中扮演着不同的角色,使两都之

·欧·亚·历·史·文·化·文·库·

间成为元代最为核心的政治经济区域。

今天所知的从大都到上都的交通要道,一共分为4条。习惯上大家会认为东西各有两条交通道。但实际上两条西路与东路的辇路都要从健德门出城,而东路则是从安贞门出城。我们不妨从东向西依次对这几条路线进行介绍。

大都—上都交通路线图(陈高华、史卫民《元大都》后附)

首先是最少人行的东路。东路是从大都安贞门出,向东北方向行走,由顺州(今北京市顺义区)沿潮白河逆流而上,经过檀州(今北京市密云县)出古北口,翻越偏枪岭抵达宜兴州(今河北省滦平县)。到达宜兴州之后,再溯滦河而上,折向西北,从而到达上都。这条路绕道较远,而且过宜兴州之后,一路没有大的镇甸可供休整,在元代是专供军队调动与御史台的监察官员使用的,因为军队与御史台官行动都需要避人耳目,故此这条路线属于禁路,不能够让一般商旅与百姓行走。

接下来是皇帝纳钵最常走的辇路。这条道路由大都的健德门发端,途中经过海店(今北京市海淀区),这段路程大概与今天的京藏高速重合,都是一路向西北方向,经过昌平县西,奔居庸关而去。这条路至南口开始进入山区,从这里经过居庸关、八达岭至北口,是一段长40余里的山路。今天由于京藏高速八达岭段的缘故,使我们行车经过此处如行坦途,并不会感到丝毫的不便。但在古代,这里颇多巨石,再加上山路起伏,对于往来行人来说,绝不是个容易通行的所在。据19世纪末俄国旅行家波兹德涅耶夫的记述,南口到关沟一段山路"在我们欧洲人看来道路已变得几乎无法通行车马了。路上遍地都是高约四分之三俄尺的大圆石,也只有中国人的大车能经得住在这些大石头上行驶时的颠簸"。大概可以想象,元代这段路况至多会比清末稍好有限。出八达岭之后,折向北行,通过黑谷、色泽岭等地,最后到达失八儿秃。失八儿秃又名牛群头,这里是驿路与辇路的汇合处。到了失八儿秃之后,沿路已经不再是山区,进入了草原地带,至此距离察罕脑儿行宫就不远了。察罕脑儿在蒙古语中是"白海子"的意思,此处在元代还有一块湖泊,故此得名。元代皇帝在纳钵的过程中,经过这里之后,算是结束了在山区的行程,正好可以稍事休息,在草原湖泊之间渔猎游玩。从察罕脑儿走过李陵台,也就是传说中李陵困居匈奴,筑台南望之处,就到了英宗被杀的南坡店。这里到上都只有30多里路,一般来说是元代皇帝纳钵进入上都之前的最后一站。这一段既然被称为辇路,可知从八达岭至察罕脑儿一段路途仅供皇帝纳钵使用,其余百姓、官员均不能行走。

以上两条道路在元代均称东路,而西路也同样分为两条,因为沿路设置驿站,所以在元代均称为驿路。这两条驿路与辇路出健德门至八达岭一段重合,出八达岭后不走北口,而是一路向西,走榆林(今北京市官厅水库附近)方向,经怀来(今河北省怀来县)至统墓店方始分岔。统墓店就是在历史上大大有名的土木堡,我们今后还会在后面提到,明正统十四年(1449)七月有所谓的"土木堡之变",蒙古瓦剌大军在此击溃明英宗的亲征部队,并将英宗俘获。实际上,"土木堡"就是

·欧·亚·历·史·文·化·文·库·

今日元上都遗址

统墓店的俗读,这里因有一统军墓而得名。由统墓店开始,一条驿路折
向北,这是直接通往上都的驿路,中间经过赤城(今河北省赤城县)、云
州等地,与辇路在牛群头驿,也就是失八儿秃交汇。这条道路的特点是
沿路风光极好,虽然在群山环绕之中,但出八达岭之后,山势并不陡峭,
对行路影响不大。等过了赤城以后,沽河在山间伴行,可谓山清水秀,
完全不似北方风物。另一条驿路则从统墓店继续向西,这是往来大都
与和林之间的驿路,途经鸡鸣驿、宣德府(今河北省宣化县)过野狐岭
可到达旺忽察都(今河北省张北县),再由旺忽察都转向东北,到察罕
脑儿与驿路交会。这段路程之中,野狐岭是个极为重要的所在。野狐
岭的位置大致在今天河北省张家口市下属张北县与万全县的交界处,
乍看上去就是一座说高不高,说低不低的山梁,这段山梁正好成为丘
陵与草原的地理分界线。今天的张石高速公路正从野狐岭通过,当我
们翻过野狐岭的山梁之后,能够明显感到风速增大,地面景物也大为
改观。这段山岭因古时野狐在此成群出没而得名,而且因其正处于地

理分界线上,使得历代都将这里作为一个军事要隘。成吉思汗在伐金时,曾以不足 10 万之众,在野狐岭大破金兵主力 30 余万。从此一举改变了北方的实力对比。通过野狐岭之后,就是我们在前面一章中介绍过的,顺帝之父明宗和世㻋被毒死的旺忽察都。旺忽察都在元代曾经有一个"曾用名",那就是元中都。元中都是元武宗海山所建,他在大德十一年(1307)入继帝位之后,立刻下令在旺忽察都营建中都,并设中都留守司兼开宁路都总管府,以及虎贲司、光禄司、银冶提举司等机构。武宗至大四年病逝之后,其弟仁宗爱育黎拔力八达下令停止中都营建,只以此作为行宫使用。现在中都的地面建筑已经不存,只剩下宫殿的台基和部分城墙尚存。这条驿路开创时间最早,在忽必烈即位以前就已存在,每年西北宗王都要到上都来朝见大汗,必然要从西北行至旺忽察都,然后前往上都。所以在全部道路之中,这条道路虽然有点绕远,却是通行条件最好的一条道路。

今日元中都遗址

元代皇帝纳钵,大多数情况会东出西还,也就是从辇路出发去往上都,再选择两条驿路之一返回。而在至正二十八年闰七月月底的这几天,顺帝已经决定了要出逃上都,鉴于逃走时要带领数量庞大的后宫和大臣,其队伍的规模并不亚于纳钵,而且出逃又不是游山玩水,所以虽然有4条道路,但是却没有选择的余地,只能走翻越野狐岭,绕行旺忽察都的西路驿道。

由于受到战乱影响,对顺帝退出大都的前后经过,元代史官的记载比较简略,明人纂修《元史》,也语焉不详。多亏了当时一位任职枢密院的汉人官员名叫刘佶,他在至正二十八年闰七月随顺帝一同逃往上都,并在至正三十年,也就是汉地史料记载的洪武三年奉诏从应昌(今内蒙古自治区克什克腾旗)出发,去往陕西调扩廓帖木儿北上,他把这段经历写成了一本叫作《北巡私记》的小书。这本小书中记载了刘佶在这3年间的所见所闻,才使我们了解到顺帝在退出大都之后图谋恢复的作为。下面我们就根据《北巡私记》的内容来尝试恢复并介绍一下这一段隐微的历史。

顺帝预备出逃,早有定计。只不过顺帝本心希望索性将政权交给其子爱猷识理达腊,自己退居高丽济州岛,但现在高丽既不可往,除上都之外,别无去处。故此就在至正二十八年闰七月二十八日,顺帝在清宁殿召见群臣,并集齐后宫妃子、皇太子爱猷识理达腊及太子妃等人,当众表示准备出逃上都。大臣之中,有中书省左丞相失列门、知枢密院事哈剌章等人力劝顺帝不可北逃。知枢密院事哈剌章是脱脱丞相的长子,为人比较正直,有乃父之遗风。听到顺帝打算出逃的计划,哈剌章表示,现在明军已经拿下通州,只要顺帝一出大都,大都的留守兵将势必士气低落,大都定然陷落,以后再想夺回,真可谓势比登天。当年蒙古灭金,正是因为金宣宗畏惧蒙古兵强,故此南迁至汴梁(今河南省开封市),导致金中都失守。今天如要迁都上都,正是重蹈亡金覆辙。顺帝说道:"我派也速带着全部兵马在直沽迎击明军,结果也速溃败而归。现在我们手中除去大都守备兵将,剩下的都是刚从前线跑回来的残兵败将,扩廓帖木儿现在还在山西,你们让我拿什么去抵抗明军!"

宦官赵伯颜不花痛哭流涕,劝谏顺帝道:"天下是世祖皇帝的天下,陛下应当死守才是,怎么能够弃之不顾呢!微臣愿为社稷报效死力,请将城中兵马和陛下身边的怯薛都调配给微臣,微臣愿意为陛下出城一战,不死不归!"无奈顺帝去意已决,对众大臣表示"朕决不可以学宋朝的徽、钦二帝那样,坐等明军把朕俘虏!"众人只得悻悻而散。

据刘佶记载,他当时任职枢密院,但因身份低微,不能与闻朝议。等到顺帝命群臣退班,知枢密院事哈剌章从清宁殿退出时,刘佶上去询问情况,哈剌章不答,痛哭而去。又去询问中书省左丞相庆童。庆童素有老成干练之名,此时也满脸忧色,告知大体情况之后,长叹一声道:"我已经知道自己将死于何处了,还有什么可说的呢!"出宫之后,哈剌章找到刘佶,将他带到隐秘之处问道:"今晚宫中会有所动作,你有什么打算?"刘佶心领神会,答道:"朝廷有何打算我不敢过问,只愿跟随在您左右,不知可否?"哈剌章点头离去。

从刘佶这段记载来看,顺帝预备北逃一事,极为隐秘,只在事先通知了一些重要的大臣,并未打算声张出去。当夜晚间,顺帝下诏以淮王帖木儿不花监国,中书省左丞相庆童协助淮王留守大都,负责防御明军。三更时分,顺帝自带后妃及皇太子爱猷识理达腊等人出健德门,直奔上都而去。百官随行者有中书省右丞相失列门、中书平章政事臧家奴、中书右丞定住、参知政事哈海、翰林学士承旨李百家奴、知枢密院事哈剌章、知枢密院事王宏远等等100余人。刘佶事先已得哈剌章的通知,所以提前做好预备,骑马在道中等候,遇到百官随行经过,于是一同上路。

次日,顺帝与群臣抵达居庸关。居庸关地势险要,本是防止外敌从西北方向入侵的一道雄关。我们前面也曾说到,出大都向北的3条重要道路,都要经过居庸关。平时居庸关可谓守备森严,客旅如织。但现在兵戈一起,偌大的关城竟然道路萧条,关防兵卒早已逃走,城上一个人都没有。以往顺帝纳钵经过此处,关防将领不仅要开关迎接,还要大肆张罗招待,现在骤然到此,只见关门大开,无人出迎,四周一片死寂。关城之中本有一座云台过街塔,塔下门洞之中刻有梵文、藏文、八思巴

·欧·亚·历·史·文·化·文·库·

字、畏兀体蒙文、西夏文、汉文六种文字的佛经,意在让过往行人都能够走在佛祖教化之下,接受佛祖保佑,也可以保佑关城永固。这座过街塔就是在顺帝在位的至正五年落成,顺帝车驾从此经过,眼见佛法也无法改变关城将遭攻陷的命运,不禁长叹:"朕许久不出宫外,哪里知道外面的情况竟然到了如此地步!"当夜宿于居庸关,一夜无话。

居庸关眺望云台

第二天,也就是至正二十八年闰七月三十日,顺帝一行连续赶了一天的山路,总算走出居庸关—八达岭一段的崇山峻岭,当晚夜宿鸡鸣驿。鸡鸣驿因在鸡鸣山脚下而得名。这里是元代通往岭北的最重要的驿站之一,金代即有这一驿站,至清末还在使用,包括慈禧太后在八国联军攻破北京之后逃出北京,也曾在鸡鸣驿中途休整。直到铁路越发普及之后,鸡鸣驿才慢慢萧条下去。今天我们在河北怀来的鸡鸣驿乡还能看到这座古老驿站的完整风貌。顺帝夜宿鸡鸣驿当晚下起了大雨,鸡鸣山发生山崩,到处轰隆作响,顺帝所带的御林军兵卒发生了夜惊,以为明军追至。夜惊的规模越发扩大,顺帝不得不亲自出面,安定同行兵卒与大臣们的情绪,一直折腾到了黎明时分,部队才算恢复正常。

鸡鸣驿古城

次日,也就是八月初一日,大雨仍然未停。同行的蒙古高官们早有准备,还有烤羊肉可吃,刘佶等人却因为走得匆忙,来不及带许多干粮,走到此时已经很长时间没有吃东西了。虽然刘佶当晚被哈剌章拉进帐篷里休息,分吃了些羊肉,但很多下面的使唤人就没有那么好的运气。他们被大雨淋湿,入夜之后寒冷刺骨,第二天早上有不少人都冻饿而死。至八月初二日,已经是顺帝离开大都的第四天,许多原本不知情的在京官员如翰林学士承旨观音奴、参知政事张守礼等已经发现顺帝夜奔,于是在三十日纷纷逃出,到了这天追上了顺帝的队伍。辽东行省参知政事赛因帖木儿率本部人马五千前来勤王,获悉顺帝所在之后,也追赶上来。辽东这批人马久在北方,训练有素,也没有经过几次中原平叛的败仗,显得军容整齐,使众人士气为之一振。然而顺帝还不知道的是,就在这一天,徐达所率领的北伐军打破了大都城东面的齐化门,大都终告陷落。原先留守的淮王帖木儿不花与丞相庆童均死于乱军之中。其中淮王帖木儿不花本来是元世祖忽必烈之孙,镇南王脱欢之子,算起辈分来是顺帝的祖父辈。在至正二十八年时,淮王帖木儿不花已经是 83 岁的老人了,不仅在蒙古人中是罕见的高寿之人,而且

年龄、行辈也在宗室之中居首。顺帝之所以让他来镇守大都,主要是由于他年事已高,经不起路途中的颠簸折腾。结果这样一位老人竟然没能终其天年,而是死于兵事,未免令人惋惜。等到顺帝接获大都城破与淮王、庆童等人的死讯时,已经是八月五日了。

八月九日,顺帝一行至中都,十五日至上都。中都、上都原本都是宫阙壮丽的所在,但是红巾乱起之后,在至正十八年(1358)红巾军北伐之中,关先生、破头潘、沙刘二等人率军从大同直驱中都、上都,将两地宫殿付之一炬。此后顺帝也曾试图对上都进行修复,但由于战争一直没有停息,国家也没有这个财力重建上都。顺帝虽至上都,却只能住在营帐之中,这对并非很习惯草原生活的顺帝来说,想必也很痛苦。据刘佶记载,此时宫殿官署都已经荡然无存,只有一部分民居尚存。此时最需要恢复的是经济力。所幸在八月十五这天,辽阳行省左丞相也速不花带来了大量钱财,以及5000石口粮。至此兵马、钱粮才稍稍积聚起来,这个小小的上都政权总算是初具规模了。

清人谷应泰编写《明史纪事本末》一书,其中有"故元遗兵"一条,对撤往上都之后的元人军事实力做了评估。他认为此时元军仍不下百万之众,归附部落幅员数千里,装备尚称精良,又有扩廓帖木儿这样的绝代名将,如果能够痛定思痛,立誓复仇,并非没有机会重夺天下,可见都是北元君臣意气消沉之过。这种看法,可以说是我国传统史论家的一贯论调,即一味强调失败方的主观意愿,并且只从双方纸面上的数字出发,进行实力比较,而完全忽视战略层面的其他因素,其结论可谓迂腐至极。这种简单解释对于我们今天的历史理解,仍然有着重要的影响。然而决定历史发展的因素往往非常复杂,战斗意志的高低与兵力的多少,或可决定某场局部战斗的胜负,但无法改变历史的走向。甚至我们只从军事角度来看,兵力都不会是决定性的因素,经济力量、后勤补给、训练素质以及情报等等因素往往会比兵力更为重要。从这样的角度,我们再来看元顺帝的政治集团,当他们逃出大都以后,虽然在东北、西北诸王处还有大量部队,但都是远水不解近渴,且诸王之中不少人都与顺帝貌合神离,无法和衷共济。扩廓帖木儿虽然坐拥几十

万人马,可是与顺帝之间信息不通,即使在抵达上都之后的几天里,顺帝都没完全摸清扩廓帖木儿的位置到底在哪里。也就是说,顺帝只是在名义上指挥着这些人马,但实际上完全没有调动这些人马的可能。原先顺帝之所以能够调发大量部队去南方平叛,很大程度上是因为在大都具有一套完整文官体系,在为这些部队提供政令、情报、给养等多方面的支持。现在顺帝离开大都,不可能把全部官僚体系完整地搬出大都,只能带着一部分重臣上路,等于已经同这个维持蒙元帝国日常运转的文官体系脱离。想要把这一切在上都重新建立,在这种战争情况之下,当然不会是一两年内能够解决的问题。单以情报为例,顺帝对攻占大都的明军大概有多大规模,下一步会有什么动向,完全没有头绪。在他逃至上都之后的九月六日,有消息说明军准备出居庸关直捣上都,周围大臣都劝顺帝赶紧投奔和林,一时之间人心惶惶,顺帝本人也犹豫不决,后来发现只是谣言而已。这种信息情报获取、传递、分析不畅,在顺帝在位末期是非常常见的现象。更何况我们在前面已经介绍过,上都在经济力上远逊大都。即使在冷兵器时代,军事行动对于经济仍然具有相当强的依赖性。故此想要将这些纸面上的兵员数字转变为有效的战斗力,对于顺帝来说几乎是个不可能完成的任务。刘佶在《北巡私记》中提到,到达上都之后的顺帝,昼夜操劳,每天晚上接见大臣均长谈至深夜。即使如此,当刘佶询问知枢密院事哈刺章国家前景如何的时候,哈刺章也只能无奈答道:"无可为也。"这固然如谷应泰所说,是北元君臣意志消沉的表现,但更多的,恐怕还是对眼下难局无计可施的一种无奈吧!

3 北元与明朝的南北对抗

3.1 从顺帝到昭宗

至正二十八年,也就是公元 1368 年,顺帝逃离大都。朱元璋改大都为北平,宣布明朝君临天下。虽然此时中原地区并未完全臣服于朱元璋,但在传统中国史研究者来看,1368 年成了一个划分断代史的重要时间点。从这以后,在中国史的发展线索中,元史就被明史所替代。但我们无法忽略的是,元顺帝逃离大都之后,辗转到达上都,蒙元政权在草原上仍然得以延续。故此中国史研究者对于 1368 年之后的蒙元政权,以"北元"称之。事实上,明朝人并不称呼这个草原政权为"北元",而是多使用"故元""前元",或干脆将其直称为"元"。那么"北元"这个国号又是打哪里来的呢?实际上来自于高丽史臣的记载。在朝鲜李朝郑麟趾所编纂的《高丽史·恭愍王世家》中提到,在明洪武四年(1371)"北元辽阳行省平章刘益、王右丞"等人想要归附明朝,故此派遣使者通告高丽。这里就用到了"北元"一词,于是被现代历史学者所普遍接受。

北元政权与明朝长期处于战争状态,南北对抗一直持续到明代永乐末年。在这段时间之内,顺帝与其子爱猷识理达腊,也就是后来的昭宗在位时期,是北元还算比较强盛的阶段,至少还能维持一个帝国表面上的权威。这个阶段持续了 10 年左右。

顺帝抵达上都之后,立刻开始重整官僚机构,完善政府组织。接下来则是尽快解决周围明军以及原来北伐至此的红巾余部的威胁。在抵达上都之后,因为原来官署机构的房屋都已被红巾军焚毁,故此顺帝特别将负责军政的枢密院置于察罕脑儿的行宫,以上都留守使乃蛮歹为行枢密使,率军剿灭周围红巾余部,确保上都周边地区的安全。此时明军也没有再对顺帝进行追击,使顺帝得到了一丝喘息之机。这倒不是朱元璋、徐达有所松懈,相反却是朱元璋的高明之处。因为朱元璋深知顺帝只要离开大都,很难再有作为。只要派兵据守居庸关、古北口两地,以元人现在的兵力士气,很难从北面攻入大都。现在最大的顾虑,非是如惊弓之鸟一般的顺帝,却是在明军背后虎视眈眈的扩廓帖木儿。假如明军主力离开居庸关,固然大都空虚,关键是扩廓帖木儿将趁机率军跃出太行山脉,进可直取大都,退可截断明军追击部队的后路,与上都的部队一起前后包抄明军。如此一来,战场上的主动权将瞬间易手。像扩廓帖木儿这样的名将,一旦让他在战略上拥有了主动选择权,很可能就此将局面逆转。与此相关,正因为在大都以西有扩廓帖木儿这支部队,顺帝也就不用担心明军从西南方向威胁上都的安全。基于这样的形势判断,朱元璋决定不去理睬北逃的顺帝,而是先在八月二十六日命薛显率兵攻取古北口,从上都的东南方向进行佯攻,给顺帝惶恐不安的心理继续施压。同时,朱元璋命徐达率主力部队修整,以逸待劳,准备与扩廓帖木儿决战,而以常遇春为首,派遣一支部队拿下保定、真定(今河北省石家庄市附近)两地,确保后方的安全,巩固明军占领区。

果然不出朱元璋所料,在明军不断施压之下,顺帝不断派遣使者催促扩廓帖木儿出兵夺取大都。如此一来,扩廓帖木儿也无法再拥兵自重,只好率军离开山西,沿大同、宣德、怀来一线向大都缓缓而行。殊不知此举正中朱元璋的下怀。朱元璋愁的是扩廓帖木儿龟缩山西不出,只是与明军遥遥对峙,这样明军进攻没有成算,退守则又不知该守到何时。现在扩廓帖木儿既然先行出击,其战略目标就变得明确起来,也就给了朱元璋等人施展手段的机会。扩廓帖木儿是当代名将,朱元璋当然不敢轻易去捋他的虎须,却采用了避实击虚的法子。当月,就在扩廓帖木儿大军行至保安州(今河北省怀来县新保安镇)时,突然接获后方传来的紧急文书,徐达率领大军从真定路出发,出井陉口,准备突袭太原。另一支明军部队则由冯胜、汤和为帅,由河南行省的怀庆路

（今河南省沁阳市）北上，配合徐达部展开对太原的攻势。要知道山西对扩廓帖木儿来说堪称腹心重地，几十万大军的给养、军械等等均取自山西，无奈只得轻师从保安州赶回，亲自指挥太原防卫战。明军前锋部队与扩廓帖木儿几场交锋，双方未分胜负。徐达暗通扩廓帖木儿手下大将豁鼻马，让他趁扩廓帖木儿不备之际发动内乱，徐达也领精锐夜袭扩廓帖木儿的大营。当晚，扩廓帖木儿本来在营帐之中读书，忽见帅营之外火光四起，霎时间明军喊杀之声震天作响，心知不好，定是内部出了奸细，放进明军前来劫营。他当机立断，连靴子都顾不得穿好，出帐上马，夺路而逃。在夜色的掩护之下，他一口气逃出几十里地，再看身边跟随逃出的卫士，只剩下 18 人而已。众人重新收纳溃散的兵卒，退往陕西北部。同年十二月，徐达攻克太原，次年正月，徐达、常遇春等人又夺取大同，很快就将整个山西地区攻下。山西失守之后，陕西震怖，张思道、李思齐不愿与扩廓帖木儿合作，联军抗明，也不打算与明军血战到底，所谓的防守也不过是摆摆样子而已。本来两人约定李思齐守凤翔，张思道守奉元（今陕西省西安市），结果徐达大兵一至奉元，张思道不战而溃，主动弃守。常遇春攻打凤翔，李思齐也没有太多抵抗就逃奔临洮。等到退无可退之后，两人便顺势投降。至洪武二年（1369）八月，朱元璋已控制陕西全境，整个过程不费吹灰之力。扩廓帖木儿只得再退往甘肃北部。

　　顺帝的情况也不大好过。扩廓帖木儿未能完成重夺大都的任务，朝野上下，传言他在保安州遭遇大败，一时竟然都不知扩廓帖木儿生死如何。顺帝在此之前也早早做好了继续北逃的准备，他命皇太子爱猷识理达腊带领一支人马，驻扎在上都东南方向，靠近大宁（今辽宁省凌源市）一带的红罗山。关于红罗山的位置，在史家之中还有许多争议。权衡的《庚申外史》记载，红罗山在上都东南，而在后世学者中比较有影响力的意见却与此相反，比如清初著名学者顾祖禹在其历史地理方面的名著《读史方舆纪要》中就曾指出，红罗山是在上都西南而非东南，似为合理。可是根据当代学者的研究，朱元璋洪武初年几次攻打上都，其往返路线均集中在上都以东，并未延伸至上都以西。而根据明人撰写的战报,在上都东南,则确实存在"虹螺山"或"红螺山"之类的地名,可见《庚申外史》等记载依然是可靠的。这里靠近辽东,可以确保辽东行省对上都的支持,同时也可以保证明军在从东南方向进攻上都时,与上都呼应防守。最为重要的是,一旦迫于明军压力,不得不弃守上都的话,顺帝可以经由红罗山经大宁、全宁(今内蒙古自治区翁牛特旗)逃往应昌(今内蒙古自治区锡林郭勒盟以东),此时红罗山则可以确保道路交通的通畅安全。就在这样的提心吊胆之中,顺帝度过了他的至正二十八年,中国历史则进入到了明洪武二年。

洪武二年以后的元顺帝堪称疲病交加。他本来不是非常习惯草原生活,当他还是中原之主的时候,就不是很经常到上都来。特别是上都的皇宫已经被红巾军烧得干干净净,他只能生活在蒙古的毡帐之中,再加上过度操心劳神,健康恶化很快。甚至就连这一年的大年初一,官员们例行拜望顺帝,庆贺新年,顺帝都抱病在床,不能亲自出来接见这些臣子。除了身体上的疾病,扩廓帖木儿的败退让他对战事彻底绝望。虽然此时也有大臣提出,现在应当联合高丽、辽东以及西北诸王的力量,仍有与明军一战的实力。奈何顺帝秉性不轻易相信别人,西北诸王觊觎皇位并非一日,又有阿鲁辉帖木儿造反一事在先,假如借兵西北,难保不会引狼入室。故此虽然臣下不断提出向西北求援的建议,但顺帝始终未置可否。这种情况之下,想要重振蒙元帝国的威势,谈何容易!皇帝如此,臣下自然也乐得苟且度日。据刘佶《北巡私记》记载,知枢密院事哈剌章曾经向他感叹道:"怎么可能与这些亡国之臣共谋恢复大计!"顺帝又任用嗜酒如命的撒里蛮为中书平章政事,结果撒里蛮不仅不称职,而且还带头买卖高丽女子作为婢女,导致中书省臣们纷纷群起而效尤,全无卧薪尝胆的劲头,哈剌章对此也无能为力,唯有叹息而已。

其实此时元军并非完全没有夺回大都的机会。比如洪武二年二月十五日,也速丞相率领4万精骑,迂回至大都东南方向,攻打通州。也速的部队与扩廓帖木儿不同。扩廓帖木儿的部队大部分都是来自中原地区的汉人,他们在单兵战斗力上虽然不如蒙古人,但是军事纪律较好,擅长攻坚作战;也速手下部队一些是原来上都的镇戍兵,大部分都是辽东行省调来的人马,这支部队基本由蒙古、色目人组成,虽然长于骑射,利于野战,但是攻城并非强项。虽然明军主力已经前往山西,留守部队既非精锐,兵力也不占优,但守城将领的作战思路对头,没有出城与元军作战,而是避其锋芒,龟缩城内。元军的蒙古骑兵固然勇猛,可惜不善于逆风作战,初来之时士气旺盛,等进入攻城阶段以后,发现不能迅速取得战果,士气跌落很快,故此只能撤退。此后皇太子爱猷识理达腊也向顺帝提出,希望能够拨给他一支部队,趁明军主力前往山西、陕西作战的时候,可以直捣大都。顺帝对此多有顾虑,担心一旦攻城不成,只能损兵折将,并未同意。至同年四月,陕西的主要战事已经结束,剩下的只是追歼残敌的任务,于是朱元璋命常遇春将主力调回大都,可以说顺帝最后一丝重返大都的希望也就此断绝了。

顺帝没有趁明军主力西出而夺回大都,朱元璋却不会漏过任何一次能够打击敌人的机会。四月五日,明军先在滦州(今河北省唐山市以东)击败了也速丞相的部队,解除了大都东南方向的威胁。至六月,常遇春、李文忠两人率步兵 8 万,骑兵万余,出三河(今河北省三河市),过鹿儿岭,出击元军重点防守的全宁—大宁一线。也速丞相提兵迎击,被常遇春击败。按照明代史官的说法,此时太子爱猷识理达腊驻军红罗山,顺帝及上都群臣都指望他能够防卫上都的外围;爱猷识理达腊却认为上都才是明军重点进攻对象,就算明军进攻红罗山,出于唇亡齿寒的考虑,上都也定会发兵救援。由于双方认识上的略微错位,导致明军对红罗山发起进攻之后,爱猷识理达腊并未做积极防御,上都也无兵来救,明军的进攻竟然意外顺利,没用几天就夺下红罗山。红罗山一丢,上都东线的门户大开,尽管也速丞相率元军败兵退往全宁—大宁一线,将明军主力引开,但是顺帝此时手中无兵无将,在上都哪还坐得稳当! 六月十三日,顺帝离开上都,逃奔应昌(今内蒙古自治区克什克腾旗西北),留下河南王普化、中书平章政事鼎住留守上都。四天之后的六月十七日,上都陷落,顺帝在六月二十日才抵达应昌,这才收到上都陷落的消息。顺帝本来就病得不轻,车马劳顿之余,心情上再受打击,病情一下子加重起来。

　　顺帝本来的目标是收复大都,结果眼见得连上都都失掉了,在应昌进无可进,退无可退。大臣们一再上奏,请顺帝西赴和林。然而顺帝却有两个顾虑。一则是自己身体状况不佳,再撤向和林,路途遥远,鞍马劳顿,恐怕撑不住。再则是和林是大蒙古国时期的旧都,蒙古人在那边的势力固然强盛,自己一旦撤到和林,就必须向西道诸王借兵。西道诸王与元朝皇帝全部出身于忽必烈系不同,他们之中还有不少出身于窝阔台系、蒙哥系以及阿里不哥系,与元朝之间关系颇为复杂。元朝势力强盛之时,尚能压服这些诸王,使他们尊奉元朝为宗主,但现在落魄至此,难保不会墙倒众人推。基于这两点原因,顺帝待在应昌并不肯走,仍然就地集结兵力试图夺回上都。群臣也理解顺帝的心思,但是应昌虽然没有经过红巾战乱,城池完好,可是毕竟不是一个发达地区,顺帝带着宿卫部队和官员逃到这里,发现粮食储备严重不足,想要在这里集结重兵,根本不可能。可是顺帝死活不愿意去和林,又一病不起,大家也就只好僵在这里。无奈之下,知枢密院事观音奴出了个主意,请顺帝立刻派专使去联系驻留在甘肃的扩廓帖木儿,并召集退出山西的扩廓帖木儿余部,命他们从西线对长城以内的明军占领区展开作战,牵制常遇春、李文忠的北伐军,如此可以暂时缓解眼前的压力。于是在进入七月之后,扩廓帖木儿部将韩札儿率军攻破原州(今甘肃省镇原县)、泾州(今甘肃省泾川县),试图夺取庆阳,将徐达部队压制在驿马关(今甘肃省庆阳市西南)一线。八月,元将贺宗哲攻打凤翔,脱列伯、孔兴等人袭击大同,在西线展开了前所未有的大规模反攻。然而韩札儿至驿马关后无法再进一步,贺宗哲久攻凤翔徒劳无功,脱列伯等人在马邑(今山西省朔县)被驰援大同的明军李文忠部击溃,脱列伯被擒,除了缓解顺帝君臣的压力以外,西线攻势只是损兵折将,并未取得实质性的战果。

　　此后元军也曾趁明军回师之际收复上都,但实际上明军只是稍作后撤,以重整战线。与其说是元军夺回上都,还不如说是明军为了重新调整战线而主动退出上都。故此直到病故,顺帝都始终待在应昌,没有能够再返回那曾经盛极一时的上都与大都。传说在他北逃之时,曾经作了一首歌,被后来的蒙古人所传唱。这首歌在明末清初的《蒙古源流》与小《黄金史》中都有记载,汉译原文如下:

　　以诸色珍宝建造的淳朴优美的大都,

　　先可汗们夏营之所我的上都沙拉塔拉(金莲川),

　　凉爽宜人的开平上都,

　　温暖美丽的我的大都,

　　丁卯年失陷的我的可爱的大都,

　　清晨登高眺望,烟霞缥缈。

　　乌哈噶图可汗(顺帝)我御前曾有拉哈、伊巴呼二人,

　　虽曾识破,但却放弃了可爱的大都,

　　生性愚昧的那颜们各都回顾了自己的国家。

　　我哭也枉然,我好比遗落在营盘的红牛犊。

　　以各种技巧建立的八面白塔,

　　宣扬大国威仪以九宝装饰的我的大都城,

　　宣扬四十万蒙古声威的四方四隅的大都城,

　　恰在弘扬佛法之际,因昏聩而失去可爱的大都,在我的名声之下。

　　为四面八方的蒙古之众显耀、矜夸的我可爱的大都,

　　冬季御寒的我的巴尔哈孙(桓州城),

　　夏季避暑的我的开平上都,

　　我的美丽的沙拉塔拉,

　　未纳拉哈、伊巴呼二人之言,乃我应受的报应。

　　把神明所建的竹宫,

　　把忽必烈薛禅可汗避暑的开平上都,

　　统统失陷于汉家之众;

　　贪婪的恶名,加诸于乌哈噶图可汗了。

　　把众民所建的玉宝大都,

　　把临幸过冬的可爱的大都,

一齐失陷于汉家之众；

凶暴的恶名,加诸于乌哈噶图可汗了。

把巧营建造的宝玉大都,

把巡幸过夏的开平上都,

遗误而失陷于汉家之众；

流亡之恶名,加诸于乌哈噶图可汗了。

把可汗国主经营的大国威仪,

把灵妙薛禅可汗所造的可爱的大都,

把普天之下供奉的锅撑宝藏(祭灶)之城,

尽皆攻陷于汉家之众；

把可爱的大都,

把可汗上天之子成吉思汗的黄金家族,

把一切佛的化身薛禅可汗的殿堂,

由一切菩萨的化身乌哈噶图可汗以可汗上天之命而失掉了,

把可爱的大都。

把可汗国主的玉宝之印褪在袖里出走了,

从全部敌人当中冲杀出去了。

不花帖木儿丞相突破重围,

愿汗主的黄金家族当受汗位,千秋万代。

因不慎而沦陷了可爱的大都,

当离开宫殿时遗落了经法宝卷,

愿光明众菩萨垂鉴于后世,

回转过来着落于成吉思汗的黄金家族。

　　这首歌原文为蒙文,这里我们选取的是贾敬颜、朱风二位先生的译文,并有简单的调整。但是《蒙古源流》也好,小《黄金史》也好,都是比较晚出的史料,不能排除这首歌词是后代的蒙古人托名顺帝所作的可能。不过这首歌词之中表现出来的那种对盛极一时的大都、上都的怀念和悔恨之情,却是无比真实的。我们可以从中想象到顺帝与一班大臣在应昌南望大都、上都时的无助、无奈,即使在今天品味歌词,也能让我们感同身受。

明洪武三年(1370),元至正三十年四月二十八日,元顺帝终于在愁病交加中死去,享年51岁。在他病故之前的至正三十年正月,顺帝已经决定召回扩廓帖木儿,命使者携带自己的诏书前往甘肃扩廓帖木儿军中,希望能够将分散的兵力重新集结在一起。明军也从洪武二年元军的反扑中摸清了元军的作战意图,由徐达、冯胜率领西路军出兵甘肃,直捣定西,阻止扩廓帖木儿东归;又由李文忠率东路军出北平,经野狐岭向上都进军,既攻打元军的腹心之地,又可避免应昌、上都一线的元军向西移动。西路军首先发动了沈儿峪之战。扩廓帖木儿为了夺取西北重镇兰州,派兵攻打定西,屯兵车道岘。徐达领兵驻扎在沈儿峪,双方在此对峙,不断投入兵力。起初扩廓帖木儿军略占优势,将明军压制在沈儿峪谷口,不能前进。但是扩廓帖木儿军没有一个稳固的后方,军心容易浮动。双方在沈儿峪相持了一个多月的时间,扩廓帖木儿军心开始出现动摇,阵脚自乱。徐达经验何其丰富,见元军有变,立刻倾全力进攻。结果沈儿峪一战,北元大败,扩廓帖木儿只带了少数亲卫向北逃窜,想要避往岭北行省的和林。行至黄河岸边,前有黄河之险,后有追兵,扩廓帖木儿几乎走投无路,只得冒险抱着一棵浮木下了水,渡过黄河,逃至和林。据明军方面的战报记载,沈儿峪俘虏北元士兵6万多人,扩廓帖木儿帐下的汉人主力在此战之中几乎消耗殆尽。

再说李文忠的东路军。比起西路军与扩廓帖木儿的大战,东路军面对的阻力则要小得多。顺帝直接指挥的部队数量并没有多少,部署在山西北部的扩廓帖木儿旧部又在洪武二年的反攻中损失惨重,很难对明军构成威胁。即使如此,李文忠仍然十分谨慎小心,不急不躁,缓缓推进。在东路军出居庸关之后,二月即进至察罕脑儿,此后在上都周围与元军连番交战,扫荡上都周围的元军势力,将这一区域的元军有生力量彻底歼灭。至五月之后,上都至红罗山一带均被明军夺回。根据《明实录》记载,李文忠在五月九日攻破开平,即元上都。至五月十三日,明军向应昌挺进的途中,俘虏了一名蒙古骑士。讯问之下,这名蒙古骑士自称是北元使臣,对明军交代道:"四月二十八日顺帝驾崩,我是从应昌来向各地报国丧的。"李文忠反复审讯,确认情报无误之后,命部队日夜兼程,突袭应昌,于五月十五日击败元军最后的一点抵抗力量,并将应昌城团团围住。次日,应昌城破,太子爱猷识理达腊之子买的里八剌被俘,械送北平。唯有爱猷识理达腊率领数十人突围而出,李文宗追之不获。至此北元在应昌地区的势力宣告瓦解。绵延了近40年的顺帝一朝也彻底结束。此后爱猷识理达腊在漠北称帝,立国号为宣光,是为昭宗,北元的历史又开启了新的一页。

3.2 昭宗"中兴"

明洪武三年四月,元顺帝病死应昌,谥号惠宗。朱元璋强调顺帝是"知顺天命,退避而去",故此加号顺帝。顺帝病死之后,太子爱猷识理达腊终于登上帝位,即元昭宗,蒙古尊号必里秃汗,以次年为宣光元年(1371),在漠北重建汗庭,俨然有中兴气象。

宣光年号取自杜甫的《北征》一诗中"周汉获再兴,宣光果明哲"一句。这首诗是杜甫在唐肃宗至德二年(757)闰八月所作。此前突发安史之乱,玄宗命太子李亨出任天下兵马大元帅,负责平息叛乱。李亨至灵武征集军兵,自行即位,是为肃宗,遥尊玄宗为太上皇,改元至德。杜甫此诗就作于肃宗称帝之后的第二年,这一年肃宗任用郭子仪、李光弼等名将,已经收复长安。杜甫写作此诗,引用了周宣王和汉光武帝的典故,将这两人合称宣光。这周宣王是周厉王之子,周厉王时国人发动暴动,厉王被流放于彘,宣王即位之后重整朝政,使周室复兴。汉光武帝刘秀则是汉室后裔,在王莽乱后趁势而起,复兴刘氏,建立东汉,史称光武中兴。杜甫借此诗讽喻肃宗,希望肃宗能够发愤图强,中兴唐室,弭平叛乱。元昭宗选用这一诗句作为自己年号的出处,显然自拟于诗句中寄托的中兴明主,希望能够在和林重振北元声势。在我看来,以爱猷识理达腊的汉文化水平,也未见得能够理解"宣光"这一年号的意义,这一年号很可能出自当时汉族士人手笔,有意借古讽今。如果我们推敲杜甫此诗的写作背景,就会发现肃宗的事迹与昭宗有很多相似之处。肃宗出任天下兵马元帅,负责平叛事宜,昭宗有着同样的经历。而肃宗先斩后奏,拥兵自立之后乃通报玄宗,迫使玄宗承认自己称帝的事实,这是肃宗历来为史家所诟病的一点,恰恰也是昭宗当年想做但却没来得及做到的一点。可以说使用杜诗中此句作为标榜中兴的年号,给人的感觉并不是非常光彩,倒像是有些讽刺昭宗的意思。

这里需要说明的是,元代帝王之中雄才大略者如世祖忽必烈、武宗海山等人固然不少,但他们汉文化水平普遍不高,早期君主如世祖忽必烈、成宗铁穆耳等人都不通汉语,汉族士人想要和皇帝交流,必须学习蒙语,否则只能依赖蒙文通译。后来如武宗海山、仁宗爱育黎拔力八达,他们的政治改革中汉化因素很多,仁宗甚至还恢复了停顿多年的科举,但他们本人仍然不通汉语,不识汉字。根据目前我们能够掌握的资料来看,元代皇帝之中,只有文宗与顺帝具有一定汉文化水平。文宗在大内建立奎章阁,储藏书籍,招纳学士,当时著名文人学者都集于此间。而且文宗还喜欢挥毫泼墨,书写"大字",赠予臣下,可见至少他的汉语达到了读写水平。顺帝从小就没有在草原上长期生活的经历,在汉地时间较长,且其身世之中,还有出自瀛国公后的秘闻,可见与普通蒙古贵族的成长经历不同。在元末明初,有不少关于元顺帝能作汉诗的传闻,比如明人叶子奇在《草木子》中就曾记顺帝有一诗句叫作"鸟鸣红树里,人在翠微中"。其实这一句未必出自顺帝之口,元末明初的诗僧释宗泐有一首《送徐伯廉归南陵》的诗中,就有完全相同的一句。但不论如何,元顺帝能够创作汉诗,大概不会有什么问题。至于元昭宗爱猷识理达腊,在《草木子》一书中,也录有他的一首绝句:"昨夜严陵失钓钩,何人移上碧云头。虽然未得团圆相,也有清光照九州。"比如元末明初人邓雅《玉笥集》中《清夜对月》一诗中有"万古一轮月,清光照九州"一句,明显与此诗关系密切,给人感觉似乎是元昭宗此诗是从邓雅诗句中化出来的一般。实际上,根据更可靠的《庚申外史》的记载,元昭宗爱猷识理达腊在太子时对汉文化就没有什么好感。当时顺帝给他请来曾参与宋辽金三史编修的著名文士李好文做老师,结果爱猷识理达腊却迷恋吐蕃僧人传授的密教,还对身边的人说:"李先生教我读儒家典籍，这么多年我都弄不明白书中讲的到底是什么，西蕃上师教我佛经，我过了一晚上就明白是怎么回事了。"由此可见，昭宗对于汉文化并没有太多兴趣，故此对于"宣光"这一年号是否真的合适，也不是十分在意。

尽管"宣光"年号起自杜诗，内中似有讽刺昭宗之意，但是昭宗锐意恢复的想法还是很真诚的。他首先着手整顿朝纲，延揽对于故元朝廷心怀眷恋的"忠义"之士。须知元顺帝一朝后期最为严重的问题就是朝纲不正，自己人之间为了争权夺利，无休止的内耗使国家腾不出手来集中力量解决南方的起义军，致使朱元璋的明军挥师北上，如入无人之境。昭宗上台之后，有鉴于此，立即下诏拜扩廓帖木儿为相，表示愿与扩廓帖木儿放弃成见，重新合作。

前面的章节中我们已经提到过，扩廓帖木儿本与顺帝皇后奇氏，以及当时尚是太子的昭宗爱猷识理达腊结成政治同盟。当时顺帝与奇氏、太子之间，矛盾丛生，朝臣之间也结成帝党、后党彼此争斗，扩廓帖木儿支持太子，对于太子地位的稳固有很大帮助。但在解决孛罗帖木儿之后，奇氏与太子要求扩廓帖木儿带兵入城，夸示己方的威风，同时也向顺帝施压，要求顺帝交出皇位。然而扩廓帖木儿并不想任奇氏与太子摆布，拒绝率大军入城，得罪了太子一方。后来顺帝利用政治手腕，剥夺扩廓帖木儿的兵权，命太子总领天下兵马，也使两人之间有了嫌隙。在顺帝逃离大都之后，扩廓帖木儿始终没有亲赴行在，只是率军在西线牵制明军，甚至后来顺帝多次降诏命扩廓帖木儿前往上都，他都拒绝上路。推敲其中原因，一方面固然是因为率军作战，没有机会抽身离开；另一方面也是因为孛罗帖木儿事件之后，他既得罪了顺帝，也得罪了太子，两面都不讨好，如果径自赶往上都，谁也无法保证会出现什么结果。现在顺帝驾崩，昭宗上台，手中无兵无将，也不愿意前往和林，受西北藩王的挟制，要谋求中兴，舍重用扩廓帖木儿之外更无他途。扩廓帖木儿也新经沈儿峪之败，旧部死伤殆尽，已经无力再在甘肃一线组织战线应对明军的攻势。比较而言，选择重新与昭宗携手合作，显然要比自己独立支撑战局要来得可靠得多。

·欧·亚·历·史·文·化·文·库·

昭宗与扩廓帖木儿重新携手之后,北元政治被激发出了新的活力。昭宗首先恢复了扩廓帖木儿在至正末年被顺帝授予的总兵、河南王两大头衔,同时委以元代行政系统中地位最高的中书省右丞相之职,在军事、行政两方面向昭宗负责。就在这一年,名义上继续臣服于元朝的高丽,收到了昭宗降下的诏书,诏书大意是说,我大元遭遇兵乱,迁徙至漠北之地,现在已将扩廓帖木儿任用为宰相,中兴大业指日可待。可见扩廓帖木儿上任之后,朝廷对其寄予期望之重。当时名臣,如前面多次提到过的知枢密院事哈剌章,以及辽东行省丞相、太尉纳哈出等人均出任要职,昭宗的中兴之政,似乎正在收到成效。

此时朱元璋也意识到,扩廓帖木儿与北元政府之间一旦放弃成见,转向合作,将会成为他的心腹大患。根据明代人叶子奇的《草木子》记载,早在攻破应昌时朱元璋就曾说过,不要以为顺帝病死,应昌告破,元人北逃,战争就算结束,"现在虽然天下重归一家,但仍然三件大事没有完成。一是没有从元人手中夺得象征天命的传国玉玺,二是未能生擒王保保(扩廓帖木儿),三是尚不知顺帝太子(昭宗)音讯"。故此在洪武三年的大胜之后,明军并未解甲南归,放松战备,而是在边境处继续战斗,肃清故元政府在漠南的残余力量。朱元璋也写信给昭宗与元朝各地的官员,极力陈说劝降之意。这种又打又拉的政策在洪武三年以后收到了奇效,就在洪武三年七八月间,封地在今天甘肃河西走廊和青海东北的元朝驸马高昌王和尚、岐王桑哥多尔只、镇西武靖王卜剌纳各率本部降明,朱元璋在他们的封地上设置了高昌、岐山、武靖三处卫所,将这部分领地彻底军事化。九月,宗王札木赤以官山(今内蒙古自治区卓资山以北)降明,朱元璋又在此地设置官山等处千户所,将明军控制的军事区不断向北扩展。此后在洪武四年正月利用北元枢密院官都连帖木儿来降的机会,增置保赤、五花城、斡鲁忽奴、燕只斤、翁吉剌5处千户所,又在二月拉拢到北元辽阳行省平章政事刘益以金、复、海、盖数州降明,漠南大部地区开始被明军蚕食。另一方面,明军主力分作3部,按照洪武三年的三大战区甘肃、山西、北平为主要根据地进行修整集结,于洪武五年再次掀起对北元的大作战。

洪武五年即北元宣光二年正月,朱元璋认为时机已经成熟,不能坐视北元在漠北逐渐恢复元气,于是以徐达为征虏大将军,调动骑兵15万,分兵三路北征漠北,试图将北元政权一举粉碎。这三路兵马分别是徐达直接指挥的中路军,从山西出发,出雁门关,直扑昭宗在漠北的汗庭所在;其次是左副将军李文忠率领的东路军,出居庸关,经应昌折向西北;最后是征西将军冯胜率领的西路军,从甘肃出发,既斩断北元汗庭向西的退路,又牵制蒙元的西道诸王,防备他们出兵救援。三路大军各分配5万骑兵,都是身经百战的精兵强将,声势浩大,可见朱元璋希望毕其功于一役,彻底解决后患。

关于昭宗的汗庭所在,历史学者的说法不一。一种观点认为,此时昭宗已经抵达哈剌和林;另一种观点则认为,蒙古西北宗王与元政府矛盾甚深,昭宗与顺帝的看法一致,不愿定都哈剌和林,而是将汗庭安置在胪朐河(今克鲁伦河)中下游地区。这两种观点各有其道理,而材料又不足以证明到底哪一个观点正确,故此我在本书中只提到昭宗汗庭立于漠北,并不具体指出漠北何处。但是从明军进军的路线来看,他们主攻的方向无疑是在哈剌和林。当然这也不难理解。哈剌和林是漠北最大的城市,也是元人除了汗庭之外最重要的据点,在搜索元军主力所在时,把哈剌和林方向作为索敌的主要方向也在情理之中,并不足以据此认定昭宗已经建都和林。实际上,洪武五年之战的决战场所主要是在土拉河(亦称兀剌赫)流域,这里已经是漠北腹地,距离和林不远。从结果来看,北元军队是故意将明军诱至此地,聚而歼之,以北元有限的战力来说,既然它的主力在此,汗庭应当也距此不远,所以昭宗汗庭即使不在哈剌和林,我们仍以哈剌和林一带作为北元的核心区域,应该是错不了的。

接获明军出塞的消息之后,昭宗与扩廓帖木儿做了一系列的准备工作。明军士兵多是中原人士,对于漠北的地理环境与气候风物并不熟悉。故此兵力虽强,但对于行动中可能遇到的情况准备不足,只能依赖不停派出斥候探马来寻找元军主力。对于北元一方来说,虽然扩廓帖木儿本人生长在中原地区,但蒙古人对于岭北的草原生活本身并不

·欧·亚·历·史·文·化·文·库·

陌生。漠北地区又是蒙古人的游牧区,很容易从牧民处了解到这里的地理情况。虽然明军势大,但草原辽阔,蒙军在暗,明军在明,而且地理条件有利于发挥蒙古军队的特长。故此扩廓帖木儿与昭宗定下了诱敌深入之计,只等明军钻进北元布下的口袋阵来。

在洪武五年的这次北征之中,三支部队扮演的角色各不相同。冯胜的西路军作用在于牵制阻截,李文忠的东路军作用在于侧翼夹击,只有徐达的中路军才是真正用于正面作战的部队。徐达中路军的前锋部队由大将蓝玉率领。这位蓝玉将军可谓是明朝初年的风云人物。他是元末明初名将常遇春的妻弟,长期跟随常遇春作战,很早就有勇武之名。在常遇春英年早逝之后,他被调至傅友德部,参与了洪武四年平定四川的战役,立下大功。此次北征,徐达看重他多年来追随常遇春,与元军特别是多次与扩廓帖木儿作战的经验,安排他指挥前锋部队。经过洪武五年北征,蓝玉成长为明军之中最为重要的将领,并在后来亲手剪除了北元朝廷的主要力量。此人后来卷入"胡蓝案",对于洪武政局造成了很大影响,自己落得个被朱元璋"剥皮实草"的下场。这些都是后话,我们在后面的章节中还会提到。蓝玉作为此次北征的前锋,向前推进的速度非常快。按照明军战报,明军在正月中出动,到了二月二十九日蓝玉在野马川与元军接战,元军败退,明军追至乱山,元军回头又与明军作战,再次被蓝玉击败。至三月二十日,蓝玉的部队已经突入到了土刺河一线,在这里他遇到了扩廓帖木儿的部队。明军战报中说,扩廓帖木儿在交战之后败退而走,明军似乎占尽优势,殊不知正中扩廓帖木儿之计。

关于明军到底怎样吃了败仗,明代史官对此都讳莫如深,大量文献之中只是模糊其词。叶子奇的《草木子》说洪武五年之后几次北征,前后死亡人数达到了 40 万,这个数字显然不无夸张之处,但是也可以想象当时部队伤亡败退的惨状。像《鸿猷录》之类的史料并未对这次败退做出记载,反而写得像是打了胜仗一般,只是《明实录》中提到徐达作战不利,退回边塞,大概是因为军政系统的官员对于战事总是报喜不报忧。真实情况究竟如何,除了直接参与作战的将士与皇帝及朝中地位较高的几名官员之外,外围的官员和士人都对此一无所知,只能根据对外公布的有限信息撰写史料,故此这些明人撰写的史料中对此不会有清晰的记述。反倒是蒙文史料中提供了一些尽管疏略,但却是汉文史料中没有的细节。贾敬颜、朱风两位先生的汉译蒙文小《黄金史》中提到:

> [顺帝]从古北口逃出,乃建巴尔斯和坦以居守,而汉军则筑希尔萨和坦相对峙。据传,在那里,乌哈嘎图汗之子必里克图祭"札答",降了风雪,汉军士马冻死殆尽,残部在回归途中,又被蒙古兵袭至长城脚下。据悉,那些逃兵烧箭杆取暖,却横死在灶火里。歇后语所谓"汉军出了野狐岭,狐尾变成帽缨子"即由此而起。

而明中后期的史家王世贞则在其《弇州史料·徐中山世家》中提到,蓝玉在野马川、土剌河两次与扩廓帖木儿接战之后,扩廓帖木儿与其部将贺宗哲合兵一处,在和林附近与明军大战。当时明军几次与北元军队交战,均轻松获胜,此时无论兵将,心中都有些轻敌的情绪。与扩廓帖木儿和贺宗哲的主力部队骤然遭遇,大家在心理上都没有做好战斗准备,一战伤亡数万人。

从这两段记载来看,似乎明军的败仗与两个因素有关,一是天时,二是轻敌。扩廓帖木儿显然一开始在示敌以弱,诱使蓝玉的前锋部队步步深入,走向漠北草原的腹地。徐达作为全军统帅,并没有看破扩廓帖木儿的用心,而是率领大军跟着前锋部队一步步蹈入陷阱之中。从朱元璋的角度出发,他命部队正月出军,正是考虑到北地寒冷,故此选在孟春出兵。然而他们对于北方草原上瞬息万变的天气完全没有准备,尽管土剌河之战已经是在三月下旬发生,此时已近初夏,这些长居中原的明军将领又怎么想得到在这个季节会出现大风雪的天气呢?蒙古士兵却对草原上突然的气候变化不陌生,远比明军适应能力强得多。明军在恶劣的天气和敌人的埋伏之下,伤亡惨重。

徐达不愧为明初的不世名将,在这样的危局之中,他表现出了极强的应变能力。据王世贞的《弇州史料·徐中山世家》记载,徐达命士兵立刻挖凿深沟,搭建简单的工事以自保,与扩廓帖木儿军从三月底相持到五月初,这才率领残兵败将退出战场。接应中路军的另外一支部队由偏将军汤和率领,他们为了阻截元军追击,也在七月十一日于断头山吃了一场败仗。从明代中期的史料来看,断头山应当是在大同西北通往漠北的重要交通枢纽,我们从这些记载当中也可以想见北元此次大胜之后,反击有多么迅猛。中路军的进攻劳而无功,反而损兵折将,想当初徐达出兵之时,还曾夸下海口,认为征讨北元只需 10 万兵马就足够了。朱元璋劝其小心从事,于是才有 15 万骑兵三路出征的豪举,然而却因此一败,就此扫平北元的希望彻底化作幻梦一场。

与中路军一样,东路军也遭遇了一场大败。北元方面,前去迎战东路军李文忠部的正是太尉蛮子和知枢密院事哈剌章,他们也采取诱敌深入的办法,试图将东路军聚而歼之。《明实录》记载说,李文忠率军出应昌之后,抵达口温(亦作可温,顾祖禹《读史方舆纪要》认为此地在应昌西北)之地。此处原有北元军队驻守,但在蛮子与哈剌章的授意之下,这些部队远远看到李文忠的军队到来,都丢下牲口辎重逃走了。李文忠一直挺进至胪朐河沿岸,一路上与北元军队未交一战,反倒是俘虏了不少元军丢下来的牲畜物资。这样一来,李文宗骄傲轻敌的情绪也开始滋长,认为元军一路丢下不少物资,可见其主力部队在此,只是怯战而已,自己如果能追赶上去,对退却中的元军发动奇袭,可以一战而破敌。于是对部下将领说道:"兵贵神速,我们现在应当乘势直追。但追击行程较长,不可以负载太多的粮食物资。"下令留下部将韩政等人看守辎重,其余士兵每人携带 20 天的口粮,日夜兼程,追赶元军。这样一直从胪朐河流域一路向西追赶到了土剌河一带,遇到了蛮子与哈剌章埋伏在此处的大军。双方一场鏖战,李文忠奋力死战,马中流矢也不退却,下马再拿起短兵器继续督战,这才迫使元军解围而去。双方后来几次遭遇,李文忠下令将俘获的牲畜放出,以示明军好整以暇,于是元军不敢来攻,趁夜撤走。李文忠最后也是在七月班师。如果我们只看《明实录》的此段记载,感觉李文忠的东路军至少该算是与北元部队拼了个不分胜负,《明史》也说是两军胜负相当。但是请读者千万不要忽视中国人把坏事写成好事，把悲剧写成喜剧的本领。就在此段之后，《明实录》又开具了一份东路军阵亡将领的名单，其中包括宣宁侯曹良臣、骁骑左卫指挥使周显、振武卫指挥同知常荣、神策卫指挥使张耀等高级将领。更何况李文忠下令士兵只带20日的口粮，却作战数月之久，由此我们不难从中推想，东路军固然没有遭遇到中路军那样的溃败，但也受了极大损伤。

中路军与东路军之败，显然与当时指挥系统分散，两军没有互相联络声援有关。朱元璋之所以要调发三路人马攻元，就是想围歼北元，令其无路可退，这样就需要三路人马互相之间有很好的协调合作的能力。徐达作为全军最高将领，轻军直进，结果最先败退。李文忠贪功心切，不顾一切地追击元军，显然对中路军的情况一无所知。假如李文忠事先知道徐达败绩的情况，完全有可能改变行军方向，夹击追击徐达的扩廓帖木儿部和贺宗哲部，这样战局或许会被完全改写。可惜中路、东路两路大军各自为战，反而成了北元军各个击破的靶子。由此可见，在战役之中保持统一的指挥系统与通畅的情报分析能力是多么重要的事情。

比较而言，洪武五年北征之中，取得战果最大的，反倒是没有攻坚任务的西路军。冯胜这一路人马本来就是用于牵制元军，并不需要去寻找元军主力进行决战。而在元军一方，由于主力倾巢而出，集中全力去对付徐达和李文忠，已经无力抽身去防范冯胜这一路人马，故此冯胜率领西路军顺利攻下兰州，挺进甘肃。北元将领上都驴投降，明军兵锋直至西凉（今甘肃省武威市）。在西凉、永昌（今甘肃省永昌县）等地，冯胜率军几次打败元军，收降故元官员民户，最后攻到了漠北交通的重要门户亦集乃路（今内蒙古自治区额济纳旗），守将卜颜帖木儿以全城投降。明军后来一直攻打到敦煌一带，收获大片领土和民户牛羊。结果等到班师回朝之后，却也未能受到朱元璋的嘉奖。朱元璋指出，徐达遇到劲敌，部属溃败，但孤军奋战，大败之后还能保全边塞，高级将领没有损伤，不必深责；李文忠胜负相当，也算无功无过；冯胜斩获甚多，但经调查发现，他纵容手下将官贪污俘虏来的牛马，有比较严重的经济问题,故此也不做升赏。历史学家指出,这种处理结果完全是朱元璋在玩政治平衡术。三人之中,徐达是濠州人,与朱元璋是同乡,早在朱元璋在濠州参加义军时徐达就已经是朱元璋的部下,属于朱元璋集团中的核心人物。李文忠则是朱元璋的外甥,后来又被收作养子,这两人都是朱元璋格外信任和倚重的对象。冯胜投奔朱元璋的时间相对较晚,他受到朱元璋的重用,完全是因为在战争中积累了足够的军功。故此朱元璋对待这三人的方式也有所不同。徐达智勇双全,又是昔日同僚,所以每次征讨都以徐达为帅,统领全军;李文忠是自己亲戚,故此让他跟随常遇春在北方作战,积累经验,等到常遇春死后,则取代常遇春成为徐达的副手,显然有培养李文忠作为徐达的军中接班人的意思在内;至于冯胜,不过是用其所长而已。最后冯胜也死于蓝玉一案,可见朱元璋对他并不放心。在此次北征之中,如果徐达、李文忠因战事不利而受罚,冯胜因战果丰硕而受赏,那么势必影响徐达、李文忠在军中的地位,而使冯胜在军中的影响力大幅攀升,这就会影响到朱元璋未来的政治布局,这是朱元璋所不愿看到的结果。出于这一目的,朱元璋就找了冯胜的过失,大家都来个无功无过不赏不罚。冯胜也对朱元璋的意思心知肚明,只好自认倒霉,却也无可奈何。

尽管冯胜的西路军战果丰硕,但洪武五年的北征显然没有达到原来的战略目的,反而使战场的主动权易手,明军被迫转入战略防守。我们注意到,明代史料记载中徐达、李文忠两部班师的时间是在洪武五年的七月,而到了八月,就出现了北元军队进攻云中,地方官同知黄里战死的情况。到了十一月,又有纳哈出从辽东出战,袭击了明军在辽东的重要粮食中转站牛家庄,明军军粮被焚烧掉了 10 万石,战死者也有5000 人之多。可见北元在战胜明军之后士气大振,恢复了信心,开始在局部地区转入了反击。但朱元璋也从这次失败中吸取了教训,立刻改变了作战方针,一改大规模集团军作战的方式,转而采用扩大并巩固领土的做法,步步为营,谨慎推进,并且避开北元军事力量最为集中的漠北腹地,转向青海、辽东等边境地区。至洪武六年正月,朱元璋在甘肃设立西宁卫。洪武七年二月,又设大同前卫和歧宁卫,同年二月在今天的青海一带设立撒里畏兀儿四卫,逐步推进自己的军事控制区,使北元无力再向南方渗透。同样,作为北元来说,尽管昭宗与扩廓帖木儿在洪武五年打退了明军的北征,但这并不意味着北元没有遭受损失。他们在战争中损失了大量正当壮年的人力,以及数量颇为庞大的牲畜。比较而言,明朝政府拥有的中原地区具有更强的经济恢复力,而北元的经济中心哈剌和林当然无法与之相比,所以说北元看似赢得漂亮,但实际评估下来,只能算是惨胜。从当时的历史条件来看,昭宗想要贯彻他的"中兴"大计,必须依赖漠北地区有限的经济力量,但洪武五年的北征却打断了他"中兴"的步调,将更多的精力和资源投入到战争准备中去,可以说双方谁也没有从这一仗中获得实际的好处。于是自洪武六年以后,直到洪武二十年的十余年间,双方仅在局部地区进行小规模的战斗,明军再也没有发动类似规模的北征了。

　　进入洪武六年,也就是北元宣光三年以后,朱元璋充分意识到,只要扩廓帖木儿尚在,明军就很难把北元打垮。他又听说扩廓帖木儿与现在的北元君主昭宗之间本有嫌隙,便想到可以使用离间之计,看看是否能够挑起他们之间的矛盾,再善加利用。但是这离间计该怎么用法,由谁前往联络扩廓帖木儿,却是一个问题。早在扩廓帖木儿刚去漠北之时,朱元璋就曾派出使者前往劝降。这一使者就是当年扩廓帖木儿手下大将魏赛因不花,又名李保保。这个李保保本来也是汉人,因为追随察罕帖木儿一家作战,就改了个蒙文名字。实则赛因的意思是好,不花的意思是牛,前面仍然冠以一个魏姓,由此可知他不是真正的蒙古人。这个魏赛因不花在察罕帖木儿死后仍然在扩廓帖木儿军中为将,后来留守山东,在明洪武元年的北伐中投降了朱元璋。结果扩廓帖木儿见到魏赛因不花之后勃然大怒,认为他本是自己一方的部将,却厚颜投降了明朝,竟敢跑来劝降自己,于是用毒酒将魏赛因不花毒死。所以朱元璋又想继续派人劝降扩廓帖木儿,又担心派出去的人无法生还。想来想去,朱元璋就派出了李思齐前往漠北,去见扩廓帖木儿。

　　我们前面已经介绍过,李思齐本来是察罕帖木儿的同乡,两人一同起兵,后来李思齐在察罕帖木儿被害之后,领人马自立山头,与扩廓帖木儿之间互相攻打,结下了深仇大恨。后来徐达西征,扩廓帖木儿屡次向李思齐求救,李思齐拒不发兵,致使扩廓帖木儿几次大败。而后李思齐面对明军也是屡战屡败,最终投降了朱元璋一方。朱元璋认为李思齐总算是扩廓帖木儿的旧识,即便离间之计不能成功,假如扩廓帖木儿翻了脸,把李思齐一刀杀了,毕竟朱元璋迟早也要杀了李思齐,现在也不妨去借扩廓帖木儿这把刀来杀。这样毕竟死的不是自己人,对朱元璋来说也没有损失,还免得担起杀死降将的恶名。退一步来说,当初扩廓帖木儿正是因为与李思齐、张思道互相攻击,才使得顺帝夺了他的兵权,将总领天下兵马的职位交给了昭宗。昭宗如果探听到李思齐来见扩廓帖木儿,也必定会想起当年争权的往事,没准会影响到昭宗与扩廓帖木儿之间的关系。李思齐当然也明白朱元璋心中打的是什么算盘,无奈现在人在屋檐下,自己已非当年能够号令一方的诸侯,明知此去凶多吉少,也只好悻悻上路。

扩廓帖木儿何等样人,听说李思齐来访,马上就明白朱元璋的用意为何了。此时北元刚刚打退明军进攻,扩廓帖木儿正在着手准备攻打雁门关,试图夺回山西。昭宗此时正倚重于他,视他为左膀右臂,故此他并不担心朱元璋遣使劝降本身是否会让昭宗对自己产生疑惧之心。但如何处理李思齐,倒确实是个问题。扩廓帖木儿犹豫之处,就是到底杀不杀李思齐。如果杀了李思齐,就遂了朱元璋的心愿,显得自己中了朱元璋的借刀杀人之计,多少令人感到不快;如果不杀李思齐,一则这样的机会不可能再有,二则昭宗知道自己与李思齐在过往的恩怨,倘若被昭宗知道李思齐自动送上门来,却没有被自己杀掉,难保不会对此事有所怀疑。故此扩廓帖木儿心中也是反复盘算。于是李思齐登门之后,扩廓帖木儿对于两人旧怨一字不提,反倒是以礼相待。李思齐摸不准扩廓帖木儿是什么意思,不知所措,也不敢提起自己的来意。两人也不提已往之事,只是有一句没一句地闲话家常,弄得李思齐尴尬异常。直到临行之时,李思齐才提起朱元璋劝降之事。扩廓帖木儿全作没有听见,命一名亲卫带着他回转边塞。行至边境的时候,李思齐刚要作别,这名亲卫对他说道:"右丞相有命,昔日私怨揭过不提,但国家败亡之际，遣使求救于将军，请将军助一臂之力。那时将军不愿相助，致使兵败陕西。现在请将军留下一臂，由我带回去向右丞相复命。"李思齐这才明白，扩廓帖木儿终归是不愿放过自己，只是不愿让他死在北元境内，让朱元璋的借刀杀人之计得逞。眼见进退失据，无可奈何之下，李思齐只得抽出佩刀，将自己的左臂砍下，交给这名亲卫。回去之后不久，李思齐就因为失血过多，伤重而死。扩廓帖木儿就用这种方式既报了私仇，又没让朱元璋的如意算盘得逞。

朱元璋前后几次派人劝降扩廓帖木儿，均未成功，他对此也深表遗憾，以为天下尽在大明掌握之中，天下贤才也尽为明朝所用，唯独扩廓帖木儿不肯归顺，不免美中不足。朱元璋有一次对身边的人说："我一直希望王保保能够投降。如果他肯归顺，在我这里一定能够位至王侯，成为一代名臣。但是顺帝、昭宗都不是什么明君圣主，而王保保却死心塌地对他们效忠，如此不识时务，这不也太奇怪了么！"无奈之下，只得放弃离间扩廓帖木儿与昭宗的计划，并在明洪武七年，北元宣光四年放回当初在洪武三年应昌之役中俘获的昭宗之子买的里八剌。朱元璋在给昭宗的信中表示，劝说昭宗放弃"中兴"的想法，两家遣使通好，停止战争，对此昭宗并未做出回应。

昭宗的"中兴"之政并未能够使北元王朝重返中原。尽管扩廓帖木儿在洪武六年、七年之后屡次突袭明军边塞，但都未能打破明军的防线。在整个宣光年间，北元政权一直割据漠北，与明朝政府遥相对峙，却是谁也奈何不了谁。然而令人扼腕的是，一代名将扩廓帖木儿在明洪武八年，北元宣光五年病死在哈剌那海的衙庭（亦作牙庭）。据学者考证，这一地点很可能在今天的科布多地区。关于扩廓帖木儿的死因，以及具体的死亡时间，学者的看法是存在一些分歧的。因为从后期史料记载来看，北元还有一个太师阔阔帖木儿，也有学者认为阔阔帖木儿就是扩廓帖木儿。具体的情况在日本蒙古史学者和田清的《关于扩廓帖木儿之死》一文中有所介绍。目前主流的看法，还是认为扩廓帖木儿在 1375 年死于科布多地区。此前，他正随从昭宗前往金山（今新疆维吾尔自治区阿尔泰山）一带。据一些历史学者推测，昭宗汗庭本在胪朐河流域,现在突然转向西方,可能与此时蒙古部族中之瓦剌部的兴起有关。瓦剌部与当初同忽必烈争夺汗位的阿里不哥系有密切的亲缘关系,后来北元宗室就是灭亡于瓦剌之手,这一问题我们后面还会提到,这里暂时按下不提。我们只需要了解这些阿里不哥的亲属后代们一直不愿臣服于忽必烈一系之下,他们本来的土地在今天的叶尼塞河上游,从元末大乱开始以后,他们从西向东不断移动,成为漠北最为重要的军事力量。昭宗之所以要将汗庭移向阿尔泰山一带,应当与瓦剌的势力开始出现异动有关。至于昭宗是希望借助瓦剌的力量,双方联合攻明,还是因为瓦剌从背后对北元展开了攻击,故此昭宗必须亲自出征,限于史料不足,我们无法获知详情。如果是与瓦剌之间发生了战争,那么扩廓帖木儿究竟是病死,还是战死,这些汉文史料里面都没有记载。目前只知道在扩廓帖木儿死后,其妻毛氏也上吊自杀,大概是殉夫而死。由于明朝方面的记载都是来自于边塞地区传来的军事情报,其中真真假假很难分辨,对来龙去脉自然也讲不清楚。蒙文史料又出现较晚,大多数都接近于民族史诗,所以缺少细节。今后想要弄清楚这些疑问,恐怕只能寄希望于域外的非汉文史料,希望能够找到一些蛛丝马迹。

对于昭宗来说,扩廓帖木儿之死无疑是北元"中兴"所遭遇到的最大打击。从至正末年开始,扩廓帖木儿就独力支撑着元朝的军事活动。在事关北元存亡的洪武五年北征之中,北元更是几乎以扩廓帖木儿一人来对抗整个明军。故此就连朱元璋都推许他为"天下奇男子"。据说当时中原民间流传着这样的说法,如果村间乡民遇到喜欢夸夸其谈的妄人,就会嘲笑他说:"你要是这么厉害,有本事去西边把王保保给我们捉回来啊!"后来成为流行一时的民间谚语。朱元璋对扩廓帖木儿也是非常敬重,他的儿子、妹妹都在战争中被明军俘虏,朱元璋对他们给予了优待,把他的妹妹嫁给了自己的次子秦王朱樉。就在扩廓帖木儿死后三年,元昭宗也在洪武十一年,即北元宣光八年死去,未竟的"中兴"事业终究化作泡影。北元的政治形势也开始急转而下,逐渐走向瓦解了。

3.3　北元政权的衰亡

北元宣光八年(1378),元昭宗卒,继承汗位的是脱古思帖木儿,蒙古语尊号为乌斯哈勒汗,改元"天元"。关于脱古思帖木儿汗与元昭宗之间的关系,有学者认为他们是兄弟,亦有学者认为他们是父子,各有各的道理和论据,很难说得清楚。此时北元实际掌控的领土依然十分可观,实力仍然不可轻视。朱元璋经历洪武五年之败,虽然知道昭宗死讯,但也不敢轻易出兵,而是趁昭宗死后的这段时间,将注意力转向西南,派傅友德攻打云南。

当时明朝虽已取得天下,但云南犹未款伏。云南从历史上就是一个民族与政治情况比较复杂的地区。从唐代开始,云南地区就出现了南诏政权。至宋代以后,又出现了大理政权,段氏在大理称帝,直至南宋末年被元朝所灭,在云南地区有相当长的统治时间。元朝占领云南之后,在云南设云南行省。忽必烈将自己的第五子忽哥赤封为云南王,在昆明建立王府,镇守云南,并在大理设下大理路军民总管府,以大理段氏的后代任总管府总管。进入元末之后,负责镇守云南的正是忽哥赤的后代梁王把匝剌瓦尔密。此时兵烽四起,徐寿辉部下明玉珍趁机占据四川,立国号为大夏,向南攻打云南。把匝剌瓦尔密率军抵抗,但战事不利,于是命大理第九代总管段功出兵平叛。段功与明玉珍一场大战,后来夜袭古田寺,火烧明玉珍,又在七星关大败大夏主力,将明玉珍彻底赶出云南。传说段氏此时在云南地位超然,不管是谁来统治,都必须倚重段氏的影响力,所以段功本不想为把匝剌瓦尔密出力。把匝剌瓦尔密为了说动段功出征,便把自己的女儿阿盖嫁给了他。阿盖虽然是蒙古族,但生长在云南,故此既比云南本地女孩子高大壮实,又兼有本地女孩子的秀美气质,故此在云南已是颇有名气的美人。段功得阿盖为妻,十分高兴,便欣然替把匝剌瓦尔密出征。得胜归来以后,段功就随阿盖一起居住在昆明,乐不思蜀,不想回大理去了。

段功本来替把匝剌瓦尔密立下大功,谁知把匝剌瓦尔密却对段功

·欧·亚·历·史·文·化·文·库·

起了疑心。因为此次段功出战获胜,受到云南当地将士的拥戴,显示出了大理段氏在此地仍然拥有人心。假如段功有一天想取把匝剌瓦尔密而代之,岂不是轻而易举? 故此把匝剌瓦尔密把阿盖嫁给他,就是希望阿盖能够把段功牢牢拴在梁王府,让他整天醉卧温柔乡中,等待机会到来,把匝剌瓦尔密更想把大理也吞并进来,这样他在云南的梁王之位才能坐得稳当。

段功在昆明整日与阿盖一起饮酒作乐,他在大理的属下和家人可不干了。他的原配夫人高氏给他写了一首小令,把家人对他的思念都写在了词中,托人带给段功。段功一读之下,心中非常感动,于是立刻返回大理家中。段功回家之后,家中的臣下就劝告他不可再回昆明,恐怕梁王有不轨之意。段功的属下杨智甚至作了一首诗说,“功深切莫逞英雄,使尽英雄智力穷,窃恐梁王生逆计,龙泉血染惨西风”,暗示把匝剌瓦尔密可能会不利于段功。段功对属下的劝谏却是不以为然,他认为自己有大功于把匝剌瓦尔密,而且又做了人家的女婿,把匝剌瓦尔密笼络自己还来不及,怎么可能反倒要来加害呢? 根本不把此事放在心上。回家几月之后,反而思念阿盖,又想回昆明去把阿盖接回来。

此时把匝剌瓦尔密已经盘算好了要对付段功,他先怂恿阿盖,表示“亲莫如父母,宝莫过社稷”,让她在段功回来以后,在段功喝的酒里面下毒药孔雀胆。读过各种武侠小说的朋友们恐怕对孔雀胆这种毒药并不陌生。实际上孔雀胆这种毒药并非真正孔雀的胆囊,而是云贵等地盛产的一种毒虫斑蝥。这种虫子去掉头尾,经过炮制之后,药力十分强悍,而且外形与孔雀胆囊十分接近,所以以讹传讹,在民间变成了孔雀胆这种毒药。真正的孔雀胆囊不仅无毒,而且还有清热解毒的功效,与斑蝥的情况很不相同。把匝剌瓦尔密就是想用这种斑蝥毒死段功,独霸云南。然而阿盖却与乃父性情不同,认为段功有大功于父王,且两人已结婚姻,怎么可以暗害丈夫,故此坚决不肯,并且以死相胁,希望父亲收回成命。把匝剌瓦尔密见阿盖不肯,就另做打算,准备派人暗杀段功。

段功回到梁王府之后,阿盖将把匝剌瓦尔密的打算告诉了他,并且表示愿意与段功一起秘密逃回大理。段功却不肯相信,认为大理段氏世守云南,在此地势力根深叶茂,把匝剌瓦尔密断没有道理要置自己于死地,只以为阿盖过于多疑。果然不久之后,把匝剌瓦尔密邀请段功一起前往寺庙烧香做佛事。段功不虞有他,只带了少量随从前往,在过桥的时候被预先埋伏好的元兵杀死。

阿盖闻听段功的死讯之后,十分悲痛。她查明埋伏士兵杀死她丈夫的正是梁王丞相驴儿,于是就想用孔雀胆的毒酒毒死驴儿,最后反而被驴儿觉察。阿盖报仇不成,只得在今天的昆明西寺附近投河自尽,后来此地被修建成为"阿姑祠",纪念贞洁义烈的阿盖。后来郭沫若先生也根据这一传说写成了历史剧《孔雀胆》,此后很多剧种中都在此基础上又进行了演绎创造,相信很多读者对此都不会陌生。但传说故事大多没有交代此事的后续发展。实际情况是,当把匝剌瓦尔密将段功杀死不久,明洪武十四年(1381),北元天元四年,朱元璋即遣征南将军傅友德为帅,蓝玉、沐英为副帅,统率大军攻伐云南。段功之子段宝知道父亲死讯以后,立誓要为父报仇,不再协助把匝剌瓦尔密。把匝剌瓦尔密失去了大理段氏的有力支持,根本不是明军的对手,元军主力在与明军白石江会战中一战即溃,把匝剌瓦尔密的家属们投滇池自尽,把匝剌瓦尔密本人与丞相驴儿一起自缢而死。明军从出兵到平定云南,前后只用了3个多月的时间,堪称神速。

梁王把匝剌瓦尔密在云南的政权虽与漠北之间道路不通,但毕竟都是尊奉元朝为正统,互相之间声气相求。梁王每年都要遣使秘密抵达塞外,对北元称臣。昭宗即位以后,也曾派遣使臣从漠北绕道吐蕃,象征性地向云南征收税粮,谋划连兵抗明。现在梁王政权一倒台,漠北的脱古思帖木儿已经是孤立无援。明朝却是可以专心对抗北元,再无后顾之忧。经过十余年的养精蓄锐,朱元璋认为国家无论在经济还是在军事上都已经从洪武五年的大败中恢复过来了,便决定出动大军,先攻取辽东,准备断去脱古思帖木儿的一条臂膀。

北元方面,守卫辽东的是名将纳哈出。纳哈出本来是木华黎家族的后人,在元末时曾任太平路万户。在至正十五年(1355)朱元璋刚举事时,纳哈出就与朱元璋交过手,最后朱元璋攻克太平,纳哈出被生擒活捉。当时因为朱元璋在南方还有不少对手,不愿意过分得罪元廷,就将纳哈出放回。纳哈出北归之后,至脱古思帖木儿继承汗位,他已经位至丞相,封开元王,坐拥 20 万军队,雄踞辽东一方。脱古思帖木儿不像昭宗,对于这些权臣已经逐渐失去控制,纳哈出在辽东堪称独立王国,既不服从北元汗庭的调度,也不接受明朝的劝降。纳哈出几次出兵骚扰明军边塞,朱元璋下定决心一定要拿下纳哈出,剪除今后出兵漠北时侧翼的威胁。

明洪武二十年(1387)正月,朱元璋派冯胜为大将军,率领左副将军傅友德、右副将军蓝玉率兵北伐纳哈出。此时明朝开国时参与北线作战的两名最重要的将领徐达与李文忠均已病逝,故此朱元璋只得任用冯胜为主帅。明军一路势如破竹,迅速攻克庆州、大宁等辽东重镇,纳哈出无力抵抗,只得向冯胜提出投降。冯胜接到纳哈出降表,当时大喜过望,赶忙命蓝玉前往受降。蓝玉将纳哈出请至自己的大营之内,设下酒宴款待于他。酒酣耳热之际,纳哈出给蓝玉斟了一杯酒,表示自己屡次与大明作对,冒犯天威,此次明军大兵压境,竟然还能留给自己一条生路,对蓝玉无比感激。出于优遇降人的礼貌,蓝玉本当接过酒杯一饮而尽,但蓝玉此时却偏偏想要试探一下纳哈出的诚意。他让身边的通译人员对纳哈出说,想要自己喝下这杯酒不难,只要纳哈出换上明朝人的衣冠,表示出对明朝称臣之意,自己就把这杯酒喝了。这个事情本来没什么了不起,但是因为双方在文化上存在差异,语言上又彼此不通,中间必须经过通译才能完成交流,导致纳哈出不能理解蓝玉的意图是什么。其实从这一事件上可以看出在儒家传统观念影响下的中原人与蒙古人之间有着比较大的文化差异。在中原人看来,纳哈出的投降代表着夷狄对于中原王朝的降服,所以纳哈出应该在文化上也遵从中原的习惯。而在纳哈出看来,你希望我投降,我打不过你,于是投降了,那么我以敬酒的方式来表示我对你接受投降的谢意,我们通过喝酒这个手段表示互相之间既往不咎。至于衣服,这完全是个人生活习惯问题,更换衣服当然是无理要求。于是纳哈出坚决不肯,而蓝玉也就认定纳哈出投降之心不诚,纳哈出也认为蓝玉故意不喝酒,让自己下不来台。双方当时就僵在那里,气氛越来越紧张。

纳哈出看到情况不对头,担心明军会毁约暗害自己,当即就把给蓝玉斟好的酒水泼到地上,跟身边的亲随用蒙语低声说了几句,表示要撤退。在场的明军将领有一位赵指挥,平时略通蒙语,听到了他们的谈话,就把他们讲话的内容告诉了大将常茂。常茂是名将常遇春之子,也是蓝玉的外甥,冯胜的女婿。虽说冯胜是他的岳父,又是统兵大将,但常茂向来不把冯胜放在眼里,什么事情都喜欢自作主张,冯胜拿他也没辙。常茂一听说纳哈出想开溜,立刻上前阻拦,双方因为沟通上的障碍,竟然当场扭打在一起。仓促之间,常茂为了阻止纳哈出上马,抽刀将纳哈出胳臂砍伤,纳哈出的随从一时惊散。明军竟把纳哈出抓捕起来,送到主帅冯胜那里。冯胜不敢怠慢,马上给纳哈出松绑,并向纳哈出道歉。但此时情况已经完全失控,纳哈出前来赴宴受伤的消息传出,他的部队获知消息,以为上了明军的当,众人一哄而散,场面极其混乱。冯胜花了九牛二虎之力稳定住了局面以后,纳哈出余部又在明军班师的半路打了埋伏,压阵殿后的三千骑兵全部被纳哈出余部伏击歼灭,白白损兵折将。冯胜本来就不喜欢常茂,出了这么大的变故,赶紧将常茂抓起来,并亲自撰写奏章,将常茂的责任加以夸饰,想要置他于死地。朱元璋早就知道冯胜、常茂翁婿不和的情况,对冯胜弹劾常茂一事采取了比较慎重的态度,专门把常茂找来问话。常茂备述经过之后,朱元璋就已经明白了事情的来龙去脉。事情归根结底是蓝玉惹出来的,蓝玉对纳哈出的处置态度不当,对此事应当负有直接责任。常茂与纳哈出动手虽然不对,但毕竟是为了阻止纳哈出离去,显然不为无过,实则有功,假设这种情况下让纳哈出离去,只会造成局面进一步失控。冯胜作为一军主帅,行军中伏,损失的还是骑兵这种宝贵战力,却掉过头来攀扯常茂,这才是应当追究的问题。故此朱元璋最终决定,拿掉冯胜的总兵之衔,今后北伐兵将,改由蓝玉率领。

纳哈出降服一事,对北方的战略格局影响非常之大。虽然纳哈出在实际上已经不再尊奉北元脱古思帖木儿汗的号令,但是他仍然与明

·欧·亚·历·史·文·化·文·库·

朝存在着军事上的对立关系。明军倘若试图北伐,无论如何也不能忽视纳哈出在辽东的力量,这一力量始终对于明军的侧翼是一个巨大的威胁。现在这一威胁既然已经解除,明军就可以直接一路向北,扑向北元的腹地。纳哈出投降之后,据说辽东投降来的北元部队一共有 20 余万,辎重车辆一字排开 100 余里,可见明军通过这次战役,取得了超乎预期的战果。反观北元,此消彼长之际,当初昭宗与扩廓帖木儿所竭力维持的势力均衡已经被打破。朱元璋已经敏锐地察觉到这一点,开始加强对这一地区的控制。在这一年九月,设置了大宁都司,后改名北平行都司,又在大宁安置了宁王的王府,在广宁安置了辽王的王府,通过改变行政区划,重新建立统治秩序。同时,朱元璋又下令命蓝玉为征虏大将军,以延安侯唐胜宗、武定侯郭英为副将,率军 15 万,继续完成北伐大业。由于没有了纳哈出的后顾之忧,朱元璋感到自己已然胜券在握,对蓝玉的训示也充满了自信。他表示,"肃清沙漠,在此一举",大有毕其功于一役之志。

此时北元大汗脱古思帖木儿已经被纳哈出投降一事弄得焦头烂额了。本来脱古思帖木儿坐镇和林,与纳哈出的辽东一东一西,互为掎角之势,可以仰仗声援。再加上和林本身远在西北,辽东则更加接近中原。如果要对中原用兵,辽东也是一个不可或缺的跳板。故此风闻纳哈出投降之后,脱古思帖木儿在和林就坐不住了,率领全部力量开始向东移动,希望能够尽可能维持住辽东地区的战线。故此当洪武二十一年,蓝玉大军出大宁、庆州一线的时候,脱古思帖木儿的大营已经离开和林,移动到了今天的呼伦贝尔草原。此时他并没有意识到,等待自己的将是一战亡国的悲惨命运。

蓝玉出师之后,在洪武二十一年三月得到信报,说脱古思帖木儿就在捕鱼儿海(今中蒙共管的贝尔湖)一带。于是蓝玉率军急行,在四月时已经抵达喀尔喀河流域。此时明军经历了长途奔袭,已经疲劳不堪,而且尚未找到脱古思帖木儿的营帐所在。追到一个名叫百眼井的地方之后,蓝玉组织将领一同议事,讨论下一步应当怎么做。此处距捕鱼儿海还有 40 余里的路程,出去索敌的骑兵还没有发现敌人踪迹,众将担心情况有变,万一情报有误,中了元军埋伏,如此悬军深入,十分危险,于是纷纷力主退兵。蓝玉虽然内心对退兵不以为然,但他是一军主将,不好直接反对众将的意见。只有定远侯王弼站出来坚决反对退兵,他认为下令退军之后,士兵势必失去战斗意志,军心浮动之下,如果再遇到敌军,也没办法重新振作起来应战,况且众将率领大军十余万,一仗未交,寸功未立,就这么莫名其妙地回去了,对朱元璋没有办法交代。蓝玉对王弼的意见大为赞同,认为己方之所以一直找不到敌军所在,是因为部队目标太大所致,要求全军今后不可以再在露天地面生火做饭,以免让北元军队看到己方的炊烟。果然,第二天大军抵达捕鱼儿海的南岸以后,探马来报,发现脱古思帖木儿的大营在捕鱼儿海东北方向 80 余里之外。蓝玉下令,以王弼为前锋,直捣对方腹地。

贝尔湖

北元方面,他们早已发现明朝北伐大军缀在自己身后,只是认为凭着自己对于地理的熟悉,再加上粮食和水源的缺乏,明朝军队不敢过于深入。再加上整整一天,都没有再看到明军生火造饭的炊烟,认为明军大概昨天就退走了,警惕性一下子降到最低。这天上午又刮起了狂风,大风卷起来的沙土铺天蔽日,能见度非常低,警备放松之后,看不

欧·亚·历·史·文·化·文·库·

到明军探马的活动,竟然没有人知道自己的位置已经被明军发现。王弼的突袭部队如神兵天降一般,完全没办法抵抗,只有太尉蛮子率领本部数千士兵稍微抵挡了一下,就战死在营地之中。脱古思帖木儿与太子天保奴、知枢密院事捏怯来、丞相失烈门等人在亲兵的保卫之下夺路而逃,只走脱了数十人。脱古思帖木儿的次子地保奴以下,妃子、公主等等被俘 123 人,官员被俘 2994 人,士兵被俘 77037 人。北元王朝几乎全部人员,都在此役中一举成擒。蓝玉清点战利品时,上报的有各种玺印牌符 149 枚,文书 3390 道,马 47000 匹,骆驼 4804 头,牛羊102452 头,车 3000 辆。于是立刻派专人飞马赶往京师报捷,大军奏凯而还。朱元璋闻讯大喜,当即颁赏众将,封蓝玉为凉国公,食禄 3000石,赏副将武定侯郭英白金千斤,银钞 800 定,彩缎 40 匹,以下将领依战功各有等差。

脱古思帖木儿虽然逃过了明军的突袭,但他还是没有逃过这次劫难。他在逃亡途中遇到了阿里不哥系的后人也速迭儿,与其子天保奴一起被也速迭儿杀死。随从逃亡的大臣知枢密院事捏怯来、丞相失烈门看到大势已去,无奈只得投降明朝。随着捕鱼儿海的一场大败,北元王朝彻底走向末路,曾经的蒙古帝国进入了空前的混乱时期。

3.4 洪武末年明蒙关系的演进

洪武二十一年的捕鱼儿海之役,北元大汗脱古思帖木儿兵败之后被也速迭儿杀死,北元陷入分裂之中。上一节中我们已经提到,也速迭儿出身于阿里不哥系,阿里不哥是忽必烈的弟弟,两人都是黄金家族的后裔。为什么我们在这里要特别强调也速迭儿的这一出身呢?

这就要从元朝建立之前的大蒙古国时代说起了。还在成吉思汗统一蒙古诸部时期,成吉思汗已经开始将攻夺的土地与人口分封给自己的几个孩子。以后,随着成吉思汗向南击败金国,不久发动西征,占领的土地逐步扩大,成吉思汗一系子孙的封地也不断增加,慢慢发展成所谓的四大汗国——钦察汗国、察合台汗国、窝阔台汗国与伊利汗国。钦察汗国又名金帐汗国,是由成吉思汗的长子术赤封地发展而来的,其建国则是在术赤次子拔都率军西征,1241 年窝阔台汗病逝之后,东返过程中所建。钦察汗国的领土,东起今天的额尔齐斯河,西至东欧西北部,北至北极圈一带,南至伊朗以北,在四大汗国之中居于首位。察合台汗国则是成吉思汗次子察合台的封地,控制着天山以北的西域、中亚地区。窝阔台汗国是以成吉思汗第三子窝阔台的名字命名的,但是实际并非以窝阔台的封地为基础扩张出来,而是窝阔台的孙子海都不断向外扩张所形成的。窝阔台本来是成吉思汗死后继任的大汗,可是根据蒙古人的习惯,大汗的名号可以指定,但全部家产必须交给幼子管理,由幼子继承。故此实际接收蒙古高原周围的是成吉思汗的幼子拖雷,而窝阔台则另有封地。最后是伊利汗国,为拖雷之子旭烈兀所建,是蒙哥汗在位时期命旭烈兀征服波斯,在波斯领土上继续扩张而成。四大汗国各有各的势力,名义上都臣服于蒙古大汗,属于蒙元世界帝国中的一部分,但实际上私下斗争激烈,屡屡兵戎相见。

在窝阔台继任大汗的时候,成吉思汗诸子之间尚能相安无事。可是到了窝阔台死后,本应召开选举大汗的忽里勒台大会,却因为乃马真皇后弄权,使得大汗之位空悬数年,后落入其子贵由之手。贵由继位时虽然也召开了忽里勒台,但是术赤系宗王拔都等人因为与贵由有嫌隙,并未前来赴会,后来出现了贵由与拔都之间的战争。没过多久贵由就病死了,死因不明,一说被拔都派来的奸细毒死。贵由死后,拔都主持再次选汗,扶持拖雷之子蒙哥即位,而窝阔台、察合台两系宗王主张应当由窝阔台之子失烈门出任大汗,最后术赤、拖雷两系的力量占了上风,蒙哥登上汗位,窝阔台、察合台两系宗王以忽里勒台应当在成吉思汗的大帐中举行为由,不承认蒙哥汗位的合法性,埋下了后来诸多纷争的种子。

蒙哥上台标志着汗位从窝阔台系转入拖雷系。故此蒙哥发动了政治上的大清洗,原来支持贵由汗,并由贵由汗擢升的一批官员都遭到整肃,又借助拔都的力量,以武力胁迫不附于己的诸王贵戚。同时,蒙哥以忽必烈管理汉地,攻下大理,准备吞并南宋;又以旭烈兀专征西域,希望扩张领土,巩固自己的大汗之位。此后的历史发展想必是众多读者都了解的。蒙哥越来越对忽必烈在汉地施行怀柔政策,任用汉人文士感到不满,听信了一些利益受损的蒙古贵族的谗言,命左丞相阿兰答儿和刘太平在汉地"钩考",于是以让忽必烈养病为由,解除了忽必烈的兵权。蒙哥以塔察儿领左翼,自右翼领兵马南下,以最小的弟弟阿里不哥留守和林,总镇后方,希望一举攻破南宋,却终于一去不返。

就在1258年的初夏四月,蒙哥驻军六盘山,开始为南下攻宋做准备。七月,分兵三路攻打四川,一路势如破竹,但在合州钓鱼城遭遇宋军的殊死抵抗。此时左翼的塔察儿在湖北地区作战,攻打樊城不克,无法配合蒙哥在四川的进攻。蒙哥一怒之下,命使者召忽必烈领左翼人马出动。1259年,蒙哥亲临合州战场,亲自指挥部队作战,连续攻城五月之久,南宋军民丝毫不肯退却,奋勇死守,蒙军死伤甚重。蒙哥在攻城不利之际,水土不服,身染重病,终于一病不起,当年七月死于钓鱼城下。

蒙哥病死之后,蒙军群龙无首,只得撤围北还。忽必烈收到其妻察必传来的情报,知道幼弟阿里不哥已经派出亲信大臣在漠南、漠北征兵,准备夺取汗位,于是赶忙与南宋右丞相贾似道议和,于1260年匆匆返回燕京。此时阿里不哥派出使者,一再向忽必烈表示,希望忽必烈返回漠北和林,共同召开选汗的忽里勒台。忽必烈也很清楚,自己常年坐镇开平,势力范围就在汉地,如果贸然前往和林,肯定会被阿里不哥控制起来,难有翻身之机。于是忽必烈放低姿态,与阿里不哥的使者虚与委蛇,假意与阿里不哥谈判,同时在燕京布置一切。这期间,忽必烈争取到了一部分身在汉地的东道诸王支持,并且参照汉蒙制度,建立起了行政、军事的基本框架。准备工作充分之后,忽必烈于1260年四月在开平自行召开忽里勒台,由宗王塔察儿等帮助他完成了"选汗"的演出,从而登上汗位。阿里不哥满以为忽必烈就算怀有异心,也不敢违背成吉思汗以来的传统习惯,在汉地登基。结果忽必烈这一手完全出乎他的意料之外,只好也自行在漠北召开忽里勒台,在西道诸王的支持下宣布登基。我们前面已经提到,本来围绕汗位之争,术赤家族与拖雷家族携手打压了察合台与窝阔台两系的力量。结果在忽必烈与阿里不哥的纷争之下,各个家族都看到其中有利可图,出于不同的利益需要,每个家族中都有支持阿里不哥的一方,又有支持忽必烈的一方。于是,成吉思汗的黄金家族内部纷争进一步扩大。

从当时的情形来看,虽然忽必烈得到东道诸王的支持,但是西道诸王手中的实力要远胜于东道诸王。毫无疑问,忽必烈在战争开始时是处于下风的。但是忽必烈在权谋上要更胜阿里不哥一筹。他深知宗王们之所以会有推戴自己与阿里不哥的不同,背后是各种错综复杂的权力与利益关系。只要能够从"利"之一字入手,想要分化阿里不哥的阵营,并不是特别困难的事情。于是忽必烈派出己方的察合台系宗王阿必失哈前往察合台汗国,希望争取察合台汗国的支持。阿里不哥也注意到忽必烈的异动,提前派出军队将阿必失哈截住,并将其送往漠北处死,察合台汗国的大权落入阿里不哥派的察合台系宗王阿鲁忽之手。然而忽必烈正在担心西北局势发展逐渐对己方不利之时,他的弟弟,蒙哥汗派往西方攻打波斯地区的旭烈兀归来,与阿里不哥产生矛盾,主动向忽必烈示好。于是忽必烈与旭烈兀缔结了政治联盟,后来在平定阿里不哥之乱以后,旭烈兀在波斯地区建立了伊利汗国。另一方面,控制了察合台汗国的阿鲁忽也与阿里不哥出现了矛盾。就在阿里不哥与忽必烈之间爆发了和林之战以后,阿里不哥兵败和林,退往谦州,要求阿鲁忽为他提供军需物资和兵员战力。阿鲁忽并不愿意对阿里不哥就此俯首听命,侵吞了为阿里不哥筹集的物资,与阿里不哥交恶,并主动向忽必烈示好,希望以不再支持阿里不哥而倒向忽必烈,来换取察合台汗国在此地的统治权。忽必烈当然欣然同意。

忽必烈取得了旭烈兀的支持,并将察合台汗国从阿里不哥阵营中分化出来,是外交上的重大成功。此时金帐汗国与窝阔台汗国都在背后支持阿里不哥,其中金帐汗国虽然没有明确表态,在表面上仍然保持中立,似乎是在充当双方斡旋人的角色,实际上在今天出土的金帐汗国的银币铭文中,仍将阿里不哥称为大汗。此后,由于四大汗国之间产生矛盾,互相攻击,无暇参与忽必烈与阿里不哥之争,终于使阿里不

·欧·亚·历·史·文·化·文·库·

哥在孤立无援的情况下被忽必烈击败,只得宣布投降。

　　阿里不哥投降之后,忽必烈并没有马上将他处死,而是将他幽禁起来,并准备召开忽里勒台大会,借处理阿里不哥的由头,来要求四大汗国来承认自己的地位。可是此时四大汗国内部正展开激烈的战斗,就连与忽必烈关系最为紧密的旭烈兀都无法抽身前来。此事只得不了了之。阿里不哥在投降之后两年,突然暴病身亡,到底是忽必烈下手害他,还是自然死亡,我们都不得而知。但是我们大概可以知道,忽必烈对于阿里不哥一系并未赶尽杀绝。虽然史籍中对于阿里不哥后裔的去向语焉不详,但是我们大概可以猜测,阿里不哥的后裔可能托庇于西道诸王,或是原先支持阿里不哥的如金帐汗国、察合台汗国之下。在元朝统治的数十年间,我们没有看到阿里不哥系后裔有在元朝政坛活动的迹象。但到了北元脱古思帖木儿上台之后,昔日的蒙元帝国已经名存实亡,这时候作为阿里不哥系后裔的也速迭儿却突然冒了出来。根据明人编写的《华夷译语》一书中当时北元知枢密院事捏怯来的报告,他说大王也速迭儿是阿里不哥的子孙,就是他连同斡亦剌惕作乱,杀害了脱古思帖木儿。故此我们在前面多次强调也速迭儿的出身,就是因为天道循环,忽必烈打败了阿里不哥夺取了汗位,现在则是阿里不哥的后人把忽必烈一系的子孙杀光,又将汗位夺回,不能不让人感叹历史背后似乎总有一只看不到的手,在拨弄着人们命运的细弦。

　　作为明朝官方编修的史书,《明实录》中并没有提及有关也速迭儿的身世背景,只是说捕鱼儿海大败之后,脱古思帖木儿与余部逃出,准备返回和林,联络丞相咬住,徐图再举。就在脱古思帖木儿一行行至土剌河时,受到也速迭儿的袭击。本来在捕鱼儿海之战后的败军就经不起惊扰,遇到突然袭击,不知到底发生了什么事,很快就四散奔逃。脱古思帖木儿慌不择路,跑出战场之后,身边只剩下 16 个人了。此时本来驻守和林的丞相咬住、太尉马儿哈咱听到捕鱼儿海的败信,担心大汗出事,赶忙率领三千兵马前来迎接,两批人就在土剌河附近碰了头。简单商量一下之后,大家认为大将阔阔帖木儿手下兵马较多,他的防区距离捕鱼儿海较远,此时应当没有受到攻击,便准备前往阔阔帖木儿处。也是脱古思帖木儿命中注定,正在计议已定,准备出发的时候,突然天降暴雪。草原上一旦下起暴雪,对于行旅来说,不啻为一场灾难,不仅道路变得难以辨认,而且随行马匹牲畜也有冻毙的危险。于是脱古思帖木儿只得决定先临时安下营帐,等暴雪过后再走。就这样待在原地,白白错过了两天的时间。于是也速迭儿的叛军发现了脱古思帖木儿的行踪,派大王火儿忽塔孙、王府官李罗率兵偷袭,终于生擒脱古思帖木儿。也速迭儿亲手用弓弦勒死了他。

脱古思帖木儿之死,不仅仅是宣告忽必烈一系子孙对于蒙元帝国统治的结束,同时也宣告了蒙元帝国作为一个政治体的完全解体。同情脱古思帖木儿的大臣如知枢密院事捏怯来,表示耻于对弑君登位的也速迭儿称臣,便主动向明朝请降。另外一些随风倒的大臣,如安达纳哈出,则接受了也速迭儿的敕封,做了也速迭儿的枢密院金院。我们知道,在顺帝以前,蒙元帝国虽然保持着表面上的统一,但对于蒙古诸王来说,他们都是一个个地区的领主,其中不乏力量强大,觊觎汗位之人,只不过担心自己成为众矢之的,不敢轻举妄动。到了昭宗登基,虽然退回和林,但毕竟他也是顺帝指定的继承人,再加上有扩廓帖木儿辅佐,朝廷俨然有中兴气象,依然能够保持中央政权的稳定。但脱古思帖木儿的威信比起乃父乃祖都大有不及,导致一直以来包藏祸心之辈能够一时俱起,也速迭儿更是干脆以非忽必烈系的宗王挺身而出,杀死了忽必烈家族的后裔,这使得原来大家默认的汗位继承的基本规则被打破,等于又回到了一切凭实力说话,通过武力来决定汗位归属的混乱状态。虽然具体材料付之阙如,但是我们可以结合《蒙古源流》《黄金史》《突厥世系》等书中关于这一时期汗位的传承看出一丝端倪。从明洪武二十一年,也就是公元 1388 年脱古思帖木儿被杀之后,一直到明建文帝四年,也就是公元 1402 年的 15 年间,蒙古汗位 6 次易手,而且汗位传承非常不稳定。学者通过考订,多数人根据罗卜桑丹津的《黄金史》认为,也速迭儿登位后称卓力克图汗,其子为恩克汗。这两个人的关系比较容易确认,下面就开始分歧较大了。比如恩克汗以下为额勒伯克汗,有学者认为此人仍为阿里不哥系,也有学者认为他是忽必

·欧·亚·历·史·文·化·文·库·

烈家族的后人,为先人复仇而登上汗位。额勒伯克汗之后则是坤帖木儿汗,《突厥世系》中提到这个人出自黄金家族的其他支裔,也就是说很可能不是拖雷家族的后人。坤帖木儿汗之后,则是在明代很有名的鬼力赤汗,一些学者认为他可能出自窝阔台系。从这种大汗世系不断变换的情况来看,我们不可能认为他们的登位还会是蒙古早期召开忽里勒台推选的结果,显然是黄金家族的后裔围绕汗位展开了殊死的内斗,恐怕没有哪一任大汗能够尽其天年。

明朝方面,朱元璋显然对蓝玉的捕鱼儿海大胜十分满意,在诏书中将他比作汉朝的卫青和唐朝的李靖。明军势力此时已经基本控制了漠南的大部分地区,此后不必再开展大规模的军事行动,应当转而着手吸纳蒙古降人和巩固北边防御。朱元璋开始撤回原先主持北征的功臣宿将,将北部边镇的兵权转移给晋王朱棡和燕王朱棣,这就为后来的靖难之役埋下了伏笔,我们下面还会说到,这里暂且不提。单说蓝玉得胜,大军从塞外返回,须经过长城沿线的关隘喜峰口。喜峰口古称卢龙,是从河北平原出塞的一条重要道路,一直是兵家必争之地,从来都是北边防御的重点,故此守备盘查也十分紧密。蓝玉大军行至喜峰口关城之下的时候,正是深夜,负责关城城门开闭的小吏并未得到蓝玉归来的消息,因此并未把城门开放。蓝玉要求关城开放,让大军南归,但负责官吏则认为时值深夜,无法分辨,请他们在关外宿营一夜,白天再行入关。按说这样处理的确是比较合理的,而且蓝玉也明知擅闯关津是条大罪,但他却自恃北征有功,不把这些关津小吏放在眼里,指挥部队直接打破关门,长驱直入。此事迅速由边境官员报告给朱元璋,朱元璋知道之后,心中很不高兴,但他深知如果就此事惩罚蓝玉,会对北征归来的士兵不利,弄不好会使得人心浮动。朱元璋于权谋之道何等老到,他对此事丝毫不动声色,反而派人调查蓝玉在捕鱼儿海一役之后,处理北元俘虏的情况。果然获悉蓝玉在战利品中侵吞了不少珍宝钱财,关键是还曾逼奸脱古思帖木儿的妃子,最后造成这名妃子上吊自杀的情报。朱元璋就在此事上做起文章,本来蓝玉论功当封为梁国公,结果因此改封凉国公,以示惩戒。梁、凉音同而字不同,一字之差,却有天壤之别。梁国是指今天河南地区,属于中原富庶之地,以此为食邑,自然地位与众不同。可是凉国却在今天甘肃西北部,位于边境,出产甚少,食邑在此,与梁国有不小的差距。蓝玉自然明白这其中的意思,但是大概出于武人的性格,他非但不知收敛,而且还一如既往地我行我素,终于种下了祸根。

朱元璋对于蓝玉等一众随自己打天下的功臣宿将,一直心存疑惧。我们知道,朱元璋在洪武十三年(1380)发动了胡惟庸案,认为左丞相胡惟庸谋逆,将其诛九族,并且大范围清查所谓"胡党",凡是与"胡党"有牵连者,均被处决,据说前后杀了有3万多人,朱元璋本人确认处死的人数大概有15000人之众。胡惟庸案之后,朱元璋当即改组了文官系统,取消了中书省及左右丞相制度,六部尚书直接对皇帝负责。这次大案对明朝上上下下影响非常大,就连早已告老的前中书省丞相李善长都被卷入。李善长本来是朱元璋功臣集团中的元老人物,与朱元璋也是儿女亲家,又有朱元璋所颁的丹书铁券可以免罪免死,结果也没能得到善终。这其中主要是因为朱元璋认为自己的继承人,也就是太子朱标,性格比较柔弱,朝中功臣大多是当年自己在淮西起兵时的旧友,自己百年之后,恐怕太子不能压服众人,一定要趁自己在位之时,把这一干老臣除掉,为今后太子登位去除隐患。

胡惟庸一案,朱元璋主要针对的是文官集团,因为此时云南未平,北元尚在,还要依靠这些武将征伐四方,不能轻易对他们出手。故此胡惟庸案发之时,蓝玉正在积极准备作为傅友德的副手出征云南,又自恃自己是常遇春的内弟,与朱元璋关系亲密,对胡惟庸案后政治上的一片肃杀气氛没有感觉。不仅如此,蓝玉为人一贯跋扈骄横,平时蓄养了很多门客奴仆,这些人都仰仗着蓝玉的威名在外面横行霸道。就在胡惟庸案发生之后,蓝玉的一群门客打着蓝玉的旗号在东昌(今山东省聊城市一带)地方侵占了民田,御史前往东昌了解情况,查验此事,蓝玉大怒,竟将御史赶走。御史作为纠察弹奏之官,属于天子的耳目,蓝玉此举无异于不将朱元璋放在眼里。此次得胜归来,本来朱元璋高兴之余,心中难免生出功高震主之忌,结果蓝玉偏偏又惹出硬闯喜峰口的事情来。朱元璋难免认为,自己活着的时候这些武将尚敢如此,等到自己死后,这些人不造反才怪,于是剪除功臣之心愈切,但是不可操之过急。于是朱元璋又对蓝玉做出了进一步试探。洪武二十五年(1392),太子朱标病死,围绕继承人问题,朱元璋颇费了一番心思,终于决定立朱标之子朱允炆为皇太孙。此时蓝玉刚刚平定蒙古降人月鲁帖木儿之乱,由于他征伐有功,正逢皇太孙新立,一般来说应当授予一个荣誉官衔,通常是授予东宫的师保之官。次年,朱元璋对朝中威望最高的三大将领蓝玉、傅友德、冯胜三人授予荣衔,他给了蓝玉一个太子太傅,却给了傅友德、冯胜两人太子太师。东宫官的品秩之中,太子太师为最高,以下依次为太子太傅、太子太保,然后是少师、少傅、少保。这些都是荣誉性质的名衔,没有实际的职事,但是蓝玉却把这个看得很重,觉得自己受到了不公平的待遇。说起来傅友德、冯胜两人资历都要比蓝玉更深,在洪武二十一年捕鱼儿海一役之前的历次大规模作战,蓝玉一直是充当这两个人的副手指挥作战,比他们在加衔上低了一等,并没什么奇怪之处。但蓝玉却不这么认为,他觉得这次封赏是因为自己平叛有功,傅友德、冯胜甚至都没有参战,怎么反而能位居自己之上呢!虽然勉强接受了太子太傅之衔,却总是跟别人念叨说:"难道就不能也给我一个太师当当?"这话当然会传到朱元璋的耳朵里。再加上蓝玉不满足于只是做一个军事指挥官,还要在他本不应当涉入过深的军政领域指手画脚。比如他强烈要求在四川边区设置卫所,征发当地农民当兵。朱元璋本来心目中的假想敌一直是蒙古人,防御重心也一直放在北方,对于在四川地区增置卫所完全没有兴趣,当然驳回了蓝玉所请。蓝玉自然也为此很不满意,口出怨言。

就在蓝玉获赠太子太傅之后一年,也就是洪武二十六年,朱元璋突然发动了蓝玉案。朱元璋之所以选在这个时间点发动蓝玉案,显然是因为蓝玉对于朱元璋的种种不满已经积累到一定程度,足以为他定罪,另外军权也已经逐步移交到了自己的几个儿子之手。故此朱元璋对于发动蓝玉案已经再无顾虑。关于这次案件的起因,则是朱元璋的秘密情报机构锦衣卫的一个指挥使蒋瓛密报,蓝玉有策划兵变的迹象。朱元璋立刻命专人调查,并在蓝玉府中的库房内发现了近万把倭刀。当时"通倭"与"通蒙"是相同的罪行,蓝玉征伐蒙古有功,当然不可能被冠上"通蒙"的罪名,故此就给他安了"通倭"之罪。在审理蓝玉一案的过程中,前面我们提到的许多蓝玉不法事迹也都被揪了出来,这时候蓝玉才恍然大悟,知道朱元璋早已有了杀他之心。

在历史中也有一种说法,认为蓝玉介入到了围绕皇位继承的内斗之中。有史料称蓝玉与朱标关系甚好,他从捕鱼儿海一役归来时,曾对朱标说道:"我看燕王朱棣此人野心甚大,在封地之上,举动与天子无异。另有精通相术之人说,燕国有天子之气,希望太子殿下早做防范。"朱标此人性格宽厚,友爱兄弟,当时并不以为意。但是这个话却传到了燕王朱棣耳朵里,故此深恨蓝玉,于是向朱元璋进言,表示蓝玉专横跋扈,日后定会对国家安定产生威胁。于是朱元璋决定发动蓝玉案。

这种说法恐怕站不住脚。蓝玉与朱棣之间确实存在一些问题。因为朱元璋将蓝玉从军事工作的第一线撤下,改将兵权配属给自己的几个儿子,以蓝玉的为人,一定会对朱棣等人颇多微词,没有什么稀奇之处。关键在于朱元璋本人。他生性多疑,又喜欢玩弄权术,一旦认定这些功臣宿将可能会威胁到他子孙的皇位,当然要寻找机会将其铲除。故此发动胡蓝两案,背后的策划人只能是朱元璋。

明知自己必死无疑,蓝玉也不再多做无用挣扎,对给他安上去的种种罪名全都一口承认下来。但是,蓝玉并不甘心自己一个人送死,他想起了当年胡惟庸案的情况。胡案爆发在洪武十三年(1380),但持续到蓝玉案爆发的洪武二十六年,胡案还没有真正了结。由于胡案的罪名是"通蒙",故此就在他取得捕鱼儿海大胜之后,后来清点北元留下来的官方文件时,清点人报告称,还在这些文件当中发现有胡惟庸与北元皇帝暗通消息的信函。这些显然都是捏造,但朱元璋却不断借此大做文章。蓝玉这时也明白朱元璋的用意是什么了,索性给朱元璋送上一份大礼,供出自己的同犯多人,其中还包括参与审理胡惟庸案,害死李善长的吏部尚书詹徽。于是在洪武二十六年,也就是公元1393年

·欧·亚·历·史·文·化·文·库·

的春天,涉及蓝玉一案的人纷纷被朱元璋处以极刑,蓝玉在三月二十二日被处死,死后剥下完整人皮,用草填充之后,送往各地示众。这一次处决的人数可能有 2 万人以上。

正如胡惟庸案的旷日持久,蓝玉案也持续了数年,把很多无关人员卷入。其中最为可怜的就是傅友德与冯胜两名将领。作为蓝玉之后,军中硕果仅存的两位老将,他们当然逃不出朱元璋的手心。只不过这两个人都是行事谨慎低调之辈,自明朝建国之后,两人在多次政治风浪中都能顺利过关。这一次,起初两人本来都已过关,蓝玉三月下旬被杀,两人四月即被调离京师,前往北平助燕王训练军队,离开了是非之地。但不杀他二人,朱元璋终究不能放心,终于在洪武二十七年底处死傅友德一家,又在洪武二十八年处死冯胜一家,两人先后被杀,时间仅隔两月而已。其中冯胜被杀的理由最为可笑。据说只是发现冯胜在自家打谷场中埋了几个瓦瓮,他的亲戚跑去密告,说冯胜私藏武器,故此也当作蓝玉一党而遭灭门之祸。作为最后一个被杀的老将,冯胜深谙朱元璋的为人,在其军事行动中不断采取自污以保身的做法,大错不犯,小错不断,让外人以为他就是个唯利是图的贪鄙之辈,以求保全自身,最终仍然没能逃过此劫。

朱元璋终于顺遂心意,把跟随自己打天下的全部功臣宿将都一个接一个地处决掉了,以为皇太孙朱允炆的天下就算坐稳当了。可是他想不到的是,就是他委以北边军事重任的四子燕王朱棣,在他过世之后起兵发动了"靖难之役",以北边精兵夺取了皇帝之位,而他的孙子朱允炆却再无习兵之将以迎战了。简而言之,洪武二十五年以后的明朝与蒙古,各自陷入了残酷的内部斗争之中,边境上硝烟暂息,预示着明蒙关系一个新阶段的到来。

4 永乐年间的明蒙和战

4.1 "靖难之役"与明蒙关系的改变

经历朱元璋洪武一朝31年的苦心经营,朱元璋不仅完成了统一中原的任务,而且在几次北征之际,将偌大的蒙元帝国彻底崩溃瓦解掉,真称得起不世奇功。然而就在蒙古陷入混战,黄金家族的子孙们开始不断自相残杀之际,明朝一方也出现了争夺皇位的内部斗争。燕王朱棣与朱元璋的孙子朱允炆叔侄阋墙,出现了后来的"靖难之役"。由于靖难之役的内战造成了明朝国力的削弱,使得朱棣不可能再维持朱元璋时期对蒙古大举挞伐的高压政策,于是明蒙关系开始发生转变。再加上原本与明朝有覆国之仇的蒙古人,在靖难之役中却成了朱棣一方的助力,使得明蒙关系开始出现了一丝缓和的迹象。这段历史的演变比较复杂,我们必须先从靖难之役的由来说起。

朱元璋正式建号洪武,登上帝位之后,马上就将自己的长子朱标立为太子。作为大明政权的正统继承人,朱元璋为他延聘各方名儒,引入宋濂等人作为他的老师。尽管朱元璋此后又有了许多子嗣,但是朱标作为太子的地位从未有过丝毫动摇。可惜的是,朱标没有当皇帝的命,他在洪武二十五年(1392)夏天病死。此前的洪武二十四年,朱元璋命他前往西安,考察西安是否适合作为大明王朝的都城,准备从南京迁都西安,同时顺便也去调查一下朱标之弟,朱元璋的第二子秦王朱樉。秦王朱樉的封地在西安,并且传出了关于他在当地的一些不法事件,目前人已经被解往南京。朱标一贯对于兄弟手足之情颇为看重,人也很敦厚,到了西安之后,一力为弟弟说好话,朱元璋也就放过了朱樉。但是等到朱标回来,却是舟车劳顿,竟然一病不起,转年夏天就病

·欧·亚·历·史·文·化·文·库·

死了,死时年仅 37 岁。这一下可让朱元璋发了愁,他好不容易把朱标作为接班人培养了这么多年,没想到他却走在了自己前头。朱元璋深知朱标性情温顺,故此为了能让他顺利登位,专门发动了胡惟庸案,准备将旧日功臣诛戮一空,以后以朱标坐镇中央,包括四子燕王朱棣在内的诸弟坐镇地方,形成朱氏家天下的铁桶江山。现在朱标一死,他的全部如意算盘都落了空,究竟由谁来接替朱标作为继承人,让朱元璋颇为踌躇。

根据史料记载,朱标病死在洪武二十五年四月二十五日,朱元璋直至当年九月十二日才宣布由朱允炆为皇太孙。朱元璋做出这个决定,花了将近 5 个月时间,这段时间之内,朱元璋一定考虑过多种方案,做了各方面的取舍比较。今本《明太祖实录》中记载了朱元璋与翰林学士刘三吾的一段对话。朱元璋表示自己年纪老迈,太子又不幸早逝,古语有云,国有长君,社稷之福,四子燕王朱棣贤明仁厚,现在打算将他立为太子,不知群臣以为如何?刘三吾上前道,陛下此言固然不错,但若立燕王为太子,年长于燕王的秦王朱樉、晋王朱棡却怎么说呢?朱元璋无言以对,大哭而退。

这段记载很可能经过了永乐一朝的史官修改,不见得是当日原貌。这样改动的目的在于,说明朱元璋早有意于朱棣来接替自己,只是因为儒臣的干扰才无奈之下选择了朱允炆,明显是为了朱棣篡位寻找借口。但是从这一记载之中,我们大致能够推测,朱元璋当初肯定考虑过究竟是以子辈中人还是以孙辈中人来作为后继者的问题,最终还是认为若以子辈中人继位,难以找出一个既能服众,又有能力的人选,最后宁可选择只有不到 15 岁的朱允炆。朱元璋在朱允炆成为皇太孙之后的第二年发动了蓝玉案,在数年之内将明朝军事系统中的重臣宿将清洗一空,留下来辅佐朱允炆的则是齐泰、黄子澄、方孝孺等新进之人。从后来的历史发展来看,朱元璋将希望寄托在这些人身上是非常不明智的决定,年幼的朱允炆面对一群对皇位虎视眈眈的叔叔们,不断做出错误的判断,才惹出了日后的大祸。

建文帝上台时年方 21 岁。充满锐气的小皇帝委任方孝孺等人进行政治改革,对朱元璋时代所确立的基本制度进行了重新设置。方孝孺是一个对儒家经典充满了古典式理想的读书人,他的改革基本按照《周礼》进行,故此在对待皇帝的众多皇叔方面,方孝孺等人提出应当逐步限制这些藩王的权力,形成强干弱枝之势,才能保证天子的权威。于是齐泰、黄子澄两人开始主持削藩事宜。黄子澄在给建文帝的上奏中提到汉代七国之乱的史事,这让尚未走向成熟的建文帝开始担心,决定先行动手,防患于未然。当初太祖诸子之中,秦王朱樉、晋王朱㭎均已故去,眼下就是燕王朱棣最为年长,按说应当先拿朱棣开刀才是。但建文帝对这位皇叔可不敢莽撞从事,燕王毕竟手中握有北边的卫戍部队,曾经亲身参与过对北元的作战,实力不可轻侮。于是建文帝采纳了齐泰、黄子澄的建议,先对朱棣采取敲山震虎的手段,从他的同母弟周王朱橚动手。周王朱橚是太祖朱元璋的第五子,封地在河南开封。洪武三十一年七月,就在朱元璋死后一月之后,周王朱橚的次子汝南王朱有爋告发其父与其兄朱有燉有谋反嫌疑。建文帝派遣李文忠之

子李景隆率大军包围了周王的王府,将朱橚逮捕,后来将他流放到云南,于是取消周王的尊号和封邑。由于告发人周王次子朱有爋当时仅有10岁,所以这里面显然是有人罗织周纳所致。建文帝等人本来意在以此案试探燕王朱棣的反应,其实只是自作聪明而已,这样的举动无异于打草惊蛇。朱棣听说朱橚出了事,只是上了一个奏章,为周王朱橚求情,希望建文帝能够看在叔侄情分上从轻发

建文帝像

落,此外再无其他动作,不给建文帝一方留下任何把柄。建文帝也拿朱棣没有办法,总不能平白无故地派出一支部队去抓捕朱棣,只好继续执行削藩政策。这次齐泰等人变换了手法,改成撤销燕王朱棣封地附近的藩国。就在周王削藩之后4个月,代王朱桂、齐王朱榑相继为人所告,两藩先后被削除。朱棣仍然继续按兵不动,没有任何反应。建文一

方越发沉不住气,发现竟然摸不清楚朱棣的底细,又不敢公然跟朱棣破脸,没奈何之下,只好一边暗地调动兵力,进行战争准备,一边又将削藩的锋芒转向南边的湘王、岷王两个藩国,试图迷惑朱棣,转移他的注意力。

在实战部队的调动方面,建文帝早就派出魏国公徐辉祖前往山东练兵。这徐辉祖是明朝初年大将徐达之子,原名徐允恭,因为"允"字犯了建文帝朱允炆的名讳,故此由皇帝赐名辉祖,有光耀祖宗门庭之意。早在当初明朝与北元在北边作战时,徐辉祖就作为中层将领,参与过其中的一些战役,也有一定的军事经验。在建文帝即位之后,徐辉祖领中军都督府,加太子太傅,是建文帝比较信任的将领。他同时也与燕王朱棣是儿女亲家,他女儿嫁给了朱棣的儿子朱高煦。故此建文帝安排他去山东练兵,为的是不要引起朱棣的疑惧之心。同时,命参将宋忠屯兵北平,都督徐凯练兵于山东临清,都督耿璇练兵于山海关,对燕王形成了包围态势。另一方面,朱棣之所以一直隐忍不发,很大程度上是因为他的世子,也就是他的长子,后来的明宣宗朱高炽与另外两个儿子朱高煦、朱高燧都被建文帝扣押在南京。建文帝本该把这三个人牢牢控制在南京,好让朱棣有所顾忌。结果黄子澄出了个馊主意,认为假如朱棣一方先开启战端,那么过错就在朱棣一方,所以不如先把朱棣的几个儿子放还回去。所谓先发制人,后发制于人,既然双方的政治斗争已经发展到了你死我活的状况,还要考虑这些所谓的"大义",根本就是迂腐之极的事情。然而建文帝却偏偏认为黄子澄的意见有理,就连朱高煦的岳父魏国公徐辉祖闻听此事都大吃了一惊。朱高炽等人闻听建文帝将三兄弟放还,哪里还敢多做停留,立即迅速离开。朱高煦专门跑到徐辉祖家里,利用自己与徐辉祖的关系,好说歹说从徐辉祖家的马厩里面拉走了几匹上好的快马。三人骑上快马之后,日夜兼程,离开南京,向北而去。建文帝将他们三人放走之后,忽然又明白过来,再遣人去追,哪里还能追得上。燕王朱棣看到儿子们安全归来,心中大喜,对于举兵一事,更加没有了顾忌。

建文元年七月,建文帝与朱棣之间的关系可以说已经达到了剑拔弩张,稍微擦出一点火星就要爆炸的地步。建文帝密令北平都指挥使张信率领死士前往燕王府,直接控制住朱棣,将他解往京师,同时令张信的同僚谢贵带领兵马将燕王属下官员逮捕,希望一举将朱棣降服。谁知张信接到建文密令之后,心中惴惴不安,就与自己的母亲商量此事。张母闻听,立即劝说他放弃抓捕燕王的计划,赶紧向燕王投诚,表示"我历来听说北平此地有皇者气象,燕王命格有天子之位,你千万不可轻举妄动,到时候祸及家人,可不是闹着玩的"。张信闻听母亲此言,更不敢从命,只好一边推说时机尚不成熟,按兵不动,一边不断寻找机会,求见朱棣。朱棣对张信始终不敢相信,几次三番都拒而不见。张信又苦于事关重大,不敢让人传话,只好再三登门,终于被获准觐见。张信当时拜服于朱棣脚下,将建文一方的安排向朱棣做了禀报。朱棣还不敢完全相信张信的诚意,装作中风,歪嘴斜眼,口中只是发出"啊""啊"之声。张信急得大叫,"殿下千万不要如此。现在微臣奉命来拘捕殿下,殿下如果不相信微臣所说,可以命令手下立刻将微臣关押,但是绝不可以这样侮辱微臣!"朱棣一听,这才相信张信是真心实意前来投诚,立刻将他搀扶起来,拜谢道:"让我一家老小能够活下去的,全仗将军一人啊!"便请谋士姚广孝前来商议起兵之事。

这位姚广孝说起来可是元末明初的大名人。他本来是江南世家子弟,精通书画,后来 14 岁出家为僧,法号道衍。此人读书甚多,性喜结交江南名士,与宋濂、刘基等人均为好友。又从灵应宫道人席应真研习《易经》,通晓阴阳术数,又有个道家名号叫作逃虚子,堪称身兼儒、释、道三家之长。后来年纪日长,元末时游历四方,一日至嵩山脚下,遇到一个相面的先生名叫袁珙的,看到姚广孝之后,立刻说道:"这个僧人面貌不同寻常。双眼作三角之状,如同病虎一般,一定是个奇人,日后定是国朝初年的刘秉忠之流。"刘秉忠是元初忽必烈的军师,拜在海云和尚门下,法号子聪,后来元朝初年的国家制度以及上都、大都二城,都是刘秉忠主持修建,一时传为神人。袁珙将姚广孝比作刘秉忠,让姚广孝非常高兴。从此姚广孝便立志以刘秉忠为榜样,希望成就一番事业。后来元末风云变幻,朱元璋最终建立大明,姚广孝此时已经是名震一方的高僧了。洪武十五年(1382),太祖朱元璋的原配发妻马皇后病逝,朱元璋下令全国甄选高僧辅佐诸王,为马皇后诵经祈福。这位道衍大师就趁此机会结识当时的四王子燕王朱棣,成为朱棣的左右手。朱棣被封在北平之后,姚广孝就住持大庆寿寺。朱棣一旦遇到棘手的问题,都会有请教他的意见。此次情势急迫,朱棣赶忙将姚广孝招来,与他共商对策。

姚广孝对建文帝与燕王之间的叔侄不睦,早已心中有数,待朱棣将眼下的情况说完之后,他只是稍加思索,就对朱棣表示,事已至此,若想保住身家性命,只有起兵一途了。朱棣并非没想过起兵之事,但是建文帝毕竟是朱元璋钦点的继承人,可以说是人心所归,全国军队在名义上都要听从建文帝的调遣。朱棣能调动的军队,只有在自己封国之内的亲卫部队,再加上划归自己统辖的北边边塞的驻屯军,从绝对数量上来看,远远处于下风。姚广孝却认为,建文帝的部队大多是临时凑集而来,不如燕王部队经历过多场大战,悍勇无比;且建文帝一方没有优秀将领领兵,朱棣则多次参与对蒙作战,军事经验丰富。关于兵力问题,姚广孝指出,河北地区民风彪悍,只要进行征兵,凑齐30万人马不在话下。最后,姚广孝概括道:"微臣已经知晓天道在殿下一方,又何必担心民心呢?更何况殿下所针对者,只是齐泰、黄子澄等天子身边的佞臣,并非弑君。"然后又举荐当初给自己看相的那个相面先生袁珙给朱棣。袁珙一来,朱棣找出一伙与自己相貌相似的校尉跟自己站在一起,袁珙不理众人,冲着朱棣就拜倒在地。朱棣连忙用手搀起,吩咐众校尉退出。袁珙伏在地上说道:"大王有太平天子之相。微臣游历北平城中,见到城中诸将皆有将相之相,今日一见大王,方知天命所归。请大王龙飞九五之后,万万不要把微臣给忘记了!"朱棣这才放下心来,决意起兵。

据说就在朱棣定计起兵之时,突然间风雨大作,将燕王府屋檐上的琉璃瓦卷了下来,摔个粉碎。在古人看来,这种现象显然属于不祥之兆,众人难免心中不安,亲信们都在窃窃议论,朱棣也很是担心。姚广孝一见,连忙拜倒在地,大声喊道:"所谓飞龙在天,风雨从龙而至。琉璃瓦被风雨卷下,正是改朝换代的革命之象。大王居处屋顶不日就将改换黄瓦(古代只有天子屋顶可以用黄色,故此又将天子宫殿称为'黄屋',此处即暗指朱棣将为天子之意),实在是大吉之兆!"众人大喜。

对于朱棣来说,起兵归起兵,现在北平城内,尚有建文帝委派来的北平布政使张昺、都指挥使谢贵等人,布置了周边7个卫所的人马,封锁了北平9个城门。这些士兵控制了北平的主要街道,隐然将燕王府包围在内。张信虽然主动向朱棣投诚,但是形势仍然对朱棣不利。幸好此时张昺手下有一亲信司吏李友直,实为燕王朱棣在张昺处安插的卧底,他为朱棣盗来了张昺的行动方案和军队布防的草稿,这才让朱棣得以做出有针对性的布置,避免了与张昺等人正面对抗,白白消耗兵力。为了速战速决,朱棣命护卫指挥张玉、朱能两人率领八百名死士在王府中埋伏起来,对外宣称朱棣中风刚刚痊愈,要求召见北平的有关官员。赵昺和谢贵等人摸不清楚状况,张信也没有前来回报,不知道他的行动成功了没有。两人商量了一下,认为燕王应当还不了解当前的情况,不妨先去燕王府看看形势再说。于是两人只带了少量随从,前往燕王府。朱棣将死士埋伏在回廊之下,让张昺等人的护卫等在门口,佯装着请张、谢二人入内赴宴。进门之后,朱棣扶着手杖,一副大病初愈的样子,两人一见,更觉得放心,还在疑惑张信为什么一直没有动手。这时众人就座,王府的下人给座上诸位送来瓜果。朱棣手中接过瓜果,突然面现怒色,指着张、谢二人怒骂道:"现在这个世道,就是兄弟宗族之间还能发生矛盾。我还算是天子的亲叔叔,都保不住自己命在旦夕之间!你们这些地方长官,就这个样子对待我,还有什么事情做不出来的!"将瓜在地上一摔。埋伏好的死士一拥而上,将张昺、谢贵制服。朱棣将手中的手杖一扔,对众人说道:"我哪里有什么病!都是这些坏东西们把我逼到这一步!"于是斩杀张昺、谢贵二人。燕王府长史葛诚、伴读余逢辰两人不知前因后果,还想居中调停,叩头为二人请命。朱棣担心夜长梦多,人心浮动,索性连葛、余二人一并处斩。消息传出,外间一片哗然,封锁道路的士兵只是奉命而已,对朝中的政治斗争并不了解,长官突然身死,众人也不知道该何去何从,于是一哄而散。张玉率领燕王府护卫从里面驱散驻防士兵,大声呼叫"不要担心,朝廷已经委任燕王节制一方,大家只要听从燕王的命令即可!"士兵们纷纷掷下兵器,停止战斗,燕王军终于彻底控制住了北平城。

控制住了北平局势之后,朱棣正式誓师,称建文帝为奸臣齐泰、黄子澄所蒙蔽,太祖朱元璋遗训,如果新天子即位,朝中任用奸臣,则亲王可以训兵待命,诛却奸贼。自己遵守祖训,发动起义军,以张玉、朱能、丘福为都指挥使佥事,负责军事行动,以李友直为北平布政使右参议,负责调集军饷,世子朱高炽留守北平,大军以剪除奸臣为目的,自称为"靖难之师",故此这场叔侄之争才被史学家称为"靖难之役"。

尽管朱棣顺利控制了北平,但从当时的形势来看,朱棣一方仍是人单势孤,岌岌可危。眼下还有很多现实问题需要解决。首先一点就是部队的规模问题。明朝的军队建制是"都督府—都指挥使司—卫—千户所—百户所"这样一套自上而下垂直管理的结构。从理论上来说,建文帝能征调的人马至少不下百万,朱棣的北平现在正处在被建文帝来自四面八方的军队包围的情况之下。故此朱棣并不忙挥师南下,而是先要清理和巩固北平周围。他领兵出通州,沿路北进,先收服蓟州、遵化、怀来、永平等地,击败了奉建文之命,环伺北平的宋忠等部,同时又击退了从大宁方向袭击自己后方的大宁总兵刘贞。此时建文帝已经意识到,自己对于这位叔叔的估计不足,前期布置显然失当,赶紧启用老将耿炳文,兴兵 36 万,前往北平戡乱。

老将耿炳文大概是逃过胡蓝党案,至此硕果仅存的唯一一名明朝开国将领。他的父亲耿君用原来是朱元璋的旧部,在与张士诚的作战中身亡,耿炳文替代其父统领人马,在与张士诚作战的过程中立下了不少功劳。后来明军的几次重要战役,包括跟随常遇春部出征大同,跟随徐达攻打李思齐、张思道,一直到后来与傅友德征云南,与蓝玉出征捕鱼儿海等等,耿炳文都参与其中,但是能力上远不及这些名将,故此虽然爵至长兴侯,却一直没有得到特别重视。当然也正是其表现平庸,使得朱元璋并未把他放在心上,才得以逃过数次政治风浪。此时建文帝看手下将领大多缺乏统率大部队作战的经验,于是想起了这位已经

65 岁赋闲在家的老人,只好请他出山,官拜征北大将军,希望凭借他的威望能够震慑朱棣,与其一争高下。

就在建文元年八月十二日,耿炳文主力部队 10 万人抵达河北真定,其中前锋部队以都督徐凯为首,大约有 9000 人,徐凯驻扎在河间,都督潘忠、都指挥杨松驻扎在鄚州(今河北省任丘市),兵锋直指雄县。十五日时逢中秋,燕王部队趁夜间渡过白沟河,拂晓前突袭雄县。当夜负责防务的都指挥使杨松只顾饮酒赏月,没有防备,先折一阵,当天燕王部队俘虏建文军先锋部队的马匹达到 8000 匹之多,杨松等人只得退却。十七日,潘忠的援军又被燕王军击败,潘忠、杨松被擒,鄚州兵将全部投降燕王一方。从这次先锋部队的交战,朱棣已经发现建文军的军纪散漫,士兵训练较差,应对突袭的能力明显不足,故此特意找来降将张保,让他装作刚刚从俘虏营中逃脱,向耿炳文报告燕王部队士气正锐,不可贸然交锋,应当避其锋芒,等大军慢慢汇集之后再行交战。耿炳文当时刚刚从真定前进,渡过滹沱河开往前线,听了张保的报告之后,反而产生了惧战心理,命令大军返回滹沱河南岸。建文军的士兵们本来训练素质就差,短时间内接到了两个完全相反的命令,难免惊慌失措。正在乱哄哄地渡河之际,燕王的部队突然从背后出现,据说这一次建文军的死亡人数有 3 万余人。耿炳文部被彻底压制在真定城内,虽然兵力占优,却尽失地利,丝毫动弹不得。

进入这一年的九月之后,耿炳文出师不利的战报传至南京。建文帝闻此消息,闷闷不乐。齐泰、黄子澄二人只得在旁解劝,表示胜败乃兵家常事,耿炳文已经年老昏聩,不能任事,必须派年富力强之辈接任才是。建文帝十分郁闷,便问谁可替代耿炳文前往平乱。齐、黄交口称赞曹国公李景隆深通兵法,有名将之才。于是建文帝听从二人建议,以曹国公李景隆接替耿炳文为征北大将军,率领后备部队,继续北征。

李景隆何许人也?此人是当年出征北元的大将李文忠的儿子。李文忠是朱元璋的外甥,故此李景隆算是建文帝的远房表兄。此人洪武十九年(1386)就以 18 岁的弱冠青年袭曹国公,后来掌管左军都督府,加太子太傅,深受建文帝的信任。由于出身名将之家,故此建文帝也多次安排他前往湖广等地训练兵马。李景隆本人也颇以将门之后自许，自以为兵法高妙，与众不同，平时与齐泰、黄子澄等人互相称引。此次耿炳文出师不利，齐、黄二人就想起了李景隆。李景隆也正苦于天下太平，没有自己一展所长的机会，如今正是建功立业的好时机，当下欣然赴任。然而这正是建文帝年轻缺乏军事经验的表现。正如齐泰、黄子澄所言，胜败乃兵家常事，耿炳文遇袭退却，并不是什么了不得的大事，毕竟明军主力尚存，又有大量的预备部队，只要派出李景隆支援，而不要褫夺耿炳文作为主帅的指挥权，至少还能跟朱棣周旋一下。而且耿炳文作为一名老将，一旦进入持久战或者消耗战，他的经验和韧性才更容易得到发挥。须知希望尽可能速战速决的反倒是朱棣一方，因为他们后方空虚，也没有支持长时间作战的粮饷，现在全靠一股锐气打仗。建文一方却急于求成，希望用优势兵力一下子把朱棣压垮，正给了对方以少胜多的机会。

再说耿炳文，他的 10 万人马被围困在真定城中，本来只需要严加防守，坐望援兵到来即可，谁知道等来的却是建文临阵换将的消息。现在他已经不再是全军主帅，只剩下一个长兴侯的爵位了。城中军兵为此事也士气低落，军无斗志。耿炳文见此情形，知道再守下去，还等不到援军到来，城中就要军心涣散，只好下令突围退走。等到李景隆到了前线，真定已经城破，只好在德州驻扎下来，收编安置耿炳文的残兵败将，号称统兵 50 万，向河间府前进。朱棣听说建文帝革去耿炳文，而派来了李景隆，不禁叫着李景隆的小名"九江"仰天长笑道："李九江不过是个纨绔子弟，根本不了解行兵打仗的事情，平时色厉内荏，怎么能够让他来办这种大事！把几十万军队的姓名托付到他的手里，不过是让当年纸上谈兵的赵括复见于今日罢了！兵法中有五种必败之势。首先是国家不修德政，上下不能齐心协力；其次是军队都从南方调动而来，不适应北方气候，给养物资不足；再就是不仔细勘察地形，为求速胜，身陷险地；主帅刚愎自用，却对士卒没有恩德，自己无智无勇；最后，部队都是乌合之众，其中不少是耿炳文率领的败军，即使是新开来的部队，被败军低落的士气感染，也全无刚赴战场时的锐气了，更关键的在于内部不团结,指挥系统混乱。这五种问题凡有其一者,就堪称必败,更何况李景隆把五种都占齐了呢!"

针对李景隆的情况,朱棣特别做了准备,并没有与李景隆做正面争斗,而是佯装率军救援被辽东方面军队攻击的永平(今河北省卢龙县),只留下少量部队驻守北平,并撤走了防守宛平和卢沟桥的守军。朱棣特别关照世子朱高炽,如果李景隆攻击北平,不可与之死斗,只要坚守城门即可。众将都劝阻朱棣,认为留下来防守的部队太少。朱棣却笑道:"留下太多部队,战则不足,守又有余。我前往永平,本意在于诱敌,何必多留士兵在此呢?"果然朱棣大军开至永平,辽东军不敢对抗,连忙退走,朱棣顺势攻取大宁。大宁都指挥使司在北平的东北方向,这里是朱元璋的第十六子宁王朱权的封地。我们前面曾经提到过,大宁都司早先为大宁卫,就是明军在北方进行军事行动的重要基地。洪武二十年(1387)九月朱元璋平定辽东,收降纳哈出之后,为了巩固对这一地区的军事管理而扩建成为大宁都指挥使司,统辖附近诸卫。在这一地区的卫所中,有不少士兵是蒙古降人,个体战斗力较一般汉地士兵为强。最为重要的是,这些蒙古降人对于自己作为被征服者的生活并不满意,他们不能够继续原来的牧民生活,却只能从事屯田等半强制的劳动。现在有机会跟随燕王一起给明朝政府捣捣乱,一旦能够成功,倒是个摆脱眼下无聊生活的途径,故此这些蒙古降人后来以较汉人更大的热情投入了朱棣的靖难部队。

朱棣以迅雷不及掩耳之势攻占大宁,既取得了这一地区的军事支配权,同时也解除了自己的后顾之忧,避免辽东军不断袭击自己的后方。最为重要的是,大宁地区在宁王朱权的经营之下,拥有大量的战略物资,比如军粮、军械等等。根据史料记载,就在朱元璋去世的洪武三十一年,大宁的军粮储备量达到了62万石之多,朱棣取得了大宁的物资,可谓收获颇丰。建文帝并非没有注意到大宁的重要性,此前齐泰就已经提出,希望建文帝将辽王朱植、宁王朱权两人迁入内地,辽王朱植顺从了建文帝的意思,主动交出兵权财权,前往新的封地荆州。朱权却不买建文帝的账,根本没搭理建文帝的使臣。于是建文帝一怒之下,命臣子削减了宁王府的亲卫数量。燕王朱棣得此消息之后大喜,认为建文帝此举算是给自己吞并大宁除去了一大障碍,早就秘密派人联络朱权。朱权也知道建文帝削藩,今后难免会动到自己头上,如果前面不是朱棣顶着,谁知道今后会怎么样,便跟朱棣串通一气。故此虽然大宁方面的驻军被派出攻击燕王的后方,但是燕王大军一至,在朱权的穿针引线之下,几乎是望风而降,使得朱棣的大宁攻略战显得不费吹灰之力。是以朱棣一到大宁,根本不让部队入城,只是自己单人独骑前往宁王处,与宁王朱权执手恸哭。朱权对于朱棣的到来也早有准备。次日,朱权率领王府上下人等,将阖府上下的财物收拾妥当,跟随朱棣大军返回北平,大宁的钱粮为之一空。朱棣更是通过大宁的渠道,招诱太宁、朵颜、福余,也就是后来有名的兀良哈三卫的蒙古人,将部下的蒙古兵将分为五军,解决了自己兵员不足的难题。

　　大宁一事了结之后,朱棣这才把矛头重新对准了还沉浸在胜利美梦之中的李景隆。李景隆已经接到朱棣率领主力部队往东北而去的消息,还以为他是怕了自己,心中十分得意。大军一路向北,竟然没有遇到任何抵抗,李景隆心中也颇为惊讶,又开始担心是朱棣的诱敌之计,不敢快速前进,却给了朱棣攻打大宁以充分的时间。直到李景隆兵至宛平卢沟桥,确认就连卢沟桥之上都没有守敌之后,李景隆才感到自己是被朱棣耍了,急忙派兵将北平九门统统围住,连番攻打。燕王世子朱高炽守兵本来不多,应付起来很是困难,但是李景隆并不打算很快将北平攻陷,他的计划是对北平做出一副强攻的样子,逼朱棣回师来救,一定要将朱棣在战场之上俘获,这才能显出自己是明军之中新一代军神的风范来。故此李景隆一见哪个将军奋力攻城,就立刻将这个将军从前线上撤下来。其中都督瞿能一部,几次都已经攻入了偏门,几乎就要破城而入,却被李景隆制止住,反而要求围城部队后撤十五里。时值初冬,天气已经颇为寒冷,朱高炽也忙命守城部队汲取井水,浇在城墙之上,形成一面冰墙,攻城部队的云梯搭不上城头,又命都指挥梁铭率领死士不时趁夜出城偷袭李景隆部队的营地。故此北平得以数日不破。

就在十一月四日这天,燕王朱棣率领主力部队从大宁返回,部队驻扎在通县以东 40 里。李景隆查知朱棣军的位置以后,退至白河,也就是京杭运河通州段的西岸,希望借朱棣军渡河的时候,给予迎头痛击。说起来李景隆这个构思很好,可惜的是,他毕竟缺少在北方作战的经验,不知道北方的冬天河水会在夜间结冰的常识。朱棣军利用河水结冰的时机,一丝不乱地渡过白河,李景隆毫无准备,方寸大乱,前锋部队的都督陈晖损伤万余人。十一月五日,双方在郑村坝展开一场激战。朱棣一方将领张玉、朱能等人率军奋力拼杀,与此相对,李景隆一方的部队多是从各地抽调来的,训练程度良莠不齐不说,指挥系统也不甚统一。刚一交战的时候还能凭着一股血气之勇与敌人厮杀,战况一胶着起来,这些部队的弱点就暴露了出来。他们各自为战,很难形成一条稳固的战线,所以本来兵力占优的李景隆一方却陷入了混战的窘境,使得他们的兵力优势没办法完全发挥出来。双方的混战状况持续了 3 天,李景隆已经意识到了问题所在,他不得不让自己的本部人马开上前线,希望能够接应各自为战的众将官,这样才能够重整战线。谁知道这正中了朱棣的算计。朱棣早就看透了李景隆的能力,在开战之前已经判断出来,由于李景隆没有指挥大军作战的经验,这场战役一定会陷入一场混战。在混战中,每个分属部队各自为战,一定会据守己方的防区,那么突然向前移动的大部队就一定是李景隆的中军所在。换言之,只要击溃李景隆的中军,所谓的 50 万大军也就不攻自破了。于是朱棣下令以兀良哈三卫的蒙古骑兵为首,直冲李景隆本部,其他各部队从左右两方面向李景隆部夹击过去。一时之间,李景隆部承受了分别来自前方和左右三个方向的压力,还没怎么样就被冲得溃不成军。李景隆本人也是头一次冲上前敌,看到战场上血肉横飞、伏尸累累的惨状,他这种自命不凡的公子哥怎么受得了这样的冲击,当时头脑中一片空白,只想赶紧抽身而逃,于是下令快跑。主帅一逃,其他将领谁还有心死战,大家都唯恐跑得不够快,落下来让追兵斩杀,可笑李景隆的 50 万大军,一时之间作鸟兽散。朱棣一方在郑村坝一战之中,杀敌数万,俘虏数万,得到马匹、兵器、粮草不计其数。围困北平九门的建文

·欧·亚·历·史·文·化·文·库·

军也只好撤围而去。当夜,李景隆一口气逃到了德州,这才惊魂稍定,重新整顿人马,却再也不敢主动向北平出击了。

简短截说,到了建文二年四月,燕王朱棣的靖难之师已经接连攻取了蔚州、大同等地,部队数量也不断增加。李景隆提出希望双方息兵和谈,但朱棣未予理睬。李景隆认为自己不能再坐视朱棣势大,只得再次从德州提兵出击。这一次出兵堪称靖难之役中规模最大的一次会战,建文一方增调大量兵力,号称百万之众,进至河间府,前锋部队与燕王军隔白沟河对峙。

这一次交战,起初李景隆还占到了一些便宜。靠着都督瞿能等人的奋战,燕王军被暂时击退。但在此后的主力决战之中,李景隆再次暴露出来在战况胶着的形势下韧性不足的弱点。而朱棣却在箭雨之下,三次更换受创的战马,坚持在前线亲自指挥,终于扭转战局。二子朱高煦在关键时刻率领的骑兵也充分发挥了短途奔袭的凿空作用,李景隆军再次溃败。一些表现突出的将领如瞿能、俞通渊等人也在败退中身死,李景隆却得以单骑逃生。百万大军只有徐辉祖一支部队没有受到太大损伤,其余不是举众而降,就是败亡而死。五月,燕王大军进抵德州,李景隆不堪再战,逃往济南。此后一系列战役中,双方互有胜负,然而均无法

朱棣像

更改战局向朱棣一方倾斜的结果。最终,建文一方逐渐在军事上与经济上都难以为继,终于在建文四年六月十三日被朱棣打破南京城,建文变服出逃,不知所踪。朱棣则改称建文四年为洪武三十五年,将中央制度恢复为洪武旧制,次年改元永乐,使明朝历史进入了成祖永乐帝统治的 22 年之中。

进入永乐时代之后,不仅明朝政治发生了改变,明蒙关系更是随之发生变化。靖难之役以后,经历了几年内部动荡,明朝一方再想发动对蒙古的大规模军事行动,在短期内已无可能。朱棣本人的皇位尚未完全坐稳,自然谈不到对外大兴兵戈。于是他就在登基之初,改变了朱

元璋时代对北元军事歼灭的政策,开始尝试同蒙古恢复外交和经济上的各种往来。我们前面在讲述靖难之役经过的时候曾经提到,朱棣起兵时曾大量启用过来自大宁地区的蒙古降人,以及兀良哈三卫的蒙古士兵。我们在靖难之役结束之后的史料中可以看到,朱棣升赏靖难之役中的有功将官,其中不乏蒙古将领。朱棣不仅给这些蒙古将领们加官晋爵,而且还为他们改了汉地名姓,把他们视为自己人。这些蒙古将领在朱棣登位过程中所立下的汗马功劳,无疑会对朱棣在永乐初年的对蒙政策产生影响。所以在朱棣起兵之时,他就注意笼络蒙古,保持自己的后方安定。就在朱棣洪武三十五年六月称帝之后,他更是在八月即诏谕和林、瓦剌等处蒙古诸部,由百户裴牙失里传诏,表示希望蒙古诸部能够"各居边境,永安生业,商贾贸易,一从所便",并说明愿意接纳从蒙古前来通好的使者,"欲来朝者,与使臣偕至"。

从这封诏书的内容来看,朱棣对待蒙古人的态度显然与朱元璋有很大区别,从主"剿"转向主"抚"。朱元璋与朱棣父子之间,之所以对待蒙古的态度如此不同,很大程度上是因为朱元璋是从元朝手中夺取了政权,尽管他对元朝的统治还是有颇多肯定,而且也受到元朝影响甚深,但是他始终担心蒙古人会卷土重来。朱棣比之乃父,既没有这样的负担,而且在政治环境上也不允许他再进行大规模的出兵,是以在对外政策方面,态度较乃父更为开放。我们可以看到,朱棣不只是对蒙古采取怀柔态度,而且在永乐三年开启了历史上赫赫有名的"郑和下西洋"。郑和的七下西洋一直持续到其孙明宣宗朱瞻基的宣德年间方告结束。更有历史学家认为,郑和下西洋是世界历史上所谓"大航海时代"的真正开端。故此早在 1960 年代,日本著名的历史学家宫崎市定就在其论文中强调,明太祖朱元璋代表了蒙古帝国的结束,而明成祖朱棣则代表了明帝国向忽必烈时代的复归。帝国的统治者并未将视野缩小到大漠,甚至是长城以南,但求保境安民而已,而是有着更广阔、更多元的政治思考。

然而有趣的是,当明朝中期以后,国势开始走向衰弱,而瓦剌势力兴起,明朝人再回首太祖至成祖这一段对外政策的转变时,他们反而不能充分理解朱棣的决定,于是在这一时期的史料中,我们可以看到明人针对朱棣有各种各样的猜测。比如明人马文升在其《抚安东夷记》中就提到,明成祖要求明人弃守大宁,将大宁之地交给兀良哈三卫的蒙人,而将原来的大宁卫移至保定,以报答兀良哈三卫蒙人在靖难之役中的借兵之恩。后来史家郑晓、王世贞等人均持这一观点。实际上并无此事,后世蒙古史家对此均有批驳,我们今后涉及相关史事中还会提到,此处不必赘述。甚至在明清人的笔记中,我们还可以看到有很多人对朱棣的生母提出质疑,有不少史家认为,朱棣本人就具有外族血统,甚至可能就是元顺帝之子。因为朱棣自称自己是朱元璋的结发妻子马氏所生,而《明史》记载,马皇后为朱元璋生下五子二女,即长子懿文太子朱标、次子秦王朱樉、三子晋王朱棡、四子燕王朱棣、五子周王朱橚,以及二女宁国公主及四女安庆公主。然而据《明太祖实录》记载,朱棣出生在元至正二十年(1360)四月十七日,他的弟弟朱橚则出生在次年的七月九日,这一记录一直为史家所怀疑。因为至正二十年前后这段时间,朱元璋正处于事业的开拓期,正与陈友谅在长江流域交手,军务繁忙之际,马氏却如此频繁地生育子嗣,似乎不太合理。再加上查继佐《罪惟录》中提到当时有传言称马氏并没有生育能力,就更不能排除这些子女都是别人所生,而被归于马氏名下的可能。郎瑛在《七修类稿》中说他曾经见过鲁王府所传的玉牒,上面明确写着马氏所生子女只有燕王朱棣与周王朱橚,这一说法被潘柽章的《国史考异》因袭,但这一说法仍然不十分可靠。因为从各种迹象来看,有关朱棣身世的材料,都在靖难之役以后被朱棣进行过统一修改,这些晚出材料大多不可靠。另外,据汪宗元《南京太常寺志》所载,懿文太子、秦王、晋王均为李妃所生,朱棣则为碩妃所生,并未写明马氏皇后所生子为谁。《南京太常寺志》是政府编纂,负责国家祭祀所用,故此可靠性较高,朱棣为马皇后所生的可能性甚低。

那么朱棣是否如汪宗元所记,是这位碩妃所生呢?根据现有资料来看,这位碩妃是高丽人,姓李,为高丽送给朱元璋的女子。据故老相传,碩妃尚未足月就产下朱棣,朱元璋怀疑碩妃与其他人有私情,故此对硕妃施以"铁裙"之刑,将其处死,而把朱棣交给马皇后抚养。这种说法因明史专家吴晗先生的《明成祖生母考》而影响深远,但是这里面仍然无法解决的一个问题是,高丽一直存在给元朝贡女的现象,然而在至正二十年以前,朱元璋的地位并不很高,而且相对于当时的正统政府元朝来说,朱元璋只是个小小的叛军头领,高丽为什么要给朱元璋专门送来一个女子,给人感觉有些说不过去。

吴晗像

另有一个传说,则是说朱棣是元顺帝之子,而且他的生身之母还是出身蒙古名门的弘吉剌氏。这个传说戏剧性更强,说是朱元璋攻下大都,顺帝北逃,朱元璋急忙赶到大都宫中,检视顺帝的后宫。这时他看到顺帝后宫之中有一名美女,对她十分中意,于是收为自己的妃子。谁知道这位妃子当时已经怀孕3月有余,本来顺帝有意将她带走,但是看她的状况,担心路上有所不便,还是安排她留了下来。结果朱元璋将其收入后宫,这名妃子在6个月之后即生下一个男婴。明朝后宫制度,宫女入宫后7个月之内生子者,必须处以极刑。马皇后负责为朱元璋打理后宫中事,弘吉剌氏生子一事当然就报送马氏处理。马氏本来打算按照律令执行,但想到如果处死弘吉剌氏,这个刚出世的孩子也难免被杀。马氏是个仁慈之人,便将此事压下,把孩子认作自己所生,也就是后来的燕王朱棣。弘吉剌氏为此郁郁而终,临死之前,她给自己画了一张画像,暗中联络到朱棣的乳母,将这张画像交到了朱棣的乳母手中,希望今后朱棣长大成人,乳母能够把事情的前因后果讲给朱棣知道。果然,在朱棣被封燕王,前往北平就国之后,这位乳母将实情告知,遂使朱棣在朱元璋死后萌生反逆之心。这个传说在清代尤其流行。由于清人大多将蒙文的汉字音译弘吉剌写作翁咭喇,故此在清代传说中,燕王之母变成了一名蒙古族的翁氏女子。然而这些传说可以说是越编越不靠谱。我们知道,明军攻破大都在至正二十八年(1368)闰七月,而前面提到明代官方记载中朱棣的出生年月则是至正二十年四月。我们当然可以怀疑《明实录》中的记载未必属实,但即使如此,8年

·欧·亚·历·史·文·化·文·库·

的出入对一个帝王来说也显得过大了,由此可知传说中描述的故事是不可能存在的。

那么,为什么大家会对朱棣的身份有如此之多的传说和质疑呢?原因无非是他以叛军的身份登上了帝位,同时又改变了他父亲朱元璋以来的对外政策,所以惹人在背后议论。从另一个方面来说,我们也可以注意到朱棣在主动缓和与蒙古方面的关系。从史料中可以看到,在朱棣登基之后的每一年,他都曾派出使节前往蒙古,拜见当时的蒙古大汗鬼力赤,要求两国通好。反倒是鬼力赤对此颇多疑惧,并未对朱棣的示好做出回应。但是在明朝确定了以绥抚为基本方针之后,明蒙之间从洪武末年开始,保持了一段十余年的和平状态。

4.2　蒙古分裂与永乐八年北征

明太祖朱元璋在洪武二十一年的捕鱼儿海一役,击破脱古思帖木儿。脱古思帖木儿西逃之后,被阿里不哥的后裔也速迭儿用弓弦缢杀。此后蒙古帝国进入了东西两部的分裂期。东部蒙古又称蒙古本部,他们活动的主要区域在今天的蒙古高原南北两侧的草原之上,也就是我们习称的漠南、漠北。这是成吉思汗统一蒙古诸部之后,蒙古民族活动的核心区域,明人习惯将这里的蒙古政权称为鞑靼。

西部蒙古主要由瓦剌部组成。瓦剌是明代人对该民族的蒙文称呼的音译,在史籍中又有"斡亦剌"等不同译写,今天多写作"卫拉特",时至今日,还有卫拉特蒙古这样的说法。瓦剌人的生活区域在今天俄罗斯南西伯利亚的叶尼塞河上游,这里与漠南、漠北的草原不同,属于广袤的森林地带。瓦剌人的祖先常年在森林中生活,基本依靠狩猎为生,并不属于游牧民族。他们之所以会融入蒙古诸部,是因为成吉思汗在统一漠北诸部之后,即派出长子术赤率右翼军前往西北的森林地带,去征服"林木中百姓",所谓"林木中百姓",是《元朝秘史》和波斯史家拉施特《史集》中出现的说法,就是指狩猎民族而言,瓦剌正是其中一部,属于比较早投降术赤的一个部落。除了"林木中百姓"以外,

《元朝秘史》中还提到了作为游牧民族的"毡帐百姓",以及作为农耕民族的"门板百姓"。按照拉施特《史集》的说法,"林木中百姓"原本瞧不起"毡帐百姓"。如果有"林木中百姓"家的少女被嫁到"毡帐百姓"家里去的话,这位少女都会在夜里痛哭一场,感到没有面子。但是后来随着代表"毡帐百姓"的蒙古诸部强盛起来,"林木中百姓"反而成了被征服者,逐渐被吸纳到"蒙古"这个旗号之下,成为日后蒙古族的一部分。然而,当作为狩猎民族的骄傲与作为被征服者的屈辱交织在一起之后,尽管他们也在心理上认同自己属于"蒙古"的一部分,"林木中百姓"却依然与生活在东边的蒙古本部之间存在不小的隔阂。再加上他们与成吉思汗家族各支系之间都保持有亲属关系,而瓦剌尤其与阿里不哥家族有密切的婚姻关系。由此可见,瓦剌支持阿里不哥系后裔也速迭儿杀死脱古思帖木儿,自立为大汗,并非出于偶然。

在脱古思帖木儿死后,东西蒙古呈现出尖锐的对立格局。我们前面曾经提到过,在脱古思帖木儿之后,至永乐初年的鬼力赤汗之间,一共十余年的时间之内,蒙古大汗一口气更换了6位。而且这6位大汗之中,既有阿里不哥系的后人,又有原忽必烈系的子孙,也有怀疑出自窝阔台系的后裔。这种混乱的状况显然不会出自正常的汗位继承,只能是内部混战,彼此取而代之的结果。朱棣把这些情况摸得很清楚,所以在靖难之役发生后不久,他在建文二年二月十八日就派出使者分别出使"鞑靼可汗"坤帖木儿和"瓦剌王"猛哥帖木儿两处,当靖难之役平定之后,他又下诏给和林、瓦剌等处诸部酋长。从这些用语中可以看到,蒙古诸部已经划分为东西蒙古两大阵营,东蒙古仍以和林为中心,与瓦剌对峙。这是在脱古思帖木儿败走捕鱼儿海之前,蒙古帝国从未出现过的态势。

我们上一节已经提到,至永乐初年,朱棣都对蒙古奉行绥抚政策,这时蒙古名义上的大汗已经从坤帖木儿变成了鬼力赤。鬼力赤上台之后,蒙古本部与瓦剌之间再掀战火,双方交相攻伐,互有胜负。朱棣利用这一机会,在其中大耍平衡手腕,同时对两边进行拉拢。至永乐六年(1408),瓦剌为了能够对蒙古本部取得战略优势,专门派出使节暖答失随同明朝使臣回访明廷,对明朝进贡马匹,并请明朝赐予封号和印信。朱棣为了进一步确认瓦剌与蒙古本部的状况,并未立刻答应瓦剌方面的要求。同年冬天,蒙古本部发生变乱,本雅失里取代鬼力赤成为大汗,故此朱棣在次年五月正式册封瓦剌三王马哈木、太平、把秃孛罗三人分别为顺宁王、贤义王、安乐王,希望利用瓦剌和蒙古本部之间的矛盾。而新任大汗本雅失里则奉行对明的强硬政策,杀死明朝使臣,还想袭击明朝控制之下的兀良哈三卫地区,使得明蒙之间的关系骤然紧张起来。

本雅失里为什么在上台伊始,就对明朝采取如此强硬的态度,由于材料所限,目前不得而知。我们只能试图从明代人对于他登上汗位过程的相关记载进行推测。根据《明太宗实录》中的记录,在本雅失里上台以前,鬼力赤就已经对明朝充满戒心。尽管朱棣不断派出使臣要求两国通好,但鬼力赤始终不做正面回应。与此同时,鬼力赤率领蒙古本部与瓦剌之间爆发大战,结果鬼力赤先赢后输,使得朝中拥有权力的几位重臣开始与之离心,考虑对明朝做出积极回应。根据来自兀良哈三卫的谍报人员汇报,鬼力赤以下的三大重臣右丞相马儿哈咱、左丞相也孙台、枢密院知院阿鲁台对鬼力赤不满,有另立大汗的可能。朱棣当即在永乐四年(1406)五月对三人派出密使,同年冬天阿鲁台也向朱棣遣使回复,次年三月马儿哈咱也派使者回应。然而就在永乐五年,阿鲁台、马哈儿咱与鬼力赤之间的矛盾爆发,鬼力赤被赶下汗位,继而是本雅失里从西域别失八里(今新疆维吾尔自治区昌吉回族自治州吉木萨尔县附近)赶回,登上汗位。

这位本雅失里自称是元裔,也就是说是忽必烈系的后裔,他早先生活在中亚的撒马尔罕,后来移动到别失八里。在阿鲁台与马儿哈咱两人的支持之下,鬼力赤被迫主动迎接他回到蒙古。对于本雅失里,明人也对他很是关注。永乐六年,出使西域归来的刘帖木儿不花就报告了鬼力赤迎接本雅失里的情况,而边境守军的分析则称,如果本雅失里上台,可能会出现蒙军入侵的结果。于是朱棣在同年三月诏谕本雅失里,强调鬼力赤与权臣也孙台结亲,不会轻易将权位让出,本雅失里如果执意东归继承汗位,只会造成蒙古本部的内乱。然而本雅失里却不顾朱棣的警告,坚持回到蒙古,最终取代了鬼力赤,以阿鲁台为主重新组织了政权。但根据明人的情报,在这次汗位更迭之后,蒙古本部的局势并不稳定,特别是在甘肃、宁夏等边区都有蒙人主动前来投降的报告。于是本雅失里只得再兴战火,希望借助攻打瓦剌,使自己在蒙古本部的民众之中能够建立威信。永乐七年春天,本雅失里亲自率军攻打瓦剌,结果惨败于瓦剌之手,本雅失里只得放弃和林等地,率残兵败将退往胪朐河流域,暂避瓦剌的锋芒。这场败仗使得蒙古本部百姓大为恐慌,明蒙边境地区的蒙人因为担心瓦剌反攻,开始大批投降明朝,希望托庇于明朝羽翼之下。朱棣自然也懂得如何利用这个机会,他一方面派出使者拉拢瓦剌,一方面又派出都指挥金塔卜歹、给事中郭骥去慰问本雅失里,实则是去探查军情,并在给本雅失里的诏书中表示希望对方"认清当前的形势,保持明蒙之间的和平。朕为中原之主,大汗为草原之主,彼此之间能够相安无事",并且送还最近来降的蒙人两千余人。

本雅失里当然明白朱棣这个节骨眼派遣使节是什么意思,也不会不知道朱棣在蒙古本部与瓦剌之间互相挑唆的伎俩,但他就是咽不下这口气。特别是朱棣诏书中说的"朕为中原之主,大汗为草原之主"一句,更是触碰到他作为故元后裔的敏感之处,心中难免仍然存有对昔日辉煌一时的蒙元帝国大汗的憧憬。于是本雅失里一怒之下,把使臣郭骥斩杀,准备出兵兀良哈三卫,招诱三卫的蒙人,在新败之余,打算再战明朝,找回自己的面子来。

在这一事件之中,我们可以看到本雅失里在处理对外关系方面,态度比鬼力赤更为强硬。在失去重要根据地和林之后,他竟然打算对瓦剌和明朝两线出击。原来鬼力赤虽然对明朝来使示好一事不做表示,但也仍然维持与明朝的和平关系,不做主动挑衅,而是专心对付西北方向的瓦剌。本雅失里却想打破目前局势的平衡,既是一种军事冒险,同时也是无奈之举。因为北元自顺帝病逝应昌之后,岭北地区就是蒙人活动的核心区域。随着后来明洪武二十年(1387)纳哈出以辽东

·欧·亚·历·史·文·化·文·库·

降明,北元在东北一带的活动空间已经被大幅压缩。到永乐七年本雅失里失去和林之后,我们可以推测,此时蒙古本部实际控制区域已经被压缩至土拉河流域以东至今天呼伦贝尔一带。在这种情况之下,本雅失里如果不肯忍气吞声,再寻机会的话,就只有向西继续同瓦剌作战和向南侵入兀良哈三卫两个选择。比较而言,蒙古本部与瓦剌几次作战都败得很惨,再打下去也没什么成算,倒不如尝试突袭兀良哈三卫,这里虽然是明朝羁縻卫所,但是居民以蒙人为主,或许能够为自己所用。这大概就是本雅失里发动对明作战的用意所在。

永乐七年六月,郭骥使团中的随行人员百户李咬住等人从汗庭逃脱,向朱棣报告了本雅失里将郭骥斩杀,准备进攻兀良哈三卫的消息。朱棣大怒,当下命令淇国公丘福为征虏大将军,任总兵官,武城侯王聪、同安侯火真为左右副将军,靖安侯王忠、安平侯李远为左右参将,统率精兵 10 万征讨本雅失里。朱棣还严正告谕本雅失里:"此次出兵是让征虏大将军丘福向你责问擅杀来使之罪,如果敢于违抗,明年朕将御驾亲征,一定要给你应得的惩罚!"

当然,根据史家分析,朱棣此次动员 10 万精兵的时间实际前后只有 22 天而已。从这一细节也可以说,即使本雅失里不杀死使臣郭骥,朱棣也早就做好了战争准备,并不能说是蒙古方面单方面打破了明蒙之间的和平局面,只不过本雅失里的冒失举动最终给了朱棣出兵的口实。对于朱棣而言,此时距靖难之役已过去一段时间,国内统治已经基本稳固,郑和的七下西洋已经进行到了第二次,永乐一朝的国力攀上了自明朝建立以来的巅峰,再次展开对蒙作战的外在条件已经满足。另一方面,朱棣虽然与蒙古之间维持了一段不长不短的和平时间,但是瓦剌突然崛起,并且其中权臣马哈木等人对明朝表现得颇有好感,而本雅失里的上台又令蒙古本部陷入内部动荡期,使得朱棣看到了可以趁此一举击溃蒙古本部的可能,于是明蒙之间战火再次被点燃。

关于此次出兵的总兵官征虏大将军丘福,我们前面在对靖难之役的介绍中,曾经提到过他的名字。他本是朱棣在燕王潜邸时的旧人,曾任燕王中护卫千户之职。在靖难之役爆发时,他与朱能、张玉一起,控制住了北平九门,立下大功。后来丘福在对耿炳文的真定战役和对李景隆的白沟河战役中,都有突出表现,深受朱棣信任。在朱棣帐下众将当中,丘福的谋略虽然不及张玉,但打仗悍不畏死,犹有过之,且为人低调,不与他人争功,故此朱棣对他非常喜爱。当然,丘福作为一名将领,在军中评价一直在张玉、朱能之下,但在永乐七年,张玉、朱能均已病逝,当初跟随燕王起兵,经历靖难之役的宿将之中,丘福是硕果仅存的一位,故此朱棣选择他作为主将出兵。然而我们不得不说的是,朱棣此次出兵的目的性并不是很明确。从某种程度上说,因为使臣郭骥被杀,朱棣必须尽快表示自己的态度,于是安排了这次出兵。但是我们比较洪武年间明军的历次大规模出塞作战,没有哪一次是只动员10万兵马就能解决问题的。即使北元分裂之后,蒙古本部力量大幅衰落,但是在陌生环境下,只依靠10万士兵就想倾覆别人的国家,这在军事上显然是不可想象的事情。换句话说,此次作战的目标到底是一次试探性的进攻,还是在取得军事上的胜利之后,迫使本雅失里对杀死使臣一事做出赔偿,或是通过军事威压让蒙古本部彻底降服?对于朱棣来说,可能试探性的成分更多,所以他才会在诏书中强调他下面还会进行御驾亲征。我们看到《明太宗实录》里面,还载有朱棣对丘福的训诫,要求他不可以贸然深入,在离开开平,进入大漠之后,千万要谨慎小心,似乎朱棣很有先见之明。但是这种记载,无非是事后为了归罪于臣下,显示君主的英明而虚构出来的史料。以明朝初年的政治风气,如果君主确有这样的指示,将领是无论如何也不敢越雷池一步的。在先打了再看的心理驱动之下,这种目的不明确的出兵,再加上蒙古方面本雅失里和阿鲁台正确的布置与指挥,决定了丘福与10万明军将士的悲惨命运。

本雅失里和阿鲁台知道明军即将出塞的消息之后,知道对方兵力强盛,并没有尝试与明军来个硬碰硬,而是充分利用自己骑兵为主、游走不定的优势,诱使明军深入。故此丘福从北京出发,出开平之后,一路竟然没有遇上过敌兵。丘福本来还对敌人心有戒备,但是兵行数千里,一路向北挺进,一月之间,眼看就快到了胪朐河畔,蒙古军马连个影

·欧·亚·历·史·文·化·文·库·

子都没有,他的警惕性也变得越来越低。一日,前锋搜索部队的千余人在胪朐河南岸发现了一支小股蒙古骑兵。明军将领看到对方人数不多,于是下令攻击。这队蒙军经过一番似模似样的抵抗之后,悉数投降。经过一番审讯之后,其中一名蒙军将领供认自己是本雅失里任命的六部尚书之一。很快,这名俘虏被带到了丘福的中军帐中,由丘福亲自问话。这位俘虏很快就向丘福交代说,本雅失里在被瓦剌击败之后,人心离散,军无斗志。听说将军大兵奄至,举国上下惊慌不已,现在已经无心抵抗。剩下的一些人马都已渡过胪朐河,撤往北岸,离此地大约还有 30 里远。这些显然是为了迷惑明军而早就安排好的口供,但是丘福却信以为真,要求前锋部队立刻渡过胪朐河,准备追击。当时众将都看出来事有蹊跷,纷纷出来劝阻。大家的理由也都很充分,毕竟此时大军主力还在向这里行军的路上,如果此时只以前锋部队贸然渡河,就会有被对方包抄的危险。可是丘福心中所想的却是当年蓝玉捕鱼儿海一役,尽俘北元汗庭数千人,也是像今天这样千里索敌,不见踪迹,最终坚持追击,才将敌人一举成擒。按说丘福本来并不是如此自满的人,但是这会儿贪功心切,眼看自己就有可能追踵蓝玉,给蒙人以毁灭性的打击,一代名将的头衔似乎正在唾手可得之处,他也就失去了自己的平常心。丘福力排众议,坚决要求追击,并且以这些俘虏为向导,率轻骑千余人准备对本雅失里发起突袭。果不其然,在向导的带领之下,追击部队发现了蒙军所在,但是对方无意与明军交手,只是一味后撤。丘福在兴奋之下,要求明军不眠不休,死追到底。就这样在你追我赶之中,又过了两天。众将纷纷向丘福进言,其中李远认为蒙人故意示弱,一定有他们的阴谋在内,我军不可再深入下去,否则首尾难以相顾;更何况对方已经明确了我军的位置,无法达到奇袭的目的,不如重整阵型,巩固阵地,白天擂鼓呐喊,晚间多点火炬,但坚守不出,让对方无法判断我军的动向,只要再等两天左右,主力部队就可以跟上,到时再行决战不迟,这样即使不胜,至少可以保证不败。王聪对李远的意见也颇为赞同,无奈丘福早已被想象中的胜利冲昏了头脑,坚持认为蒙军在大败之余,兵力不足,所以才一再退却,况且我军身后还有主力部队,就算前面真有埋伏，只要坚守至后援到来，就可以将对方一网打尽，于是不肯再听劝告，反而下令要副将军火真为使者，佯装与蒙人议和，趁机率骑兵直扑对方大营，希望一举俘虏本雅失里。火真对此十分犹豫，认为丘福的判断过于乐观了，结果却被丘福要求"违令者斩！"当继续追击的命令传下之后，下面的士兵们闻讯大哭，可是众将没有人再敢向丘福进言了。此时情况已经无可挽回。就在当天夜里，数以万计的蒙军突然从四面八方出现，等丘福反应过来，发现己方已经是深陷重围之中了。明军的战斗力本来并不逊色于蒙古骑兵，但是他们日夜兼程赶了这么长时间的路，早就困顿不堪，蒙军却是以逸待劳，士气正盛。与其说这是一场战斗的话，倒不如说是蒙军单方面的屠杀，明军几乎没有丝毫的抵抗能力。丘福见势不好，只得强行突围，命副将军武城侯王聪与安平侯李远率数百人突围，结果两人当场战死，丘福、火真、王忠等将领也被蒙人捉住后杀死。明军主将一死，虽然主力部队没有损伤，士气却大受打击，在蒙军追击之下，只得作鸟兽散。当初出塞时节耀武扬威的 10 万大军，竟在一月之间落得个全军覆没的结果。

永乐七年之战，蒙古大胜，明朝大败，使得本雅失里一方又重新振作起来。当初主动投明的一些宁夏、甘肃等地蒙古部族，又再次叛明北归，兀良哈三卫也出现了动摇。本雅失里认为明军刚刚经历一场大败，应当不会再重新集结，正好秋天已至，可以越过大漠，到漠南草原的东南部去过冬，于是南下骚扰明边。朱棣接到丘福兵败身死的消息，大出意料之外，却不得不文过饰非，赶紧写信给瓦剌顺宁王马哈木等人，把败因完全推给丘福的错误决断，并且警告马哈木一定要小心本雅失里利用从明军俘虏来的器械衣甲，伪装成明军对瓦剌发起攻击，不要使明朝与瓦剌的关系受到影响。对内更是耻于言败，对蒙军的反击只字不提，但要求山西等处抓紧收割秋粮，并且加筑防御工事，随时准备应对蒙古入侵。至当年十月，作为北京北端重要藩篱的开平卫，也就是元代的元上都，收到的通知竟然是要求如果有事上报朝廷，相关人员必须选择走小路进京，不可以走大路，如果有自称朝廷的使臣来到，也必须要详细盘查，验明正身，可见当时气氛的紧张。如果我们查阅朝鲜李朝的《李朝实录》等相关史料,也会发现在这一年十一月,朝鲜方面的通事官孔明义回报蒙古军队已经接近北京,形势非常严峻,辽东地区则是明军全数退往内地城塞之中,不敢出外巡查。《李朝实录》更记载了永乐八年正月蒙古军队曾经活动于辽东开元(今吉林省长春市附近)等地,明军几次出兵,都被蒙军击败。正月初二日,蒙军又攻打了辽东都司的北门,对城外居民大肆抢掠之后才撤退。还说当时辽东部队1万人左右,在进京路上被蒙古军队在山海关一带伏击,明军大败,死伤过半。这些记载在明代史料中都无法看到,有可能是朝鲜方面探听到的传闻,不无夸大之处,但是也说明蒙军活动确实也已深入到了辽东一带,可以想见丘福之败以后明朝边防压力之大。

为了扭转被动局面,朱棣终于下定决心亲自领兵出征。永乐八年(1410),朱棣重新整备人马,要求永昌侯徐忠从南京、镇江等卫所调集步兵、骑兵共3万人,宁阳伯陈懋从陕西等地卫所调集部队19000人,江阴侯吴高从山西境内卫所调集部队15000人,以及各地抽调来的精兵5万人齐赴北京,加上朱棣自己直接指挥的禁军总计50万人,准备对蒙古展开一场大规模的报复作战。这支大军的后勤补给由善于理财的名臣夏原吉拟订计划,交付实行。这一补给方案投入之大,堪称前所未有。首先是计算路程及沿路所需,利用北京至宣化(今天河北省张家口市宣化县)一线的粮仓供应大军由北京至兴和(今河北省张家口市张北县)的粮草。进入草原地区以后,由3万辆运粮车辆载粮食25万石,跟在大军之后。每向北行军10天,即在10日行程处建造一座城池,共筑两城,名为平胡、杀胡。城中囤积粮草,驻留守军,等候大军回程时食用。有了充分的后勤保障,大军才能够专心前进,没有后顾之忧。于是,朱棣在永乐八年正月十二日,亲自主持祭祀,向天地宗庙社稷祷告出塞亲征一事,然后在二月十日亲率禁军出发。

经过15天的行军,大军在二月二十五日抵达兴和。朱棣在兴和对部队进行了重新整编,将50万大军分为5部,其中中军以清远侯王友为主将,安远伯柳升为副将,左翼外侧一部以宁远侯何福为主将,左翼内侧一部以宁阳侯陈懋为主将,右翼外侧一部以武安侯郑亨为主将,右翼内侧一部以广恩伯刘才为主将。在整编部队的同时,朱棣还不忘策划一场大规模的阅兵,邀请瓦剌方面的使臣参加。为了准备阅兵和等待瓦剌使臣,部队就在兴和停留了十几天,至三月九日才举行检阅。按照明代史官的记载,当时大军一字排开,队伍长数十里之远。明军将士军容齐整,盔甲刀剑上反射日光,夺人二目。瓦剌使臣哪里见过这等场面,都惊骇不已,认为明军气势堪比天兵天将,人世之间,还有谁敢与之对抗! 当然这恐怕都是明代史官一厢情愿的描写,瓦剌使臣或许真有类似的外交辞令,却未必真的认为明军如何了得。事实上,瓦剌方面只是一心希望坐山观虎斗,乐于看到明朝与蒙古本部之间斗个你死我活,从头到尾也没有出兵对明军进行过支援,反而倒是与蒙古本部之间暗通款曲,后面我们还会提到。

由于朱棣此次御驾亲征的队伍庞大,而朱棣又惩于丘福之败,所以把前进的速度放得极慢,可谓不求有功,但求无过。我们今天可以看到当时明臣金幼孜写的随军日记《北征录》,对一路见闻记载甚详,从中可以感受到,对于这些文官来说,这次出兵就像一次大型的春游,而朱棣在未发现蒙军之前,也并不急于突入对方腹地,只是慢慢地向西北方向行军。如果以三月九日结束阅兵,三月十日始从兴和出兵开始计算,至五月初一日才到达胪朐河畔的平漠镇,路上用了 50 天的时间,比起去年丘福七月发兵,不到一月即到胪朐河畔的速度相差甚远。到达胪朐河之后,朱棣饮马胪朐河,故此赐胪朐河汉名为饮马河。此后朱棣大军开始顺流而下,一路向东,至五月四日,才在苍山峡地区第一次发现蒙人活动的踪迹。这次有可能是蒙古方面派来刺探明军军情的探马,明军追赶未及,最后只拿到对方射出的箭矢和扔下的马匹回报。

由于已经发现了敌踪,朱棣的行军也就有了明确的目标。五月初八日,明军在玉华峰俘虏了一名蒙人,审讯之后,该俘虏交代,明军五十万大军出动一事,造成了蒙古一方内部极大的惊慌。由于本雅失里与阿鲁台的意见相左,使得蒙军主力之间发生了内讧。阿鲁台的封地在东方,于是要求部队东迁,并与明军讲和,改善双方关系。本雅失里来自西域,认为应当带领主力撤往西方,联合瓦剌,共同抗明。结果双方大吵一架之后,阿鲁台率军向东急行,而本雅失里则带着其余部队,现在兀古儿札河(元代称浯勒札河,即今乌勒吉河)一带,准备投奔瓦剌。围绕俘虏交代的细节问题,众将又进行了一些审问,确定口供没有前后矛盾之处以后,朱棣基本判断这一俘虏所说的情况属实。但此时天色已晚,故此只命令全军在当夜渡过胪朐河后宿营,准备第二天分兵对本雅失里发起总攻。

第二天的五月初九日,朱棣将部队分成两部,自己亲率精锐骑兵,带上 20 天的粮草,准备进行追击。剩下的部队主要以步兵和辎重为主,由清远侯王友率领,要求就地休整,并且在胪朐河河畔建造杀胡城,希望作为未来明军北上出动时可以利用的一个据点。四天以后,五月十二日,朱棣的兵马抵达兀古儿札河畔,朱棣亲赐此河名为清尘河,可能怀有清扫烟尘之意,也看出了朱棣要毕其功于一役的决心。第二天,明军在兀古儿札河北,斡难河的南岸发现了本雅失里的部队。这里本来是蒙古民族走上历史舞台的起点。公元 1206 年,成吉思汗就是在这里即位,开始其征战天下之旅的。然而在 200 余年以后,他的后裔本雅失里却也在此处被朱棣以摧枯拉朽之势击败,在周围亲随的拼死保护之下,只带了 7 名随从渡过斡难河逃走。朱棣为了纪念这场胜仗,将斡难河边的一座山峰赐名为灭胡山,至此本雅失里一部彻底被明军消灭。此后本雅失里确实投靠了瓦剌,但是失去了蒙古本部的支持以后,他已经变成了孤家寡人,瓦剌的马哈木等在永乐十年将他杀死,夺取了蒙古大汗的传国印玺。可以说明军的胜利彻底打破了蒙古东西两部的平衡,蒙古之败造就了瓦剌之兴,这个问题我们后面还会介绍,这里先按下不提。

朱棣并未满足于击破本雅失里一部,他在五月二十日返回了胪朐河畔的杀胡城营地,并于五月二十一日再向东对阿鲁台部进行追击。又命清远侯王友所部驻留部队分为两部,一部主要为辎重兵,由成安侯郭亮率领,将粮草运往西南方向的应昌;另一部的步兵由清远侯王友、广恩伯刘才带领,先去广武镇迎接蒙人来降的失乃干部,如果对方不降,则全力攻击,力图将该部剿灭,然后率军退回开平休整。朱棣自率人马追击阿鲁台,不管战果如何,都不再退回胪朐河一带,而是直接从东北方向退回开平,结束此次北征。安排好一切之后,朱棣领兵向定边镇出发,丘福败亡就在定边镇附近。朱棣在五月二十六日抵达定边镇,亲自祭祀了去年北征而死的将士。此后沿胪朐河一路向东,越过阔滦海子(今呼伦湖),沿兀儿古纳河向东北方向行进,进入今天的外兴安岭地区。终于在六月初九于飞云壑一带发现了阿鲁台部的踪迹。明军试图将阿鲁台部包围,朱棣亲率精兵实施中央突破的战术,阿鲁台部立时溃散。阿鲁台本人携亲眷家人逃走,丢弃在山谷之中的牛羊牲畜不计其数。此后数日之间,阿鲁台残部与明军又有几次交战,至六月十四日,双方战斗才告一段落。朱棣率军退回开平,已经是七月初二的事了。

这是朱棣登上皇帝之位以后发动的第一次北征。此次北征从蒙古本部疆域的西南端开始,一直迂回至外兴安岭一带,比较接近蒙古本部疆域的东北端,横跨千里之遥。其结果是本雅失里被瓦剌人杀死,而阿鲁台则于当年十二月派遣脱忽歹向明朝称臣朝贡,自称元人后裔如今已经灭绝,希望双方能够放弃自元末以来的仇恨,自己也希望能够带领部属投降明朝。这场战斗唯一的一个小插曲,就是前面提到的清远侯王友所率领的步兵队伍。他们原本的任务是去广武镇确认失乃干是否真心投降,然后就可以直接回到开平等待班师。没想到就在王友等人从杀胡城行至禽胡山,已经与失乃干部相距不远的时候,王友等人突然变卦,没有与失乃干部发生接触,反而绕道而行。为什么王友没有执行原来的计划呢?史料中也没有给出明确的解释,我们只能理解为王友可能收到了一些来源不明的情报,从而判断失乃干投降可能有假。但是朱棣的命令是如果失乃干不降,则王友应尽全力将其歼灭,而王友的选择却是躲开失乃干部。朱棣本来命令吴中、章安等人将粮草运至禽胡山,以接应王友,可王友这一绕路不要紧,一下子就在草原上迷了路,在没有补给的情况下,花了很长时间才找到路途回到了应昌。士兵在路上没有粮草供应,只得就地取食,食物不足以供应大军,于是饿死的人很多。这是永乐八年朱棣亲征之中,所遭遇到最大的

·欧·亚·历·史·文·化·文·库·

兵员损失。

4.3 永乐中后期的蒙古征伐

永乐八年(1410)朱棣亲征蒙古,虽然将本雅失里政权瓦解,然而真正在这场战争中得益的却是瓦剌一方。明军虽然获得了胜利,但也只是解决了北方边境上的麻烦,却在经济上付出了很大代价。瓦剌则是毫发未损,而且还一个劲怂恿朱棣乘胜追击,彻底打垮阿鲁台。就在明军大胜之后的永乐九年,瓦剌权相马哈木派使者对朱棣表示,本雅失里与阿鲁台之败,实为天意。然而阿鲁台尚未得到应有惩罚,此人对辽东北部及兀良哈三卫仍有影响,如果将他们轻易放过,则蒙古本部的实力犹存,西北各国仍然畏惧蒙古,不能够服从于明朝,希望明朝及早对阿鲁台用兵,不要错过时机。朱棣何等精明,知道这是瓦剌妄图坐收渔人之利,故此不受瓦剌挑拨,仍然将阿鲁台保留下来,只要他对明朝维持形式上的和平,就不再对他施以武力压迫。

对于明王朝的北边防御,朱棣有着比朱元璋更为现实的构想。朱元璋以北元为明王朝的主要假想敌,故此采取的态度是将农垦区向北扩张,同时对边境重镇要塞化,进行军事管理。这样做固然方便对北进行军事活动,但是也给国家经济带来了很大负担。毕竟北方边境进行农垦,其投入和产出比较内地而言,有很大差距,故此一般农户不会主动想要来这些地区进行开发,只有依靠国家的半强制政策来实现。但是国家强制推动的话,又会在民间产生比较严重的反感情绪,最后会造成不稳定的局面,而且对国家的赋税收入也会有负面影响。朱棣的基本态度要更为务实一些,他在永乐初年安排大宁都司南迁,将军事区向内地转移,将边防逐渐收缩,减轻了国家财政上的压力。当然朱元璋的步步为营、层层推进的做法能够给塞北政权以极大压力,朱棣之收缩政策虽然务实,能够保证国内经济的充分发展,但是却无法给予蒙古与瓦剌足够的压力,让他们在时间和空间上都有足够的恢复余地。朱棣之所以要这样调整,很大程度上跟他在洪武年间长期参与对北元的一线作战有关。在几次出征北元之后,朱棣明白了一点,也就是说,因为大漠南北环境的特殊性,导致即使中原王朝的军队打了胜仗,完全歼灭了蒙古一方的有生力量,但这并不代表中原王朝就可以一劳永逸地完全控制这一地区。由于这里的环境不适于中原人的农耕生活,导致中原王朝的中央政府不可能对其进行有效管理。等到大军退走,这里就会出现一个政权真空地带,然后就会迅速被另一个游牧部落占据,经过若干年的发展,再次威胁中原王朝的北部边疆。所以与其投入大量的人力兵力和财力来巩固边防,还不如最大限度地对蒙古进行分化和削弱。实际上,明代后来的北边防御体系,也基本是按照朱棣的这一构想构筑起来的,也就是屯重兵于北边的几大要冲,进行有针对性的防御,而非全面向北推进。正是基于这样的想法,朱棣一直主张不要对阿鲁台赶尽杀绝,而是尽可能将他保留下来,让阿鲁台、瓦剌和中国三者形成一个互相牵制的关系,使得中国在三者之间能够居于优势。这个想法当然很好,但瓦剌此时也没有平白让光阴度过。很快,瓦剌的三大重臣马哈木、太平与把秃孛罗就联手杀死已经失势的本雅失里,抢得蒙古本部的传国玉玺,又在永乐九年立傀儡答里巴为蒙古大汗,其实权力归于三家之手。瓦剌趁机开始向东蒙古的驻地推进,将势力范围拓展到土剌河以西,吞并了许多蒙古部落,大有重新统一蒙古,雄霸漠北之势。

就在永乐十年五月,瓦剌一方派出知枢密院海答儿联络明军指挥使孙观保前往北京。海答儿完全空手来见朱棣,对朱棣说,瓦剌其实曾派遣一支很大的使团带了重礼前往朝贡,但是途中被阿鲁台派出的伏兵攻击,使团被杀,礼物被阿鲁台掳走,希望明朝能够派遣兵马跟瓦剌一起除去阿鲁台。朱棣明白瓦剌的用意,对此未置可否。次年一月,瓦剌使者再次到京。这一次瓦剌改为正面试探朱棣的态度,表示当初甘肃、宁夏一带有大量蒙古人在乱中归附明朝,其中很多人与现在的瓦剌诸部都有亲属关系,现在两地之间互相思念,希望明朝将这些族人遣回。此举无疑是对朱棣的挑衅,当然遭到拒绝。瓦剌怀恨在心,便拘留了明朝派往瓦剌的使臣。同年五月,阿鲁台遣使撒答失里向朱棣进

·欧·亚·历·史·文·化·文·库·

奏,认为马哈木等人为得传国玉玺而杀本雅失里,擅自立答里巴为大汗,阿鲁台表示愿意为明军充当前锋,征讨瓦剌。又有蒙古本部的卜颜不花遣使来报,称马哈木自得玉玺之后,骄横无礼,已有入侵明朝领土之意。马哈木一方虽然派遣使节前来朝贡,其实不过是贪图明朝赏赐的众多财物而已,并无臣服之心,反而派兵阻断蒙古本部来往明朝的使节,希望明朝能够及早发兵,以绝后患。朱棣此时对瓦剌已有戒备,但是仍然不愿给人留下代阿鲁台出头的口实,故此仍然拒绝。但是为了保持东西蒙古的势力均衡,在永乐十一年七月,朱棣册封阿鲁台为和宁王,做出了转而扶植阿鲁台的姿态。

朱棣周旋于瓦剌与蒙古之间,倾向于蒙古自然就会伤害到瓦剌的感情,更何况瓦剌早视明朝为自己一统漠北的最大障碍。这一年十一月,开平守将郭亮遣使来报,瓦剌马哈木等人率兵渡过饮马河,驻扎在一个叫作哈剌莽来(今蒙古人民共和国洪戈尔省)的地方,号称要进攻阿鲁台,其实是在做南下的准备。朱棣接获这一情报,认为如果对瓦剌势力不加以约束限制,以后必将成为北方的心腹大患,不如趁此机会,先下手为强,故此继永乐八年之后,再次准备亲征。

永乐十一年十一月八日,朱棣密令各处边防将领视察各处防务,训练部队,防备瓦剌入侵。同时,他又下令山西、陕西及潼关等处卫所兵马向宣府镇集结,中都(安徽省凤阳市)、辽东、河南三地都司及武平、归德、睢阳、淮安等处卫所兵马到北京集结,至永乐十二年一月集结完毕。同时令北京、山东、山西、河南、中都、直隶、徐州等地卫所兵马,各由所属千户、百户指挥,跟随在北征大军之后,运输粮食辎重。至永乐十二年一月二十六日,又签发山东、山西、河南等地民夫共计 15 万人,将粮食运往宣府镇。凡是参与运粮的民夫,不仅由官府负担一路上的口粮、路费和运输费用,还可以免除徭役一年。如此兵马未动,粮草先行,至同年二月,大军才部署完毕,至三月中旬,朱棣才算做好准备工作,带领 50 万大军出征瓦剌。

朱棣上一次亲征是在永乐八年,攻打的对象是本雅失里,所以在那段时间前后,明朝与瓦剌保持了相对比较友好的关系。这次突然支持瓦剌的敌人阿鲁台,又去征讨瓦剌,必须有个冠冕堂皇的借口,才能符合中原王朝所尊奉的儒家"义战"信条。故此朱棣宣称,瓦剌在北方残暴不仁,马哈木以下弑上,杀死本雅失里,又杀死明朝一方的使臣,准备大举入侵。其实从史料来看,瓦剌只是拘留明朝使臣,不让他们回国,但并未将这些使臣杀死,更何况入侵云云都是边防将领的揣测,并非既成事实,只不过朱棣必须要为出兵找出一个像样的借口。反正在获悉明朝大军出动之后,这些使臣在瓦剌自然难逃一死,早死晚死都是一样,也就只好让他们先行殉职了。朱棣心里很清楚,以往明军北征都是征讨蒙古,此次北征却是第一次对上瓦剌,故此处处谨慎,准备工作做得非常充分。在出兵理由上力图显示出自己是正义之师,同时在粮草补给上投入很大力量,情报工作则借助阿鲁台的力量,尽可能做到万无一失。比较日后他的曾孙明英宗朱祁镇,朱棣可以说是举轻若重,非常认真地等待着与瓦剌的初次交锋。

　　根据阿鲁台配合传来的情报,马哈木瓦剌骑兵的先遣部队已经到达了兴和(今河北省张北县)一带。于是朱棣命负责前锋部队的都督刘江先赶赴兴和,做好应变准备,派出人马巡逻放哨,又命负责右翼部队的都督谭青率领一支人马驻扎兴和进行操练,朱棣本人则带着主力部队,在 12 天之后,才于三月二十九日越过野狐岭到达兴和。四月初五日,明军在兴和以北 10 里外的沙城组织了一场大规模的检阅,然后开始一路北行,基本路线与 4 年前朱棣那次亲征一致。正如 4 年前那次亲征,金幼孜留下了《北征录》一样,这一次金幼孜再次从军,又写就了一篇《后北征录》。我们对照《明实录》与《后北征录》的记载,大致可以确定,明军行军的路线基本上是从兴和一路向北到达广武镇,也就是阿鲁台报告马哈木屯兵的哈剌莽来,再由哈剌莽来北行至饮马河(胪朐河)后沿河向西。六月三日,大军抵达双泉海,蒙文名撒里怯儿,据说是成吉思汗的发祥地。《元史》中记载,成吉思汗后来在这里修建过萨里川哈老徒行宫,已经属于蒙古的腹心之地。在这里明军探马已经能够看到瓦剌骑兵活动的踪迹。次日,双方在三峡口,蒙文名康哈里孩发生了两军之间的头一次接触战,瓦剌骑兵数百人败归。当然这只是真正大战开始的前奏而已。六月七日,明军经苍崖峡进至忽兰忽失温,瓦剌主力军已集结在此,双方展开了真正的主力会战。

忽兰忽失温汉名红山口,这里是克鲁伦河与土剌河的大分水岭。瓦剌部队利用这里的地利,试图对明军进行正面阻击。自洪武五年北征,徐达中路军与昭宗主力部队作战之后,明蒙之间的几次战役,都没有发生过双方主力部队势均力敌的碰撞。时隔几十年,大战再次掀起,瓦剌所立的答里巴汗与马哈木、太平、把秃孛罗 3 名重臣率领 3 万部队突然出现在忽兰忽失温的山头之上,明军显然没有充分的准备。瓦剌骑兵仍然保持着蒙古早期骑兵征战的习惯,每人带有三四匹战马,可以进行长距离的突击,希望借助地理优势,从山坡冲下,击穿明军的防守。朱棣见势不好,穿上盔甲亲自指挥,命令明军精锐部队上前抵挡。明军的优势在于朱棣此次亲征,大量采用了新式装备——神机铳炮。当时的铳炮虽然不像后来的步枪,可以连续装弹射击,而且命中率较低,但铳炮应用在大部队作战时,利用密度来弥补准确度的不足,在对骑兵进行远距离杀伤方面,效果仍然较弓箭为佳。明军将领都督柳升亲自指挥各营铳炮向山上冲下的瓦剌骑兵发射,顿时打倒数百人。瓦剌部队的冲击虽然为之一滞,但是明军仍然处于低处,虽然凭借铳炮可以将敌人暂时压制,可是仍然无法获得主动。此后明军方面出动宁阳侯陈懋、成山侯王通等人强攻瓦剌右翼,都督朱崇、谭青、马聚强攻瓦剌左翼,并使用了神机铳炮进行掩护射击,终于让瓦剌部队产生了动摇。朱棣在远处趁机发令,大军发起总攻,终于将瓦剌军击溃。明军战报称杀死瓦剌王子十余人,斩首数千级,明军方面也有都指挥使满都力阵亡,明军终于赢得了忽兰忽失温一战的胜利,一直追击瓦剌败兵到土剌河一带。

关于这次会战,金幼孜的《后北征录》与《明太宗实录》都将朱棣写得如同军神一般,指挥若定,最后打了一个漂亮的大胜仗。但是根据朝鲜方面的《李朝太宗实录》记载,当时辽东方面传言,瓦剌方面设下伏兵,明军深入,被瓦剌切断后路,重重包围起来。后来朱棣依靠火器上的优势,这才脱出重围。《明史纪事本末》中也提到,双方互有伤亡,损伤大致均等。这应当更接近于事实。重点在于,根据金幼孜的描写,双方在六月初七日午时交战,当晚瓦剌败退,朱棣收兵回营之后,再无向西行军的打算。余下两天都是在原地休整,十日班师之后,十一日经过三峡口时仍发现山上与双泉海的海子附近有瓦剌兵马盘踞,说明瓦剌主力并未遭到毁灭性打击,反而一直在明军附近活动。《实录》中的记载也可以说明问题,当忽兰忽失温大胜之后,众将向朱棣请示是否追击,朱棣表示穷寇莫追,于是班师云云。假如当真是一场一面倒的胜利,朱棣怎么可能在主力会战之后这么轻松地放过马哈木等人呢?可以想象明军在这场战役中一定也遭到了不小的损伤,故此不敢再冒险深入。当然,经此一战之后,瓦剌方面也明白明军不好对付。于是在永乐十三年正月,瓦剌顺宁王马哈木、贤义王太平、安乐王把秃孛罗派出使节向明朝进贡军马,并表示归附谢罪。双方初次兵戎相见,在互有损伤之后,又是以这样一种心照不宣的方式恢复了新一轮的和平。

凭借永乐十二年北征,朱棣达到了震慑瓦剌的目的。瓦剌则遭遇到了接二连三的打击。首先是在永乐十四年被前来趁火打劫的阿鲁台击败,过了没多久,权臣马哈木也病死了。此后在永乐十五年,瓦剌与蒙古在兀古者河爆发一场战役,阿鲁台被暂时击退,然而在永乐十七年,阿鲁台再次大败瓦剌,给瓦剌以沉重一击。此后数年,事情并没有像朱棣想象的那样发展下去,因为阿鲁台得势之后,不甘于在明朝摆布之下维持三边平衡,到了永乐十九年(1421)以后,开始再度入侵明朝边境。

阿鲁台入侵的具体原因,明朝方面的史料中讳莫如深。《明实录》只是略微记载了永乐二十年正月,礼部尚书兼都察院事吕震弹劾辽东总兵朱荣的奏状。奏状里面说朱荣在镇守辽东时没有充分戒备,导致蒙古入侵,军队没有防范,造成边境军民损失惨重。吕震最后提出,应当由朱荣与辽东都司官并广宁备御都指挥王真、周兴等人共同承担责任,依法惩处。我们知道,朱荣作为辽东总兵,是这一区域的最高军事指挥官,就连他都需要一同承担责任,可见辽东地区遭到的打击之惨痛。所幸朱棣对朱荣态度还算宽大,没有严惩,只是要求标记罪过,给了他戴罪立功的机会。根据朝鲜《李朝实录》的记载,朝鲜世宗三年,也就是永乐十九年十一月二十二日,从辽东回国的军官宣存义报告说,阿鲁台煽动兀良哈三卫的蒙人叛乱,杀伤附近人众不少,辽东地区已经进入防御状态。而在十二月十二日又有仇敬夫的报告称,蒙古兵马共计40万屯兵沈阳路,辽东地区白天城门都不敢开放,朝鲜使臣在前往北京的路上就遇到了400多名蒙古兵马拦路。直到次年五月,还有不少朝鲜回国的使节和军官报告称,在永乐二十年三月以前,蒙古军队遍布辽东广宁和山海关一带,行人上路,必须先登高瞭望,确认哪里没有蒙军,才能趁夜通行。传言也是越传越离谱,竟然说北京以北及西北甘肃地区都受到蒙军的攻击。这些报告大多来自当时的民间或半官方的小道消息,肯定有夸大其词的成分,但是也说明辽东遇到蒙古军队突袭是确有其事,而且影响到了山海关以内地区,对北京的震动应当不小。朱棣迫不得已,只好准备第三次亲征。

永乐十九年七月,针对阿鲁台的突然袭击,朱棣征调辽东、山东、山西、河南各卫人马,命令襄城伯李隆运粮20万石到兴和,准备征讨阿鲁台。结果这次亲征并未成行,因为阿鲁台一方听到朱棣集结人马,就立刻带领部队跑回漠北去了。眼看要到秋冬季节,一则不愿因为出兵而妨碍农忙,二则惧怕草原冬季那变幻无常的天气,故此朱棣暂时把出征的打算放了下来。但到十一月,朱棣再次与群臣廷议第二年出兵一事,结果六部尚书之中,户部尚书夏原吉、兵部尚书方宾、礼部尚书吕震、工部尚书吴中共四部尚书都极力劝阻不可出兵。夏原吉甚至在奏章中表示,以往三次出征漠北,皇帝也亲征过两次,没有哪一次真正解决了北方的边患,反而折损了大量的军马资财。眼下士兵疲于征战,国内经济状况也不理想,不可再兴征伐。这篇奏章让朱棣龙颜大怒,兵部尚书方宾在朱棣的震怒之下上吊自杀,堪称此次出兵的最大牺牲品。夏原吉和吴中都被以各种理由关入监狱,两人直到朱棣死后,其子仁宗朱高炽即位时才被放出来。

在朱棣的震怒之下,永乐年间的明军第四次出塞,同时也是朱棣自己的第三次亲征开始紧锣密鼓地准备起来。正在明军积极准备出动的时候,阿鲁台对朱棣也非常配合,他在永乐二十年三月突袭了明军重要的前哨基地兴和。这次明军的全部注意力都集中在北京一带的兵力调遣和集结上,谁能想到这个当口阿鲁台会自己找上门来呢?结果在没有充分防御准备的情况之下,都指挥王唤战死。朱棣闻讯,赶忙在三月二十一日从北京出发,至二十四日到达鸡鸣山,听说阿鲁台已经闻讯从兴和逃走。朱棣表示蒙人利于速战,战胜即走,此时再追,不仅追不上敌军,而且只能让己方大军陷入人困马乏的窘境。于是订下计划,准备等到夏天草青马肥之时,取道开平,直驱应昌。故此三月下旬就在宣府和独石堡一带巡视,同时让武安侯郑亨带领 1 万兵马到龙门(今河北赤城县东北)一带修整道路,以利未来大军的通行。

这一次朱棣没有再重复前两次出征的路线,而是从龙门出发,经云州、独石堡到开平。阿鲁台听说明军出塞,也不敢正面接战,只是派出一路人马去攻打万全卫(今河北省张家口市附近)。由于万全守军早有准备,前来侵扰的只是小部队,故此朱棣不为所动,继续追击阿鲁台,至七月上旬,明军已经前进至阔滦海子北边的杀胡原。据明朝方面《实录》中的记载,阿鲁台被追至此,已经众叛亲离。其母和妻子都痛骂他辜负了大明天子对他的恩德,连累家人将死无葬身之地。《太宗实录》说阿鲁台至此不敢再战,只得将牛马辎重丢弃在阔滦海子附近,带着家属匆匆逃命去了。朱棣也表示自己不是穷兵黩武之人,只要对蒙人略施惩戒即可,于是缴获阿鲁台所舍弃的牛羊财物之后,明军也很快撤退了。其实从当时的处境来分析的话,大致可以推想,蒙人对明军正面作战并无成算,每次想要战胜明军,无非是利用大草原的复杂天候地理,示之以弱,采用诱敌深入的方法将其包围,才有胜机。且不说永乐七年的邱福就是在这种战法之下几乎全军覆没,就在朱棣的上一次亲征中,瓦剌也利用忽兰忽失温的地形跟明军拼了个两败俱伤。朱棣看到阿鲁台丢弃下的牛马辎重,当然不敢再继续追赶。应该说朱棣这一决定是比较理智的,因为从次年的情况来看,阿鲁台在阔滦海子的撤退肯定是个陷阱。不过朱棣也没有让这次远征空手而归,他在回师途中突然转向辽东,派出 2 万人的骑兵队,分为 5 路进发,突袭了跟随阿鲁台叛乱的兀良哈三卫。兀良哈三卫对朱棣的军事行动没有充分准备,据明军战报,被斩首者数千,牛羊被掳获的有十余万头之多。可以说朱棣在永乐二十年劳师远征的最大收获,就是使叛乱的兀良哈三卫重新归附明朝。

　　然而当永乐二十一年七月,朱棣远征大军刚刚回来没有一年的时间,边境又有警报,说是阿鲁台有卷土重来的迹象。朱棣竟然试图再次亲征,并且认为上次亲征没有取得应有的效果,是因为阿鲁台跑得太快,这一次朱棣准备提前在塞外准备好,等着阿鲁台自行投到,以逸待劳,争取给阿鲁台一个出其不意。这一次朱棣动员了 30 万大军,后来整个八月到十月,明军都在宣府和万全两地打转,一会儿操练,一会儿埋伏,可实际上阿鲁台却在另一场战争中败北,这一年根本没有来。原因是瓦剌一方的脱欢与阿鲁台之间爆发了战争,这一次瓦剌取得了压倒性的胜利,阿鲁台根本没有余裕再来偷袭明朝了。明军收到确实的消息是在九月,蒙古方面的知枢密院事阿失帖木儿和古纳台两人带着妻子儿女和一部分部众跑来投降,说是阿鲁台在夏天的时候被瓦剌马哈木的儿子脱欢击败。脱欢将阿鲁台的人口牛马掳掠一空,属下部落大半溃散,要知道明军出动,跑都来不及,哪里还敢再来侵扰!倒是负责前锋部队的都督宁阳侯陈懋率领本部人马从西边迂回到阴山脚下,将阿鲁台重要的助手也先土干俘获。然而这也不能说完全属于陈懋的功劳,因为也先土干是在饮马河一带被瓦剌击败后逃窜至阴山一线,陈懋领兵来到,也先土干无力交战,又无处可逃,只好投降。朱棣为了美化自己这次劳师无功的出征,让史臣把也先土干的投降归美到自己身上。按照《明实录》的说法,也先土干是听闻朱棣到此,自己主动投降,而由宁阳侯陈懋引进的。可是焦竑在《国朝献征录》中收录的《宁阳侯陈懋神道碑》等文献都可证明,陈懋与也先土干在阴山相遇之后,是发生过小规模战斗的,可见也先土干的投降并非主动。然而《太宗实录》等官方记载中,都提到也先土干与阿鲁台发生龃龉后为阿鲁台所忌,故此投降,而被朱棣赐名为金忠,暗含"尽忠"之意,并封为忠勇王,其实只是受纳了阿鲁台一方被瓦剌击败后的残兵败将而已,无非是要给朱棣找回点面子罢了。

随着忠勇王金忠的投降,朱棣也就有了撤兵的理由。大军从宣府慢慢开回北京。此时的明成祖朱棣身体已经大不如往昔,但即使如此,他大概也想象不到,他的生命之火已经逐渐燃烧到了尽头,距离他的病逝,还剩下不到一年的时间。

4.4　永乐最后的北征与朱棣之死

继永乐二十一年明军出师徒劳无功之后,永乐二十二年四月,朱棣再次出兵北伐。这一次出兵的结果竟然是朱棣一去不返。

围绕明成祖朱棣晚年的政治构想,历史学家有种种说法。大家或许还记得我们在上一节中有过介绍,明成祖朱棣为明朝北边防务制定的基本政策,较乃父朱元璋更加务实,一切都是以爱惜民力为前提来执行的。但是他在生命的最后3年中,竟然不顾一切地每年发动一次对蒙作战,没有一次取得过实际的战果,但他却一而再再而三地连续出击,完全不在意这种大型军事活动为经济带来的沉重负担,这岂不是与我们前面介绍的情况截然相反?那么,对于朱棣晚年的反复出征,我们应当如何理解呢?

曾经有历史学家解释说,朱棣一直患有阳痿的疾病,所以不愿意在宫中过嫔妃环绕的生活,反而喜欢在草原征战的感觉,能够在戎马之间寻得男性的自尊与自信。有关这方面的资料,当然在明朝的相关记载中不会存在,反而是《李朝实录》中提到,朱棣发现宫女吕氏、鱼氏与宦官私通。吕氏、鱼氏二人畏罪自杀,但朱棣下令彻查此事,吕氏的婢女在严刑逼供之下,胡乱攀扯他人,说宫中的宫女有勾结在一起杀死朱棣的打算。最后牵扯进去的宫女和宦官据说有2800多人。其实历代皇宫之中,后宫女子与宦官有私情者非常常见,不过是行假凤虚凰之事,完全是在人性压抑之下追求的一种心理满足。但是一旦被皇帝发现,特别是跟弑君之事扯上关系,则性质就大不相同。最后朱棣在亲临刑场的时候,有宫女对他大骂道:"你自己没有能力,有阳痿的毛

欧·亚·历·史·文·化·文·库·

病,我们与年轻宦官有点私情,算什么过错!"这种说法应该是大致可靠的,因为我们还可以注意到,朱棣的儿女比起他父亲朱元璋来说要少得多,而且几个孩子都是在其为燕王时所生,反倒是称帝之后再无子息。相对应的,朱棣纳入后宫的女子却并未有减少,但这些女子在朱棣身边却一无所出。这种现象也确实很奇怪,只能归因于朱棣的生理问题。可是这种历史解释也不免让人产生疑问,这是否就是朱棣连续出征蒙古的唯一原因?

如果我们把永乐一朝22年的历史当作一个整体来看的话,就会发现永乐一朝似乎是整个明朝史的缩影一样,前期和中期代表着稳定和强盛,从中期以后开始走起下坡路。反复进行的郑和下西洋,虽然对外树立了明朝强大且友好的外交形象,但对国力的消耗也是惊人的,以至于大臣之中不断有人出来对此表示反对。由于安南局势反复动荡,朱棣从永乐四年起派大军征讨安南,战事断断续续持续到了永乐十四年,也成为永乐一朝的一项重大负担。永乐十八年山东地区白莲教女头领唐赛儿煽动信徒作乱,使得朱棣为了平叛大费周折,事后又未能抓获唐赛儿。朱棣怀疑唐赛儿化装成了尼姑或者道姑藏匿在庵观寺庙之中,于是在北京和山东、直隶等地拘捕尼姑、道姑前后几万人,闹得北方地区人心惶惶,就是这样仍然没有抓到唐赛儿本人,使得朱棣大丢颜面。这还不是最糟糕的问题,晚年困扰朱棣最严重的一点,还有自己的继承人问题。

前面我们也介绍过,朱棣的长子是后来成为明仁宗的朱高炽。朱高炽作为朱棣的唯一合法继承人,这是早在朱棣还是燕王的时候,就已经确定下来的事情。朱棣还有其他两个儿子,分别是次子朱高煦、三子朱高燧。在这三个儿子当中,朱高炽长期以来被作为世子培养,喜欢读书,性格比较温和,与文人儒士的关系较好,总而言之,具备儒家理想中的一切明君所应有的特点。朱高煦则不然,他性格比较刚猛,爱好舞枪弄棒,不爱读书,对自己这位大哥,多少有点看不对眼。靖难之役发生以后,朱高炽以燕王世子的身份长时间留守北平,负责后方,而朱高煦却是一直跟从朱棣在前线厮杀。由于朱高煦凭着自己的悍勇性格,冲锋陷阵,立功无数,而且几次在危难之际靠着自己的奋战挽回了局面,被朱棣认为性格与自己更为相似,故此得到朱棣的欣赏。然而朱棣并未因此产生废立世子的念头,毕竟从传统来说,朱高炽作为嫡长子的地位还是不可撼动的。但是朱高煦在立下赫赫战功的同时,难免产生自己功劳要高过哥哥的感觉,也就难以抑制夺嫡的想法。此时三弟朱高燧也掺和进来,认为二哥朱高煦就像当年的唐太宗李世民,与朱高煦一切联手想要整掉朱高炽。当时三兄弟之间的矛盾大到已经被建文帝查知的地步,后来方孝孺利用此点,曾经写信给朱高炽试图离间燕王父子。幸好朱高炽处置合宜,收信之后立刻派出专人将离间信呈给朱棣过目,保证了父子之间的关系没有出现裂痕。等到朱棣登上帝位之后,对于高炽、高煦之间的兄弟之争也很清楚,心中也举棋不定,没有马上指定太子人选。这就导致了高炽、高煦之间的斗争进一步升级,朝中大臣分为了高炽派和高煦派,暗地里活动非常频繁。当时高煦派的主要代表人物就是淇国公邱福和驸马王宁,他们在靖难之役中经常与朱高煦一起征战多年,故此同气相求。当然支持高炽一派的大臣仍是朝中多数,他们反复上书,希望朱棣尽快给朱高炽太子名分。朱棣此时已经有意改立朱高煦,但是毕竟不敢置嫡长子继承的传统于不顾,于是只好在私下里试探群臣的态度。在太子问题上,他先后征求了兵部尚书金忠(与上一节中的忠勇王金忠不是同一人)和著名大才子解缙的意见,两人均支持朱高炽为太子。解缙在表示"皇太子仁德孝敬,为天下所重"之后,看到朱棣捋须不语,就知道朱棣内心还是倾向于朱高煦更多一些,马上就补了一句"太子有个好圣孙"。这是在说朱高炽的儿子朱瞻基,也就是后来的明宣宗。朱瞻基是朱棣的第一个孙子,所以平时深受朱棣喜爱,于是朱棣这才有了喜色。

据说最后让朱棣下定决心立朱高炽为太子的,是深受朱棣信任的著名相士袁珙。袁珙自号柳庄居士,后世相面者多标榜"柳庄相法",据说就是出自袁珙一脉的传授。我们前面讲到靖难之役时,曾经说过姚广孝遇到袁珙之后,被袁珙比作刘秉忠,于是才立志做一番出世事业。故此朱棣也极为信任袁珙的相法。传说朱棣请袁珙来帮自己解决

·欧·亚·历·史·文·化·文·库·

太子之位的难题,袁珙在看过朱高炽之后,表示此人有天子的贵相,又看了太孙朱瞻基,说,"这更是位太平天子啊!"朱棣听了袁珙的断语,也就不做他想,终于在永乐二年把朱高炽立为太子。

朱高炽被立为太子之后,朱高煦并未就此死心,他知道朱棣在内心深处并不是很喜欢自己这位文弱肥胖,还因为足疾行动不便的大哥。故此当朱高炽被立为太子之后,他主动要求被封为汉王,将藩属放在遥远云南,回头又向朱棣撒娇耍赖,表示我到底做错了什么,为什么要把我弄到那么远的地方去?朱棣想想云南烟瘴气重,朱高煦不愿意到那里去也是人之常情,就力排众议,把朱高煦留在了自己身边。就在永乐四年(1406)准备兴建并迁都北京之后,就变成了太子朱高炽在南京监国,而朱高煦反而陪在朱棣身边。包括朱棣在永乐七年和十二年两次亲征,朱高煦都一同随行,不断利用在朱棣身边的机会说太子朱高炽的坏话,并报复支持朱高炽的官员。最有名的一起事件就是解缙之死。解缙因为支持太子朱高炽,其中一些言行被朱高煦查知,故此有意陷害解缙,对朱棣说解缙向外泄露了当时君臣商议立太子时的交谈。虽然议立太子一事已经过去好几年了,早就成了既成事实,但是泄露宫中机密总是君主心中的一个疙瘩。于是朱棣找了个理由,说解缙在科举考试阅卷时读卷不公,将他贬至广西。解缙刚刚上路不久,又被改贬交趾。永乐八年,解缙进京奏事,时逢朱棣亲征蒙古未归,于是向留守的太子朱高炽报告完毕,即行返回。朱高煦听说此事以后,就向朱棣报告称解缙进京目的在于趁朱棣不在,私下求见太子,引起朱棣暴怒,下旨将解缙抓起来严刑拷打,最后被埋在雪堆里生生闷死。

但是朱棣当然不会对朱高煦的野心毫无察觉。当永乐十二年朱棣亲征归来之后,在永乐十三年五月,朱棣将朱高煦的封地改到山东青州,认为太子既然已在北京,平时又没有太大过错,两人同在一起,暗地交锋,难免出事,将高煦改封山东,不必离自己太远,应当可以满意。朱高煦对此很不满意,仍然不肯就国,当初远封云南,不肯离去倒还罢了,现在近在山东,还不肯走,等于是不给朱棣面子。故此朱棣心中暗骂朱高煦不懂事,把他召进宫来大骂一顿。然而朱高煦使尽手段,始终赖在北京。最后朱棣只得派人查明朱高煦暗地里做的几十件不法事件,将他剥去王服,囚禁起来,并威胁他要将他废为庶人。经过这样一番折腾,朱高煦只得在永乐十四年三月去往山东封地。可是朱高煦人虽然走了,可还没有放弃夺嫡的打算。他设下许多耳目在京城,与三弟朱高燧等待着弄垮朱高炽的时机。

朱高燧是朱棣的小儿子,平时聪明可爱,很得朱棣的欢心。由于朱高煦与朱高燧两人一直暗地串通,朱高煦在明,朱高燧在暗,故此他构陷朱高炽的活动并未让朱棣察觉,一直把他留在身边。但到了永乐二十一年,朱棣因为身体不好,相当长一段时间没有上朝,把朝中大事都交给太子朱高炽全权处理。朱高燧认为时机来到,拉拢当初依附朱高煦的宦官黄俨等人,开始散布关于太子的流言蜚语,说是朱棣有意废掉太子,改立赵王朱高燧。同时,朱高燧又拉拢护卫指挥孟贤,示意他做好各方面的准备,一旦情况有变,立刻在宫内起兵接应。据说朱高燧等人连朱棣的伪诏都已经准备好了,准备让宦官杨庆在朱棣平时所用的汤药中下毒。毒死朱棣之后,就将朱棣的印玺收缴,将几个文武大臣扣押,同时发布伪诏,废掉太子朱高炽,立朱高燧为帝。然而这些人还在周密策划的时候,消息已经走漏了出去,内中有一个名叫王瑜的武官将他们所做的伪诏副本上报给了朱棣。朱棣闻知此事,勃然大怒,强撑病体提审孟贤等人,将涉案之人全部斩首。朱棣将朱高燧也叫到御前,盯着他的眼睛问道:"这事是你做的吗?"朱高燧吓得面无人色,一句话也说不出来,全赖朱高炽看在手足情分,替他说话,表示都是下人所为,朱高燧一概不知,才把事情糊弄过去。

作为皇帝也好,作为3个孩子的父亲也好,朱棣在晚年卧病之际,肯定不希望看到自己的儿子们围绕太子问题做出如此犯上作乱之事。综合这些历史现象,说他不愿意待在后宫也好,不愿理会儿子们之间的钩心斗角也罢,总而言之,我们大概可以将朱棣的屡次征讨蒙古,视作朱棣晚年对于政治的一种逃避。当然不管从哪个层面上来说,在这种情况下,作为一个政治家,不惜代价反复对蒙古用兵,并不能认为是一个明智的选择。那么是否因为朱棣过于看重阿鲁台这个对手,希望在自己这一代彻底解决蒙古对北边的威胁,不想把这个问题留给后人呢?似乎也不是这样。应该说尽管永乐十九年阿鲁台对辽东进行突袭,给明朝造成了很大的麻烦,但是不管从整体力量对比,还是从历史进程的发展来看,双方的实力仍然存在一定差距。如果明军对边防善加管理,由于瓦剌跟蒙古之间战事一直存在,保持北部边疆的安全应该不会成为太大的问题。无论如何,从现有材料来看待这段历史,给人感觉朱棣连年北征,实在是过于冲动了。

既然是头脑发热的冲动之举,我们也就无法从执政者的理性层面给出一个理性的解释。所以完全没有任何理由的,就在永乐二十二年四月,朱棣再次带着大军出发,冲向他头脑中那缥缈的敌人。

按照明朝方面的记载,最早提出永乐二十二年北征之议的人是投降而来的忠勇王金忠。他屡次怂恿朱棣再次出征,彻底把阿鲁台打垮。但是这种记载我们不可全信。首先金忠投降时间不长,朱棣何以对他如此信任?要知道晚年朱棣的身体状况并不太好,经常生病,所以我们只能理解为朱棣本人又动了出兵的心思,金忠只是配合了朱棣的这一愿望而已。这一次出兵,大臣们都吸取了上一次夏原吉等人的教训,果然没人再敢出言反对,倒是都一力赞成,认为"金忠之言不可拒"。于是朱棣在三月一日举行了大规模的阅兵,带上内阁学士杨荣和金幼孜,由柳升等将领领兵,陈懋、金忠任先锋,四月四日由北京出发,直奔赤城而来。四月二十五日,大军经过独石堡,来到隰宁(今河北省张家口市沽源县)。在这里金忠的部将把里秃抓获了一名蒙军间谍,经过一番讯问,该名间谍交代说阿鲁台在去年秋天就听说朱棣要再次出塞,于是驱赶部众向北迁徙,结果在冬天遇到暴雪,牲畜大部分都冻饿而死,很多依附阿鲁台的部落都各自散去。现在听说明军出塞,早就逃往答兰纳木儿河(今喀尔喀河支流墨尔根河)沿岸去了,准备躲到荒漠之中,故此才派来间谍,窥探明军动向。于是朱棣判断阿鲁台应当离此地不会太远,领兵向答兰纳木儿河突进。五月五日,明军到达开平,在开平休整了7天,五月十三日继续出发。然而在五月十日那天,朱棣把杨荣与金幼孜叫进帐中,表示就在前一天晚上做了一个梦,梦到有神人来到,对朱棣说:"上天有好生之德。"连着说了好几遍,不知道是什么预兆,故此来问二人。杨荣、金幼孜回答也很滑头,说:"陛下爱惜生灵,上达天听,因此做了这个梦。我们出兵的目的并不是要制造杀戮,而是在于除暴安民而已,但是如果杀心过重,难免玉石俱焚,请陛下留意。"等于是在劝朱棣撤兵。于是朱棣命杨荣草敕,派宦官伯力哥带着抓来的俘虏回蒙古本部,要求俘虏仔细说明阿鲁台的罪状,并且对各个部落明确表示,明军出动只针对阿鲁台一人,所有希望归附明朝者都会得到妥善安置。就这么又把俘虏给放走了。结果明军在六月十七日到达答兰纳木儿河沿岸,看到的都是满地荒草,连阿鲁台的影子都没有找到。朱棣在这里停留了几天派出小股部队四处查看,搜索附近的山谷,结果回报的结果是周边300里内都没有人烟。英国公张辅奋勇请战,向朱棣表示只要给他1个月的粮食,让他自己率军深入,一定能够找到阿鲁台的踪迹。朱棣非常犹豫,对张辅等人表示现在出塞已经快要3个月了,部队正处在人困马乏的状态之下,北地的秋天来得既早且冷,一旦出现暴风雪,就会出现比较严重的问题。特别是归途较长,真的遇上降温,大军将陷入困境,必须从长计议方可。于是朱棣要求众将先暂退一旁,让他再仔细考虑一下。其实这时候朱棣早已萌生了退兵之念。次日,朱棣召见张辅等人说:"昨天朕仔细考虑了大家的建议,认为还是不要再行追击了。对付游牧夷狄,只要把他们赶走就行了,不必穷追不舍。更何况现在阿鲁台的部队规模不大,所剩无几,化整为零之后,在茫茫大漠之中,想要找他们,无异沧海一粟,谁有把握一定能找得到呢?我宁可放弃惩罚阿鲁台的机会,也不愿意让将士们担上更大的风险。朕意已决,马上就班师回朝。"

明军正式宣布班师,是在六月二十一日。由于这次出师相对比较仓促,此时明军已经出现了粮草接济不上的情况,杨荣要求军中口粮有余的士兵将粮食借给口粮不足者,返回之后由政府负责加倍偿还。然后把部队分成两部,朱棣率领骑兵向东,武安侯郑亨率领步兵向西,约定在开平会合。至七月七日,朱棣经过清水源,在这里刻石记功,希望在万世之后,让后人还能记得他亲征从此经过。按照明朝官方记载,七月十六日朱棣到达了苍崖戍，突然发病，十八日病死在榆木川。其实从全部记载来看，我很怀疑六月二十一日退兵时朱棣已经病重，所以会以步骑两路退兵，目的就是让朱棣可以尽快返回。朝鲜方面的《李朝实录》中提到了当时的各种传说，比较靠谱的一则是说大军撤退时遭遇了草原上的恶劣天气，朱棣所在的营帐冰雹有瓦片大小，迎头砸下。士兵有被砸断胳臂的，严重的有脑袋被砸碎而死的，就连战马的脖子都有被砸断的，朱棣为此劳心而死。总而言之，朱棣病死在此次出兵的归途当中，杨荣等人秘不发丧，赶紧赶回北京安排新君即位事宜。等到一切准备停当，这才公布朱棣死讯，然后由太子朱高炽即位，是为明仁宗。明仁宗的即位，既是永乐时代的结束，同时也代表着贯穿整个明代前期的明蒙对抗的终结。

5 瓦剌的兴起与土木堡之变

5.1 明蒙战事暂息

上一节我们已经提到，永乐帝朱棣病逝榆木川，标志着明蒙对抗的终结。在朱棣连续 5 次亲征蒙古之后，明朝方面也没有余力再组织如此规模巨大的远征活动了。明仁宗朱高炽性格与为政的方式与乃父乃祖均有很大不同。正如他的谥号一般，朱高炽真的是在帝王中少见的仁德之君。他登基之后，很快就把夏原吉等人从监狱中释放出来，并且为在靖难之役中作为建文一党而被处死的方孝孺等人平反。当初站在建文一方的大臣虽然多数已经被杀，但是他们的家属大多被官府收押，变成官府的奴婢，财产也被国家罚没。现在仁宗给这些人免罪，其家属也可以恢复良民的身份，财产得到了一定的补偿。

仁宗为了扭转永乐朝政治的走向，还有一项大胆举动，就是试图将京城迁回南京。一般认为，朱棣将京城迁往北京，是为了加强北方的防御。当然在我看来，这里面恐怕还有更深层的心理原因。朱棣通过靖难之役登上帝位，叔夺侄位，又杀了很多朝中重臣，他是无法安心在南京进行他的统治的。北平作为他的龙兴之地，又是曾经元朝大都所在，也不乏帝王气象，故此朱棣

仁宗像

更愿意在北京建立帝业，躲开他父亲朱元璋长眠的明孝陵远一些。然而仁宗朱高炽却认为，北京更加靠近边境，一旦边境有警，北京总会被卷入进去，形成紧张气氛。而且早在元代开始，大都就是一个消费型都市。由于周围地区的经济条件不如南方发达，导致元代大都完全依赖

·欧·亚·历·史·文·化·文·库·

南方的漕运和海运。朱棣迁都北京以后,同样导致了国家资源配置向北倾斜,而北方的经济力又较江南地区有差距,这样平白形成了很大消耗。故此刚刚被释放出来的夏原吉等人提出建议,认为不妨借此机会把政府重新移回南京。这一建议被仁宗采纳,故此在洪熙元年四月准备着手实行,命令太子朱瞻基去南京拜谒太祖朱元璋的孝陵,并且留在南京为迁都做前期准备。然而非常可惜的是,就在1个月以后,仁宗朱高炽突然死去,此事也就不了了之,北京才得以作为首都沿用下去。

仁宗执政时间相当之短,他在位时间加起来前后只有不到10个月。关于仁宗暴薨的原因,从明代开始就有各种说法。有人说仁宗是纵欲而亡,理由是在仁宗即位时,即有大臣李时勉上疏,希望仁宗能够节制欲望。仁宗阅后大怒,李时勉为此险些丧命。后来明人在笔记中也提到,当时有太监之间的传言,说仁宗是患"阴症"而死,大概与纵欲有关。也有人认为,仁宗之死可能与太子朱瞻基有关,是被太子毒杀的。当然朱高炽与朱瞻基父子之间是否有如此之大的矛盾,我们在史料中是很难看出来的。而且朱瞻基在洪熙元年刚刚27岁,应该不至于急于登上帝位到这种程度。但是这些都是明代以后就一直存在的传言,其中真假很难说清。

仁宗暴薨的消息很快传出,此时最先坐不住的人就是朱瞻基的叔叔汉王朱高煦。朱高煦当年就觊觎帝位,现在仁宗突然晏驾,新君甫立,人情未附,他认为自己的机会来了。当初成祖朱棣病逝之时,朱高煦就想到过要不要有所行动,但是由于杨荣和金幼孜两人将消息完全封锁,朱高煦一直没有得到准确情报,心中又畏惧自己这位父亲如虎,导致等他听到确切消息时,朱高炽已经登上了帝位,弄了个棋差一招。这一次仁宗死得既突然又蹊跷,朱高煦终于不能再忍。他想到太子朱瞻基此时正在南京谒陵,听到消息以后势必要尽快返回北京,于是山东就是朱瞻基回京的必经之路。故此朱高煦陈兵于山东境内,要人务必将朱瞻基阻截在路上,只要将朱瞻基控制在手,何愁大事不成!朱高煦打着自己的如意算盘,派出亲信驻扎在主要干道之上,他想着太子回京,沿路官员又惦记着给这位新君留下好印象,势必尽心招待,必然声势很大,一定不会错过。谁知道人手派出去之后,一连几天没有动静。原来朱瞻基早在朱高煦派人截杀之前就秘密经过山东,赶回北京去了。但是为什么朱瞻基能够未卜先知,提前过境呢?历史没有为这一细节留下记载,这也就成了朱瞻基密谋弑父说的一大论据,如果不是他早就知道朱高炽会暴死,怎么能做出这么周全的准备呢?当然这些都是明代那些文人的猜想罢了。

不管怎样,朱瞻基终于顺利登上了帝位,成为明朝第五位皇帝宣宗。宣宗知道自己这位叔叔汉王朱高煦常怀篡逆之心,对他丝毫不敢轻忽,抓紧时间控制军权,秘密训练部队,准备应付突然之变。另一方面,朱瞻基又向朱高煦赏以厚礼,派人送了大量礼物过去,又让使者对朱高煦说了许多谀辞,让朱高煦对自己放松警惕。朱高煦就被朱瞻基的表面工作麻痹了神经,在他看来,朱瞻基年纪尚轻,在打仗方面不是自己的对手,于是想效法自己父亲朱棣,打起"清君侧"的旗号,在山东举兵,声称老臣夏原吉是朝中奸佞,并秘密联系英国公张辅,准备夺取帝位。

英国公张辅是明初名将张玉的儿子。张玉与当初支持朱高煦的邱福关系密切。我们前面提过,在朱棣刚刚登上帝位,太子名位未定时,群臣有高炽派和高煦派之分。由于朱高煦在靖难之役前线战事中表现突出,又随从朱棣出征蒙古,故此他在军中影响较大,将领们大多都是高煦派。张辅也是朱棣几次亲征时重要的领兵将领,很可能很早就已经是高煦一派中人,故此朱棣在榆木川病逝之时,杨荣特别对张辅封锁消息,应该也是对他早有戒备。朱高煦此时又找上张辅,就是希望

宣宗像

利用他在军中的影响,希望他能够在关键时刻给朱瞻基背后一击。谁知道张辅这几年眼看朱瞻基的成长,活脱脱就是第二个朱棣再世。朱高煦现在名义上是皇叔,其实不过一个小小藩王,更何况还有个同样

野心勃勃的赵王朱高燧。就算朱高煦能够顺利夺取皇位，朱高燧难道就会袖手旁观不成？到时势必兵戈不断，生灵涂炭。故此张辅二话没说，就把朱高煦派来的使者扭送到朱瞻基那里。朱瞻基起初也有点担心自己这位叔叔不好对付，于是就派了个老成持重的宦官叫侯泰的，让他前往山东去劝说朱高煦，表示这件事就当作是下人自作主张，不如就这么算了，希望朱高煦能够悬崖勒马，以留日后相见的余地。谁知道朱高煦反倒破罐破摔，对着侯泰南面而坐，一副天不怕地不怕的劲头，大肆宣称当年他参与靖难有功，大明天下就是他鞍前马后打下来的，结果朱棣听信奸臣谗言，把他封到这么个破地方来，他不愿久居此地，如果想要他收手，就先把朝中一干奸佞老臣先抓起来送到他手里，然后他才能与皇帝坐下来和谈。

造反本来就是个隐秘的事情，要敌明我暗出其不意才容易成事。结果朱高煦造反如此高调，弄得天下皆知，岂有不败之理。朱瞻基接到侯泰回报，看和平解决已经是不可能了，便召开御前作战会议。在会议之上，武将们大多推举阳武侯薛禄，或是英国公张辅，这两个人都是战功赫赫的宿将。但是朱瞻基却力排众议，决定御驾亲征。这在不少人看来似乎是年轻皇帝的不知天高地厚，实际上朱瞻基却有自己的打算。他想到的正是当年靖难之役的建文帝，正是因为建文帝不肯御驾亲征，反而信任自诩宿将的李景隆，导致当时作为叛军的燕王部队在战胜李景隆之后声势大振，一下就使强弱格局逆转。所以朱瞻基不想让薛禄或是张辅出征，一是对他们毕竟不够放心，二是担心万一败了，自己可能再无翻身机会，于是甘冒风险，亲自统兵出征。

朱高煦满以为来的是薛禄、张辅之辈，没想到朱瞻基竟然亲征。再怎么说朱瞻基也是名正言顺的皇帝，再想调动山东境内的卫所士兵，已经是很困难了，皇帝又没有什么明显的过失，谁会愿意顶上一个叛逆的名头去跟皇帝正面作战呢？结果朱高煦能支使动的，就只有自己身边的一干亲信。这下朱高煦有点慌了，才发现反叛这个事情好像不像自己想象的那么容易。朱瞻基也不是养在深宫之中的花花大少，当年朱棣有意把他栽培成自己之后的接班人，所以也让他随同出征过蒙古,见识过真正的战争,亲眼看过爷爷和自己的这位皇叔是怎么打仗的。朱高煦或许对他不够了解,可是他早就把朱高煦的性格、习惯等等摸得一清二楚了。在京城议定御驾亲征之后,众将就向他请示下一步行军的目的地在哪里。众将都是出生入死、身经百战之辈,也没在意皇帝的意思,名为请示,实际上都是各抒己见。大家就七嘴八舌地争将起来。有人说朱高煦曾经在南京多年,对南京情况熟悉,肯定会先取南京,再利用长江天险与我们相抗衡,兵贵神速,应该直奔南京,避免被他乘虚而入;也有人说朱高煦不会长途奔袭南京,他在山东经营多年,肯定以山东为后方与我军决战,那么距离朱高煦老巢乐安最近的大城镇就是济南,他肯定要先取济南,再决定下一步的动向,我军应当先行一步到济南,以逸待劳,给他个迎头痛击。众将纷纷说完,再请朱瞻基定夺。哪想到朱瞻基只是微微一笑,对众将进行了一番长篇大论的分析。朱瞻基认为,朱高煦既不会去南京,也不会去济南,而是哪里都去不了,只能龟缩在乐安一城。据朱瞻基的分析,朱高煦的上策当然是奔袭南京,但是他身边亲信的眷属都在乐安,他们总不能带着家属去攻打南京,一定会劝阻朱高煦,而朱高煦身边就剩下这么一群忠心的人跟着了,也没办法不考虑这些人的意见,所以他一定去不了南京;既然他去不了南京,也就不太可能去打济南,因为济南虽然驻军不多,但是一则不肯从逆,二则城墙既高且厚,如果速攻不下,我大军一至,朱高煦就要被迫与我军进行野战,他必然不肯。如此一来,朱高煦就只剩下保全实力,死守乐安,以图侥幸一途。这是他唯一的选择。所以我军根本不用考虑南京、济南,只要直奔乐安,朱高煦一定会在乐安等着我们。众将这才恍然大悟,盛赞天子圣明,烛见万里,以下自是谀辞如潮,不必一一细说。

此时朱高煦并不知道自己已经被人家都给摸透了,一门心思想跟皇帝拼个玉石俱焚。结果大军到了城外,根本不必弄什么云梯强攻、冲车攻城之类的桥段,只是四面放了一些空炮,打得震天动地,城中守军不知怎么回事,闻听炮声大作,心中就先怯了。朱瞻基又命神机营向城头之上发射铳炮,这么远的距离也不可能伤到人,只是打得城头尘土飞扬,守军在城头上压根不敢站立,纷纷逃走。朱瞻基一看,就知道城中军兵已经没有斗志,对天子又是既敬且惧,不可能再有大的抵抗,于是命人将自己的诏敕绑在箭上射入城中。诏敕的内容无非是告谕城中人等,反叛之事全由朱高煦一人而起,将由朱高煦承担全部责任,希望大家认清形势,不要助纣为虐。最后,上面还写明了如果生擒或杀死朱高煦并开城投降,赏金若干若干。这样一来,城中的底层士兵再也没有斗志,就连朱高煦本人也清楚,自己已是绝无胜算。于是他的态度也跟着急转直下,一个月之前还蛮横地说要朱瞻基杀了夏原吉等人再跟自己谈,现在又变成铁了心要投降了。朱高煦这一要投降可不要紧,把他身边的这些亲信给气了个半死。这些人原本都不准备造反的,是朱高煦一直叫嚣着效法乃父干掉侄子做皇帝,虽然自己对当个开国功臣这种事情也不无期待,但是促成他们跟着朱高煦造反的原因,还是在于对朱高煦的一片忠心。现在反造到了一半,朱高煦见势不好竟然要投降,他固然是藩王之身,跟皇帝有着叔侄之分,或许能够不死,但是他身边亲信们就必须承担起这逆臣的名号和罪责了。故此这些人竭力劝阻朱高煦,其中王斌等人一力向朱高煦表示,大丈夫活在世上争的就是一口气,宁可站着死,不能跪着生,我们这些人既然跟着你造反,也就没想过失败了还能活着,大家一定保你保到最后一刻,宁可为你战死,也绝不能投降。王斌等人一番慷慨陈词,实指望打动朱高煦,大家痛痛快快杀上一场,也在历史上留下一段意气。谁知道朱高煦身为皇子贵胄,根本就是个天性凉薄之辈,根本没把身边亲信看成什么,心想你们这些臣子的狗命岂能与我相提并论,但是他看群情激奋,要是把心里话说出来,肯定就被这些人乱刀砍了,于是嘴上频频称是。当天夜里,众将官准备养精蓄锐,明日阵前赴死的时候,朱高煦却趁着大家昏昏睡去,警戒松懈之际,从乐安城中自己一个人跑出来,到朱瞻基的大营投降来了。

朱高煦叛乱最终就是以这么一场闹剧的形式落下帷幕。朱瞻基又把目光转向自己的另一位叔叔赵王朱高燧。当初汉王朱高煦预谋造反时,是派人知会过朱高燧的,朱高燧当时表现得也很兴奋,热情款待使者。但是朱高燧身边的侍从都是些明白人,其中赵王府左长史胡永兴力谏不可。胡永兴说得明白,当今天子跟你有叔侄之亲,你藩王的位子坐得好好的,何必要去反他?更何况现在是汉王造反,且不说汉王未必能成,就算成功,也是他做天子,你到头来忙活半天还是个藩王,与人作嫁,又有什么好处?朱高燧就是不听劝。没办法胡永兴只好使出非常手段,他趁汉王使者拿了赵王回复的密信回乐安的时候,派出刺客埋伏半路,将汉王使者杀死,把赵王密信拿回来销毁。故此朱高煦一看使者没有回来,只道朱高燧另有主意,朱高燧看汉王再无使者前来,根本不知道起兵的事情,两下里的布置就岔开了。但是这其中的经过,朱瞻基通过耳目也有所了解。故此解决朱高煦之后,他当时就想移兵赵王朱高燧的封地彰德,最后在杨士奇的劝阻之下作罢,转而对朱高燧采取安抚的态度。后来朱高煦押解至京,供出与朱高燧确有联络,朱瞻基让广平侯袁容前往彰德,把朱高煦证词拿给朱高燧看。朱高燧这才大惊失色,当下要求削减身边护卫,以示降服。朱瞻基将朱高燧的护卫撤走,表示既往不咎,算是彻底化解了上辈人留下的一桩恩怨。

这里还想再说一句,朱瞻基在历史上的众多皇帝之中,还算是比较厚道的一个。朱高煦投降之后,朱瞻基还顾忌着叔侄的名分,没有杀他,而是把他关在了皇城西边西安门的一间房子里面。结果这位朱高煦还不老实,整天在里面骂骂咧咧。朱瞻基后来专门去看望了他一次,他非但没有趁此机会好好装装可怜,收敛态度,反而趁朱瞻基靠近自己的时候,绊了朱瞻基一下。这下子可是把朱瞻基的火勾起来了,最后把他捆起来压上个大铁缸,旁边堆上木炭连着铁缸一起烧化了。可怜朱高煦的野心也就随着熊熊火光,灰飞烟灭。

平定汉、赵两大强藩之后,朱瞻基的统治日趋稳定。在政治上,他任用永乐年间即已崭露头角的"三杨",也就是杨士奇、杨荣、杨溥三人进入内阁,改变了朱棣时期的对外政策,比如从安南撤军等等,使得国家进入了一个比较太平稳定的阶段。朱瞻基本人虽然也有些好动不好静,但是"三杨"性格谨慎持重,使得洪熙、宣德这两朝之中,没有太多的对外征战。朱瞻基只是对兀良哈三卫进行过一次出兵,规模也不

·欧·亚·历·史·文·化·文·库·

是很大。在这种情况之下,可以说明帝国没有继续对北边的蒙古和瓦剌施压,使蒙古和瓦剌实力得到了恢复。首先得益的是瓦剌。我们前面说过,瓦剌的权力始终掌控在三王之手,分别是顺宁王马哈木、贤义王太平和安乐王把秃孛罗。三王中间本以顺宁王马哈木的实力最强,但在永乐十二年(1414)的忽兰忽失温之战以后,马哈木与朱棣鏖战一场,结果双方都有较大损失。次年马哈木又与阿鲁台交战,在斡难河北败于阿鲁台之手,又气又病,不久死去,由其子脱欢继承了他的王位。

脱欢刚刚继承其父顺宁王的王号时年纪尚轻,所以他父亲的两个同辈贤义王太平与安乐王把秃孛罗都多少有点看不起他。在永乐十九年,太平与把秃孛罗向明朝遣使进贡,甚至没有知会脱欢。这显然有违以往的惯例。以往马哈木在世时,瓦剌三王均以顺宁王为首。然而脱欢上台以后,从第一位一下子跌落到了第三位。于是原本三王在政治上互相联合,同声相应,却在这时开始分道扬镳。脱欢自己开始独立行动,利用明朝转而对阿鲁台用兵之际,出兵蒙古,几次打败阿鲁台,俘虏人口牛羊,既充实了自己的力量,也提高了自己在草原上的声望。

永乐二十二年,脱欢认为时机已到,对贤义王太平发动了突然袭击。明朝方面的谍报人员获得的消息是,太平下属的部落人马溃散,一时间,有不少瓦剌部众向明朝提出归附,均被明朝收容。次年仁宗朱高炽登基,瓦剌三王分别遣使来贺,并无统一行动,也从另一个侧面说明了三王之间的政治联盟已经彻底瓦解。与此同时,贤义王太平也在这一年死去,其子捏烈忽袭爵。后来明朝方面就再也没有关于三王贡使的记录,故此我们可以推测,大概在宣德年间,脱欢已经完成了兼并贤义、安乐二王的计划,大权独揽,使瓦剌各部归于自己旗下,接着开始了统一蒙古的征程。

1431年,也就是明朝宣德六年,蒙古阿鲁台被脱欢的瓦剌军击败。3年之后的1434年,阿鲁台战死,此时蒙古已经无力再与瓦剌抗衡。我们可以想象,假如这时朱棣尚在人世的话,他一定会转而支持阿鲁台,再次联手蒙古压制瓦剌。然而明宣宗却在"三杨"的辅佐之下,不愿再向北边投入无数钱粮和士兵,只是坐视蒙古大败而已。为了顺利平定蒙古,脱欢专门拉拢了有着成吉思汗黄金家族一系血统的脱脱不花。我们前面已经说过,虽然阿鲁台是蒙古方面的最高权力者,但是他并不是大汗。由于蒙古汗位继承的传统很强,必须是黄金家族的后裔才能被蒙古诸部广泛承认,于是阿鲁台此时扶立的大汗名叫阿岱汗,据说是成吉思汗的弟弟合撒儿的后代。但是合撒儿虽然与成吉思汗是一母同胞的兄弟,但他并不是成吉思汗的子嗣,也就是说,脱脱不花的血统要比阿岱汗更加纯正高贵。脱欢扶立脱脱不花,把自己的女儿嫁给他,希望能够凭借他的号召力统一蒙古。脱脱不花也着实肯为脱欢出力,他率领瓦剌兵马一路追击阿岱汗,从今天内蒙古地区一直转战到陕西、甘肃一带,终于将阿岱汗彻底消灭,这已经是明英宗正统三年(1438)九月的事情了。

脱欢与脱脱不花的联军彻底将阿鲁台等蒙古力量消灭,然而脱欢却并不敢自立为大汗。传说脱欢当时有一脚踹掉脱脱不花的想法,但是当他乘着自己的马去告谒成吉思汗陵寝的时候,用刀去砍成吉思汗陵的墙壁,大呼小叫说:"好你个成吉思汗,难道你就这么了不起吗!我的母亲萨穆尔是额勒伯克(北元脱古思帖木儿汗之子,据称也做过北元大汗)之女,也出自黄金家族,难道我就差给你了吗!"当时蒙古贵族大臣们纷纷劝阻,认为不可如此,皆因为成吉思汗不仅仅是蒙古大汗而已,还是统治天下的君王,要求脱欢向成吉思汗陵寝叩头谢罪,以求免祸。脱欢并不理睬,说:"我眼看就要取而代之,把大汗之位从黄金家族手中夺取过来,有什么可谢罪的! 现在放眼整个蒙古已经统一,我要效法古代人君登基之礼,就在成吉思汗陵前称大汗。"于是摆酒设宴,准备行登基大礼。结果没承想,就在大家酒酣耳热之际,忽然听到陵寝中有嗖嗖的飞矢之声。众人惊慌四顾,一个侍者发现陵寝中挂着的号称是成吉思汗用过的箭壶之中,有一支羽箭在微微摇动。脱欢突然之间觉得心中似有火烧一般难受,大叫倒地,众人忙将他的衣服解开,发现脱欢后心上出现了一个很大的创口,俨然是被弓箭劲弩所伤。再回头看那只摇动不已的羽箭箭头之上,隐隐有血痕现出,众人都惊骇不已,脱欢不久即伤重而死。这一故事在《蒙古源流》和《蒙古黄金史纲》中均有记述,可以肯定有其现实依据。虽然在情节上稍显荒诞,但是我们大概可以看出,当时脱欢确有取而代之的想法,而且遇到了支持黄金家族的传统阻力。所以脱欢仍然奉脱脱不花为大汗,将阿鲁台和阿岱汗的下属部众、土地归于脱脱不花名下,自己则仍旧居于漠北。在《蒙古源流》等书中,脱脱不花被称为岱总汗,脱欢则只是太师而已。但是在实际权力上,脱欢代表的瓦剌势力已经远远超过了黄金家族,就在脱欢的儿子也先一辈,蒙古大汗的名位终于易手,打破了黄金家族对蒙古帝国最高统治者200余年的垄断。

大体说来,由于明朝内部统治政策的调整,使得明朝自洪熙以后,不再对北边进行大规模作战。这样就使得瓦剌得到了充分的休养生息的机会,而阿鲁台一方则在朱棣连年进攻之下,实力大为削弱,最后终被瓦剌所并。故此我们可以说,朱棣晚年几次北征,无形中使得瓦剌成为最终的受益者,为日后的土木堡之变埋下了伏笔。

5.2 也先的积极扩张

前面我们已经介绍过,在蒙古的传说故事之中,脱欢试图成为大汗,却被成吉思汗的神灵射死。其实脱欢死去是在他与脱脱不花联军消灭阿岱汗之后的1年到2年间。通过这一故事,我们也不难想象,脱欢很可能为汗位一事,与脱脱不花产生了一定矛盾,最后非正常死亡。实际上,就在也先继承了脱欢的太师之位以后,按照明朝方面谍报人员的报告,脱欢的两个儿子之间出现了兄弟阋墙的局面。脱欢长子也先自己带领部众居于晃合儿淮之地,而次子则投奔脱脱不花,可见脱脱不花已经介入到权力斗争的漩涡之中。作为拥有北边力量最为强大的一方,也先当然不满足于在名位上屈居脱脱不花之下,但是脱脱不花毕竟有着纯正的黄金家族血统,也先并不能通过阴谋手段取而代之。于是,也先积极开疆拓土,希望能够通过对外战争的胜利树立自己的威信,从而让蒙古贵族们对他的力量表示信服。这样才能向蒙古民众昭示,黄金家族的子孙终将一事无成,只有他才能让蒙古人重获昔日光辉。

　　也先扩张的第一个目标就是西域。瓦剌人的主要活动区域本来在叶尼塞河上游流域，但是随着他们不断东迁，使得瓦剌的版图向东南大大扩展，已经到了阿尔泰山南麓及居延海一带。只要南下取得哈密，就可以斩断明朝与西域之间的联系，取得西域与中原交通咽喉的控制权。哈密也是明朝非常重视的一个地区。此处原本属于察合台汗国统治的区域。洪武年间，明太祖朱元璋开始在哈密建设卫所，并在这一地区设置了沙州、赤斤、曲先等卫，防备蒙人从此处向内地进攻。明成祖时对哈密采取羁縻政策，封安克帖木儿为哈密王，配合哈密卫管理庶政。由于东西商人使节往来不绝，哈密变成了一个民族聚居区，畏兀儿、回回、瓦剌等不同民族都汇聚于此，从事各种行业，所以各方势力对这里渗透也非常厉害。当也先的父亲脱欢还在世的时候，就把自己的女儿弩温答失里嫁给了哈密王卜答失里。到了正统四年（1439），卜答失里去世，由弩温答失里所生的长子倒瓦答失里继承哈密王位。次年，哈密总督皮剌纳等人想要谋杀倒瓦答失里与其弟卜列革。也先闻讯之后，派出捏列骨等人率军围困哈密，然而被皮剌纳手下将领击败。此后哈密政权被皮剌纳把持，局势陷入动荡，正给了也先对哈密出兵的口实。正统八年，也先以保护弩温答失里为名，派出了三千士兵再攻哈密。此次也先围城达一月之久，终于攻破哈密，将弩温答失里接回，留下归附瓦剌的哈密人陕西丁协助哈密忠顺王管理哈密。此后数年之间，只要也先命令一下，弩温答失里就会带着忠顺王前往瓦剌，可以说瓦剌已经在实际上取得了对哈密的支配权。

　　哈密落入瓦剌之手以后，对明朝西陲的影响非常大。首先，哈密是西域商人往来的要道，瓦剌控制此处之后，就等于控制了明朝与西域之间的交通往来，使得明朝购买西域物品如马匹、珍宝等等，必须要通过瓦剌这一媒介。瓦剌还主动向明朝派遣使者进贡，然而这样的进贡并非是对明朝表示恭顺。因为明朝方面规定，凡是朝贡来的物品均不付款，但是针对每一名前来朝贡的使臣都有赏赐定例，且有数量不菲的回礼。这样瓦剌就以贡使为名，不断增加派往明朝的使团，让他们沿

·欧·亚·历·史·文·化·文·库·

路索要食品财物。结果明朝为了接收马匹等日常物资,往往要搭进去数倍于所贡物品的招待费用。根据史料记载,仅在正统十三年,瓦剌方面送来的贡使就有 3598 名之多。这种大规模使团贡物的现象并不只是这一年,而是连年如此,所以沿路官员为了招待这些瓦剌人被弄得狼狈不堪。如此一来,瓦剌使团跟明朝地方上的关系非常紧张,也为后来也先人侵埋下了伏笔。其次,以哈密为中心,也先将自己的势力又渗透到沙州、罕东、赤斤三卫。这三卫大多数士兵和将领都是内迁来的蒙古人,也先多年来与他们暗通款曲,使他们开始心向瓦剌一方。比如正统八年,也先为自己的儿子娶了赤斤蒙古卫都督同知且旺失加的女儿,同时又为自己的弟弟娶了沙州卫都督困即来的女儿。瓦剌一方派去迎娶两家女儿的使者直接带着美酒礼物上门,在两处卫所大摆筵宴。到了正统九年时,也先借脱脱不花之名在此地设置甘肃行省,任命沙州卫掌卫事喃哥为平章政事,以喃哥之弟锁喃奔为祁王,又以其他蒙古将领如撒力为平章政事,别立哥为右参政,锁可帖木儿为大使。而且除沙州卫以外,罕东、赤斤两卫的蒙古将领也都接受了也先的赠官。按说沙州三卫名义上是明朝领土,即使此地大多为蒙古人,但也是在明朝治下,却在没有知会明朝中央政府的情况下,就接受了也先的官号,而且互相串通一气,企图对朝廷隐瞒这一情况。明朝方面在此事过了半年以后才听到风声,又差专使暗地查访,这才了解到了相关情况,却也拿这三卫无可奈何。到了 1446 年,也就是明朝的正统十一年前后,也先已经将瓦剌的控制区向南推进到了今天甘肃省敦煌一带,还一度向西进入了所谓亦力把里地区,也就是今天的新疆吐鲁番地区。但在这里遭到了当地所谓察合台后王的强烈抵抗,最后未能实现对这一地区的占领。当然也先向西的扩张在某种意义上来说,只是一个幌子,他的真正意图还在如何取代脱脱不花的大汗之位,所以他很快就将注意力转向东部,对兀良哈三卫和女真展开了攻势。

兀良哈三卫在宣德以后,已经处于一种半独立的状态。阿鲁台还在的时候,三卫受到阿鲁台的控制,经常引起辽东等地区的骚动。随着阿鲁台的衰落,三卫获得了更多的自由空间。脱欢还在世的时候,瓦剌就曾经派人联合兀良哈三卫一起对抗蒙古。后来脱脱不花成为大汗，脱欢委托他管理所谓阿鲁台之地，也就是东蒙古的领地，故此兀良哈三卫也就归于脱脱不花的管理之下。我们可以注意到，就在也先经略哈密之时，脱脱不花也策动三卫与女真部落几次骚扰明朝东北地区，侵入广宁卫等地。明朝在正统九年也对三卫进行反击，分四路出喜峰口，与三卫人马几番交战，双方均互有损失。对于脱脱不花来说，三卫是他控制东北地区的一支重要力量，他不仅利用三卫不时骚扰明朝，还通过三卫联络朝鲜、女真。所以也先想要压过脱脱不花一头，那就必须考虑如何对付三卫，如果措置得当，等于剪除脱脱不花的一条臂膀。

由于三卫名义上还是明朝臣子，但又受脱脱不花管辖，在蒙古来说具有一定的独立性，也先既然不便直接与脱脱不花破脸，就不妨对三卫展开攻击。在正统十年的冬天，也先以寻找阿鲁台之孙为借口，派出瓦剌兵将进入辽东地区，通牒三卫，要求配合搜索。要知道阿鲁台在当时权倾一时，自然部众亲属不在少数，在蒙古式微之时，他的亲族栖身三卫的也有不少，辈分上属于阿鲁台之孙的人很多。此时阿鲁台死了已有十年，他留在三卫的亲族早已变成了普通贵族，不再具有政治上的号召力，也先却还要追捕他的孙子，这并不是说也先预见到了政治风险，只是也先试图挑起与三卫战端的一个幌子。果然，在也先的搜捕之下，三卫中与阿鲁台有关的部族受到了比较大的冲击，矛盾冲突不断。三卫的上层将领对此颇为不满，只得求助于明朝，要求允许他们移居到边境山谷之中。正统十一年，也先以平定三卫动乱为名，调集大军沿瀚海以南，绕开脱脱不花的牧区攻入三卫，并在路过大同的时候通知明朝方面说，自己回师之时肯定人困马乏，希望明朝方面届时提供粮草接济，其气焰之嚣张可想而知。这一仗具体情况不得而知，根据明朝的有关情报，也先联合了女真一起进攻，最后使三卫元气大伤。次年的正统十二年，也先再次攻击三卫，这一次他派自己的弟弟杀死了朵颜卫的头目乃儿不花，纵兵大掠。朵颜、泰宁两卫无力反抗，向瓦剌请降，福余卫则被迫避居脑温江（今黑龙江省嫩江县）。

除去三卫之后，也先又转战女真，将自己的势力推进到了黑龙江

欧·亚·历·史·文·化·大·库·

流域。然女真部落极力反抗，使得也先终于在黑龙江流域受阻。但不论如何，也先已经通过几年的战争，把瓦剌疆域向西向南推进了一大部分，而在东线也完成了对脱脱不花的包围态势，下面要对付的就是处于蒙古之南的明朝了。

此时的明朝天子已经变成了明英宗朱祁镇。明英宗朱祁镇是我们前面提到的明宣宗朱瞻基的儿子。朱瞻基作为一位有为之君，仅仅在位十年就过世了。朱祁镇即位时只有9岁，大权掌握在他的祖母，太皇太后张氏之手。这位张氏是仁宗朱高炽的皇后，她可不是位一般的女性。在她生命的10年间，她的身份变化很快，从扶持主君的皇后到辅佐新君的太后，又到抚育幼君的太皇太后。所以她也是明朝从仁宗到英宗初年这段时期政治演变的亲历者。为了指导只有9岁的英宗如何当好皇帝，治理国家，这位太皇太后与老臣、"三杨"们结成了联盟，使得仁、宣两朝的政治得以在正统初年延续下来。

我们前面已经提到，仁、宣两朝政治的最大特点就是对外力主安静，对内养惜民力。但如果从官僚政治的角度来说，仁、宣两朝政治最大的改变则是行政班子的变化。如果我们放眼整个中国古代史，就会发现从秦始皇以来，可以将中国的统治结构概括为"君—相—臣—士—民"这样一种垂直管理的关系。其中最为微妙的一对关系就是"君—相"关系。简单来说，在理想状态下，天子是在宰相的辅佐之下实现对大臣的管理，但是在实际的历史中君相关系往往比较复杂。民间故事中总是对宰相有"一人之下，万人之上"这样的描述，宰相作为整个统治结构中的第二号人物，如果能力过于突出，特别是遭遇到一个过于年幼或者无能的天子，就会影响到天子的权威。事实上，大凡改朝换代，都是由普通大臣坐上宰相之位，才能够成为权臣，进而使自己有能力成为天子的。所以唐宋时代以后，宰相的权力被不断分化，目的是为了保护君主的权力。然而蒙古人统治中国之后，元朝皇帝大多对治理国家、处理政务没有很大的兴趣，他们喜欢拉上身边的人到野外打猎，而把政事都扔给宰相。故此元代宰相的权力极大。明朝建立之时，在政治体制上仍然继承了元朝的框架，仍然设立了宰相。但是朱元璋是个深谋远虑且又勤政的君主,他不需要宰相来为自己分担政务,故此利用了胡惟庸案把担任宰相的胡惟庸、汪广洋等人统统拉下马,干脆废掉了宰相,变成君权独揽一切,直接指挥六部尚书处理政务的模式。然而到了宣宗在位的时候,这样的模式又出现了新的问题,就是国家需要皇帝处理的事务越来越多,大事固然需要皇帝圣裁,小事皇帝也不能不过问,过多的小事就会影响对大事的处理。当然最为严重的问题还不在此,而是假如今天没办法处理完全部的奏章,那么势必要积压到明天,就会影响到明天的事情,这样一天一天积压下去,其结果可想而知。六部官员又要等待皇帝的批示才能决定如何办事,皇帝那里出现了积压的情况,就会更大程度地影响到六部乃至地方州县上的办事效率。这种现象在朱元璋和朱棣时代并不是不存在,但朱元璋和朱棣都是靠着异于常人的精力和决断力来完成这一切的,但朱瞻基受不了,于是改组中央行政班子就迫在眉睫。

朱瞻基打算让自己信得过的文官们帮助自己处理政务,于是改组了一个新的办事班子,就是后来在明代非常重要的机构——内阁。内阁本来是朱棣在位时期设置的机构,由内阁大学士们组成。既然是大学士,当然都是老成持重的宿儒,他们主要承担对皇帝、太子的教育工作。朱瞻基改组内阁之后,赋予了内阁一项新的权力,也就是协助皇帝处理六部送来的文书。原来必须呈给皇帝亲自过目的文书,由内阁先行将文书奏章审阅一遍,把他们的态度和意见写在文书之后,再呈给皇帝过目,节约皇帝的时间。这个程序在明代被称为"票拟"。那么皇帝接到内阁票拟之后,如果没有其他意见,则用红笔加以批示,交付六部实行,这就是"批红"。也就是说,只有票拟结合批红以后,这份文书才能够生效,这样既可以保证内阁在处理政务时与皇帝的意见保持一致,又可以提高皇帝本人的工作效率。

然而仅有内阁协助还不够。因为内阁所负责的票拟本来是皇帝权力的一部分,现在由皇帝将这部分权力让渡给了文官集团,等于扩张了文官集团的权力了,自然也就需要再找到一股靠拢皇权的力量来制衡文官集团。于是朱瞻基又注意到了宦官这个群体。

　　所谓宦官,又称阉寺,是出于皇帝的特殊需要而产生的一个群体。由于多数皇帝往往拥有庞大的后宫,那么负责后宫众多女性的生活起居以及杂役等事,不可能使用大量正常的成年男性。于是便出现了宦官。对于皇帝而言,宦官往往是他幼年时代的玩伴和看护者,也是他们在生活中最信任的人,所以历史上之所以不断出现宦官专权的现象,正是因为皇帝与宦官之间实在是有一种特殊的羁绊所致。宦官本身并不在官僚体制之内,怎么会出现宦官专权的情况呢?从基本原理上来说,宦官是皇帝的服务者,依附皇权而存在,当皇权与文官集团的对立表现突出时,代表皇权走到台前的就是宦官。从具体形式上来说,皇帝的生活是有空间划分的。如果以今天的北京为例,我们可以注意到这样的一种圈层式的结构,也就是皇城、宫城、内朝、内廷的划分。具体来说,今天的崇文、宣武、安定诸门是皇城的城墙所在,也就是京城的主体,宫城和各个衙门府邸都在皇城之内。宫城则以天安门、神武门、东西华门为界,门内都属于皇宫的范围,也就是我们耳熟能详的"紫禁城"。这一范围内没有一般的府邸和生活设施,是专属于皇帝的空间。但是皇帝的空间也分为代表国家的政治空间,也就是外朝;和代表私人的生活空间,也就是内廷。其中外朝是以午门为界,如今天的故宫三大殿,也就是太和、中和、保和三殿,是外朝的代表。这里每逢皇帝登基、将领出征、科举殿试以及元旦庆贺等等,都要开殿举行百官的大朝会。具有一定品级的官员出于不同职司,可以到三大殿以及文华、武英等殿活动。内廷则以保和殿以北的乾清门为界,外朝官员最多可以到达乾清门以南的小广场,再想进乾清门,除非有皇帝特旨召见,否则绝不可能入内。假使说在非朝会之日,外面有紧急事务公文需要呈递皇帝御览,那么只能是官员将公文送至乾清门,请宦官代为转达。也就是说,实际公文在送达皇帝手上之前,都要经过宦官的传递,所以宦官对于政治的影响,往往就发生在这一环节之上。他们往往可以在皇帝亲自阅览文书之前,就做好相应准备,影响皇帝对一些特定事件的判断。就更不用说皇帝往往对宦官委以特别信任,让他们负责内廷的机要文书工作,相当于皇帝的私人贴身秘书,发言权远胜外廷的文武百官,所以外臣与内廷之间往往势成水火,正是因为这一原因。

　　明代宦官介入政治的发展轨迹与前代也都差不多。大凡改朝换代的时候,天下大乱,年轻人谁也不会愿意入宫做宦官,所以每个朝代建立之初,宦官大多是老迈之辈,或者文化水平不高的一些人,自然谈不上影响政治。等到皇朝统治基本稳定下来,一方面年轻人要寻找出人头地的机会,另一方面皇帝后宫规模也在扩大,需要的人手越来越多,宦官的群体自然就会扩大。这样其中肯定会有一些具备一定文化水平的年轻人,想要剑走偏锋,进入宦官队伍。值得一提的是,明代中期以后就出现了很多人希望成为宦官而自行阉割的例子,但是这些人未必都能进宫实现他们的梦想,最后反而在伤残了自己的身体之余,成为社会的一大负担,以至于明朝要立法禁止自行阉割,可见后来宦官在民间有多么吃香。在明代,男性一旦被选入宫中,接受阉割,成了正式的宦官之后,就会被编入不同的部门承担不同的职司。其中文化水平较高的宦官,则会进入负责传递章奏的司礼监,成为掌管内廷文书工作的人员。朱瞻基赋予了司礼监一项重要职能,就是司礼监中的品级较高的宦官——通常被称为司礼监秉笔太监——可以代皇帝对内阁大学士的票拟进行批红,等于又分担了一部分皇帝办公的压力。这样,皇帝就可以有充裕的时间把精力用在一些大事上面,而摆脱那些日常琐碎公文的纠缠。然而,这样也就催生了后来明代的宦官专权,也就直接导致了我们下面将要谈到的土木堡之变。

　　朱瞻基完成了自己对中央权力结构重组的目标之后,在宣德十年过世,年仅 38 岁。然而准备即位的英宗朱祁镇,在当时却陷入了谣言之中。英宗朱祁镇作为宣宗太子,出生的经历充满了疑点。早在永乐年间,宣宗朱瞻基身份还是皇太孙的时候,他的正妻胡氏并无所出,于是在其母仁宗妻张氏母亲的推荐之下,朱瞻基纳孙氏为皇太孙嫔,并对孙氏表现出了更多的宠爱。然而在朱瞻基登基之后,胡氏也好,孙氏也罢,她们谁都没有怀孕的迹象。孙氏又凭着朱瞻基的宠爱,希望能够挤掉胡氏,自己成为皇后。可是如果不能够为朱瞻基产下太子,孙氏就没有可能再晋升一步。传说孙氏后来在宫内反复寻找有孕的宫女,并

·欧·亚·历·史·文·化·文·库·

将找到的宫女藏在密室之中,自己又买通御医,制造怀孕的假象。等到十月期满,这个宫女果然顺利诞下一名男婴,孙氏派御医接生之后,将孩子抱到自己身边,并将宫女杀死。后来孙氏就靠着这名男婴,顺理成章地取胡氏而代之成了皇后。这些颇有后世电视连续剧风格的故事在朱瞻基突然过世之时就已经传开,朝中群臣不免议论纷纷,当时也出现了马上要从外面找藩王回京即位的谣言。就在这个对年幼的朱祁镇无比关

英宗像

键的时刻,刚刚经历丧子之痛的太皇太后张氏最终站在了太子这一边,挺身而出,表明朱祁镇是被朱瞻基认可的太子,如此才得平息物议,让朱祁镇顺利登上皇位。

张氏是位有一定政治眼光的女性。她深知自己儿子所建立的这一套行政模式,委派给了宦官太大的权力,当皇帝本人是一个像宣宗或是乃祖永乐帝这样的人的话,当然是减轻了负担,只有正面效果而不必担心宦官们闹出什么花样来。但是现在是幼帝即位,难保朱祁镇身边的几个太监仗着自己与皇帝关系较好,以后做出什么蠹政之事。故此张氏在朱祁镇登基之后,就对他训示说,以后凡事必须经过先帝留下来的五位顾命大臣,杨士奇、杨荣、杨溥、张辅和胡濙同意,才可以施行,又把朱祁镇身边的几名太监严厉训斥,全部敲打一通。故此正统初年的明朝政治,基本延续了仁、宣两帝10年间的政策,朱祁镇也没有什么出格的举动,表面上一片风平浪静。

然而好景不长,太皇太后张氏在正统七年(1442)一命呜呼。实际主持政务的三杨之中,杨荣在两年前已经辞世;杨士奇此时也是风烛残年,老病缠身,很快就在正统九年死去;杨溥性格上是个谨小慎微之辈,据说他在上朝时都要缩着头靠着墙根行走,可以说是老成有余,魄力不足。所以,当正统七年太皇太后张氏死去以后,明朝历史上第一个手握大权的太监终于脱颖而出,他就是后来被认为是土木堡之变罪魁

祸首的王振。

　　王振是山西蔚州(今河北省蔚县)人,在他的那个时候,宦官远没有后来吃香,所以他跟当时那种被生活所迫,为了糊口不得已而净身入宫的宦官不同。王振的家庭虽然不是大户人家,但也算薄有家业,所以他在少年间有读书的机会,后来乡试不中,一直没机会爬上去,只能在本地当了个学官,在官方学校里面教孩子读书。关于他为什么要从学官队伍里面跑出来当宦官,说法不一。一种说法是当时有一条规定,就是学官教学表现不好时,要么接受惩罚,被学校辞退,也可以自行选择净身,到宫中去教其他宦官和宫女读书认字。王振就是在任时犯了错误,大概受到了"行行出状元"的启示,愤而净身入宫,成了一名宦官。还有一种说法是,王振并非主动净身,而是生性好赌,结果欠下大笔赌债,终于被赌场催债的打手打伤了要害,最后无奈只得阉割。此事被学校里面的同僚知道后传扬了出去,导致王振在同僚和学生之间无法立足,成了当地的笑柄。王振在当地无法立足,只好申请入宫。不管哪一种说法更接近事实,总而言之,王振本来出身教师,大致没有问题。入宫之后,以王振的文化水平,他在当时宦官群体中自然是出类拔萃的一个,马上就被安排到教授年幼宦官学习的内书堂任职,继续他的教育事业,大家都尊称他为"王先生"。很快,"王先生"在宦官中间得到交口称赞,引起了明宣宗朱瞻基的注意。宣宗觉得王振老成练达,忠实可靠,便把他安排在太子朱祁镇的身边,希望他能多督促太子读书,不要只会跟着小宦官瞎闹。这下子王振的机会算是来了,他把一腔心血都花在了朱祁镇身上。朱祁镇也非常喜欢这位老师,觉得这位老师既不像外廷来的那些大学士们那样总是板着脸说教,见识又广,讲的故事非常有趣,两人见面之后颇感投缘,于是朱祁镇也就跟着其他人一起称他为"王先生"。

　　正统元年朱祁镇登基之后,王振立刻被委以重任。他被召入司礼监,成了司礼监的最高长官,也就是司礼监掌印太监。此时的王振身份已不同于普通宦官,可以使用更高一级的"太监"名号,统领一众司礼监秉笔太监,负责给朱祁镇批红之事,朝廷大事都在他的掌握之中了。

·欧·亚·历·史·文·化·文·库·

大概到了此时，王振的野心也就开始膨胀了起来。

但是，正统初年，朝中三杨在位，后宫又有太皇太后张氏坐镇，王振还不敢有明显的出格举动。从史书中来看，他在正统七年以前，已经开始着手在外官之中培养自己的势力，只是引而未发而已。王振对形势判断也非常准确，他非常注意讨好三杨，据说每次他前往内阁传旨，都会做出一副羞涩不敢说话的表情，躲在门口不敢进去，一定要等到里面的人传唤，才敢入内，与三杨入座讲话时都是受宠若惊的样子，导致三杨这样的政坛老辈都被他蒙蔽过去，以为王振确实是个淳朴谨厚之人。太皇太后张氏倒是在宫中听到了一些风声，很注意观察王振的一举一动，几次想要寻个事端，置王振于死地，结果不仅朱祁镇一力求情，就连三杨等老臣也没有像自己一样坚定地表示要把王振拿下，反而站在皇帝一边也为王振求情，最后王振竟然能履险如夷，顺利过关。直到张氏过世，王振这才熬出头来，首先就要拿三杨中的杨士奇开刀。

杨士奇在三杨之中，是资格最老的一个。他不同于其他两位都是科举出身，而是建文元年国家编修《太祖实录》，被人引荐征入翰林院。靖难之役发生以后，杨士奇一直待在翰林院里面没有参与朱棣叔侄二人的斗争，于是朱棣取得皇位之后，他也没有遭到整肃，反而在永乐二年被安排辅佐太子朱高炽，一直待在太子身边，给朱高炽讲授经史。在永乐朝太子之争中，杨士奇发挥了重要作用，帮助朱高炽稳住了太子之位。故此仁、宣两朝之中，杨士奇受到了重用，长期担任内阁首辅，仁、宣两朝的太平盛世，可以说是他一手打造。但是杨士奇身上有一个重要的污点，那就是他太宠自己的儿子了。杨士奇的长子叫作杨稷，没有在杨士奇身边，而是一直住在江西老家。大概是不在身边的缘故，杨稷一直受到杨士奇的溺爱。长大以后，杨稷仗着自己老爹位极人臣，经常在外面闯祸，地方官府碍于杨士奇，尽量将事情压下，导致杨稷在外面越发蛮横。杨士奇公务繁忙，并没有特别留意杨稷的事情，有时候听说他在老家胡作非为，本来应该训斥一番的事情，反而写信给他儿子说某人跟我说你如何如何，有没有这回事？如果有这回事，希望你赶紧改正。杨稷得信之后，马上回信矢口否认，并且说是地方官员横行乡里,他出面阻止,于是招人嫉恨,才背后说他的坏话。杨士奇觉得自己儿子应该不会说谎,于是以后谁再说杨稷不好,他就不再信任这个人了。这样一来,谁还再敢来找杨士奇数说杨稷的不是?杨稷在江西就越发跋扈起来。谁知道就是这么个当口,这位杨公子在外面跟人发生争执,竟然打死了人,这下子地方官府再也压不下去了,只好立案上报。这下子不仅闹得朝中人尽皆知,当然也传到司礼监太监之首的王振耳朵里了。王振马上意识到这是自己攻击杨士奇的最好机会,他马上联络自己在御史之中的同党,安排了一整套计划。由于御史有"风闻奏事"之责,即只要听到传言,不必查实,即可向皇帝本人汇报。故此杨士奇之子杀人一事,直接被捅到了朱祁镇那里。接着,御史不断奏上本章,暗示杨士奇对其子管教不严,应当为此事负责。又有人上书揭发杨稷横暴之事数十起之多。面对朝中一片攻讦杨士奇之声,朱祁镇倒不是个糊涂人,他也清楚兹事体大。杨士奇可不同于一般的朝中大臣,如果算上建文朝在内,他就是国家的五朝元老,不能随便把他拿下。于是朱祁镇当即决定,所有弹劾杨士奇的奏章,全部留中不发,杨稷的案子也不要杨稷本人偿命,只要多赔钱财就行了。然后朱祁镇召杨士奇觐见,表示劝慰之意,告诉他事情已经过去,请他不必放在心上。杨士奇羞赧难禁,但是为了儿子的性命,只好谢主隆恩,希望朱祁镇准许自己告老还乡。朱祁镇虽然没有同意,但是杨士奇心中暗愧,又气又病,终于在正统九年郁郁而终。

王振借着杨稷一案极大打击了杨士奇之后,其权威在外廷朝臣之中,已经建立了起来。据说当时的工部侍郎王祐,为了讨好王振,专门把留得好好的胡子剃了。古时男子因为有"身体发肤,受之父母,不可毁伤"的信条,故此都有蓄须的习惯,只有宦官才没有胡子。王振看到王祐把胡子剃了,当然就很奇怪,便问王祐怎么回事。王祐就厚颜无耻地回答说,家大人没有胡子,儿子辈的我又怎么敢留胡子呢!于是大得王振的欢心。此时朝中大臣,没有一个人敢于站出来与王振对抗的。毕竟司礼监掌握在王振手中,任何弹劾王振的奏章,在上呈英宗朱祁镇之前,都要经过王振。如果有谁跳出来参奏,岂不是自己把自己出卖了吗？更何况王振又有批红之权,一旦发现有将不利于己的大臣,王振还可以利用批红的权力陷害于他。故此朝廷大事名义上是由内阁议定,实际上则完全操纵于王振一人之手。这种状况连当时的老百姓都看得明明白白,故此江南地区发生民变,都是以"请杀王振"为号召。偏偏朱祁镇被蒙在鼓里,仍然对王振信用有加。

祸事就是这么来的。我们前面已经讲过,也先的瓦剌在正统十一年前后完成了对东西两翼的征讨,开始将目光转向明朝。也先必须对明朝取得军事上的胜利,才能够向蒙古民众显示自己才是成吉思汗的接班人,取代黄金家族的统治才算顺理成章。故此也先就要寻找与明朝开战的时机与借口。实际上,很早以前也先就已经注意到王振这个人。每次瓦剌方面派遣使节来京贡使,也先都会安排使者给王振献上礼物,讨王振的欢心。故此正统八年时,有一位侍讲学士刘球注意到瓦剌贡使人数众多,双方在经济往来上存在严重的不平衡现象,显然不怀好意,希望皇帝可以留意边防,以免日后发生冲突,措手不及。结果王振看到这份奏章,勃然大怒,找了个借口把刘球下到监狱之中,又命锦衣卫指挥马顺将刘球秘密处决,结果害死了人家还不算完,最后还要把刘球的尸体肢解凌迟。故此也先要找到与明朝交战的借口,还是要在王振身上动脑筋。

正统十三年(1448)十二月,瓦剌又一次向明朝派出了一支庞大的贡使团队。这一次瓦剌方面一共出动了2000多人,但是瓦剌方面向明朝报告的人数却高达3500人之多,目的就在于向明朝冒领赏赐。也先又特意关照使团,这次不必再向王振提供贿赂,摆出一副要么你继续当冤大头,要么两家立刻翻脸的架势。王振平时被人恭维惯了,哪里吃得下这个亏?其实以往瓦剌使臣前来贡使,几乎每一次都存在冒领赏赐的现象,但是一则数额没有这次庞大,二则都用重礼贿赂王振,自然每次都满意而归。可是这次王振一看竟敢不给我送礼,当时就知会礼部,不要让瓦剌人有冒领赏赐的机会,给他们点教训尝尝。于是礼部要求验实瓦剌使臣的人数,按照实际人数给赏,虚报者一律不给,而且赏赐的额度减少到原来的八成。这下子就给了也先进攻的口实。使臣将情况回禀以后,也先故作勃然大怒之状,说起明朝使臣来访之时,还曾经许下诺言,要将公主嫁给自己的儿子,此次己方派去进贡的马匹,正是代表自己为定亲所下的聘礼,结果明朝方面不仅对婚嫁之事只字不提,还侮辱自己派去的使臣,是可忍,孰不可忍!于是在正统十四年,也先宣布要对明朝发动大举进攻。

这次战争与前面几次大为不同。在阿鲁台时期,蒙古对中原的入侵都是以骚扰和抢掠为主,一般都是以少数兵力突袭明军防守薄弱环节,然后抢了就跑,双方很少有大集团军正面作战的机会。但是瓦剌经过长时间的发展,军事力量比较当年的蒙古已有很大的不同,故此这次瓦剌出兵声势颇为浩大。按照也先的计划,瓦剌和蒙古一共分兵四路,南下中原。其中东路由大汗脱脱不花亲自指挥,攻打辽东;中路分成两股,一股由阿剌知院率领,攻打宣府,另一股由也先亲自率领,攻打大同;西路则进入甘肃,攻打甘州一带。其中东、西二路只是牵制明军,重点则放在中路的两支部队上。

明军与瓦剌军兵的第一次遭遇战发生在明正统十四年七月,长城以北的猫儿庄(今内蒙古自治区察哈尔右翼前旗附近)。明方大同镇镇将吴浩领兵前往迎战,被也先杀得大败,吴浩死于阵前。瓦剌骑兵迅速推进到长城阳和口(今山西省阳高县以北)一带。此处是明军阳和、高山等卫所在,驻扎有1万精兵,于是明廷以大同都督宋瑛、驸马都尉井源、左参将都督石亨等人为将,率领1万人马防守阳和口。但是因为此时宦官势大,明军竟然由完全不懂军事的太监郭敬监军。在郭敬的胡乱指挥之下,军队号令不一,全无纪律可言,最终阳和口一战,明军全军覆没,宋瑛战死,石亨逃回大同,郭敬躲在草丛之中才逃了回来。此时山西北部的长城防线已宣告失守,也先的兵马得以进入山西北部。

在如此紧张的情况之下,英宗朱祁镇赶忙召集群臣商议对策。然而此时能够左右决策的,却还是没有丝毫军事经验的太监王振。王振听说瓦剌兵马在两三万人左右,就力劝朱祁镇御驾亲征。王振之所以如此激烈主战,主要是他有个私心在内,因为王振毕竟是个宦官,虽然大权在握,却也不能随意出京,更不用说在疆场之上纵横驰骋,挥斥方道了。可是一旦皇帝御驾亲征,他就有机会过一回沙场秋点兵的瘾,感觉一下统率千军万马的滋味。再加上他认为对手兵力并不是非常的强,只有两三万人,明军在京畿地区的常驻军就有十几万人,再加上从山东、河北、河南、山西等地征调来的兵马,可以说是压倒性的优势,想必不会出事。大臣们虽然大多党附王振,可是也有基本的理智,大家都清楚皇帝本人从小生长宫中,从未经历过军旅之事,没必要亲自出马,更何况一旦出了问题,反而将自己置身险地,岂不是自讨麻烦?于是群臣之中的反对意见并不少,甚至有人跪倒泪谏,但是朱祁镇都听不进去。因为朱祁镇本来就比较年轻,当时只有 23 岁而已,正是充满幻想的年纪。再加上王振在背后怂恿,跟他说当年永乐皇帝如何如何在塞外战无不胜,登上帝位更是 5 次亲征,就是他的父亲宣宗朱瞻基也是28 岁亲征平定了汉王朱高煦之乱,说得朱祁镇热血沸腾,哪里还听得进去群臣们的劝阻?于是在正统十四年七月十六日,朱祁镇带领王振及几位重要大臣率领大军,号称 50 万,从京城出发,赶赴大同。

如果我们回顾一下前面明成祖永乐帝朱棣几次调动大军的亲征,大家不难发现,朱棣出征大多提前一年就预做准备,先将补给辎重等事情预先准备好,然后再开始集结兵马,要数月之后,才能上路。所谓兵马未动,粮草先行,决定战争胜负的因素并非只有纸面上的兵力多寡,否则历史上诸多以少胜多的战役都不可能出现。王振也好,朱祁镇也好,他们没有真正经历过作战,对于军事的理解不过就是史书中或是小说戏剧里面描写的战争故事。这些故事不是过于抽象,就是来自于文人的想象,与现实有着很大的差距。我们从史料中可以看到,七月十一日吴浩战败,就算当天战报送抵北京,到七月十六日大军已经出城,中间竟然只有 5 天时间。以古代人的技术条件,5 天时间要完成集结部队、整理装备、运输粮草、分析情报、确定路线等等准备工作,几乎是不可能的任务。在这种情况下,朱祁镇竟然敢于出动,只能说他对军事的无知给了他充分的勇气,也注定了这次出兵失败的结局。

我们现在已经很难想象,朱祁镇出兵之时究竟是怎么样的心情。或许他这时候还在想象自己就像当年的朱棣一样,在草原之上纵马奔驰,意气风发。然而等待在他前路之上的,却是一年时间的牢狱生涯。

5.3 土木堡之变

正统十四年七月十九日,明英宗朱祁镇率领大军过居庸关,准备开往大同。如果从北京行军至大同,需要从居庸关过八达岭,经鸡鸣驿过怀来、保安、宣府、怀安,再从阳和一线抵达大同。这一路之上,正好都是瓦剌军兵攻击的要点。阿剌知院攻打宣府的部队已经攻下了开平卫和独石堡,正在沿白河南下,准备进击赤城,阳平则是刚刚被也先蹂躏过一番,可以说沿路之上都是一片兵荒马乱的景象。我们也不难想象,朱祁镇初次经历这样的场面,其心理肯定受到了不小的冲击,从而产生了动摇。八月一日,经过十余天的急行,大军终于抵达大同,但是每天都在行军,根本没有时间停下来休整,导致士气非常低落,败象一望可知。

对于王振来说,他也是刚刚知道,战争好像跟自己想象之中的情况不太一样。他总以为,己方人多势众,只要发现对手,就一声令下,大家一拥而上,不用说打,就是吓也该把对方吓跑了吧?可是哪知道行军是如此困难的事情。首先,军队的指挥比他想象中麻烦很多。不管是要走还是要停,都需要从中军主帅处发令,经由传令兵将命令传达至各个中级将领处,然后再由中级将领把命令传达至基层军官,基层军官才让士兵执行命令,然后再由传令兵将部队的行动逐级向上报告,主帅才能掌握各个部队的行动及方位。如果军队只有1万人的规模,那么行军还不是那么困难的事情,但是朱祁镇的部队有50万之多,王振又从来没有行军打仗的经验,当然觉得只是行军就已经痛苦无比。这还不是最重要的。最关键的一点是,他们压根就不知道敌人在哪里。也先的部队早就打开了长城的阳和口,已经通过情报了解到朱祁镇的行军路线,早就拟订作战计划,不与明军正面交锋。可是王振等人对也先的情况一无所知,根本不知道什么时候会与敌人发生接触战,始终处于高度紧张的状态下。到了这个时候,王振才明白行军打仗跟市井之上泼皮无赖之间的斗殴不是一回事。于是当大军抵达大同之后,王振赶紧召见阳和口一战的幸存者郭敬,向他询问具体情况。郭敬靠着装死才跑回大同,已经被瓦剌兵马吓破了胆,又要尽可能推卸掉自己兵败的责任,于是添油加醋地给王振描述瓦剌人如何之凶恶难当,王振马上从自己的主将梦中回到了现实,再也不敢说出征之前的那些豪言壮语,反而开始琢磨要不要退兵了。

就在大军抵达大同的次日,更糟糕的消息纷纷传来。首先是辽东方面,脱脱不花联合兀良哈三卫,出动 3 万余人围攻广宁。然后是攻入甘陕地区的瓦剌军队也屡有斩获,俘虏人口牲畜万余。最为糟糕的是,阿剌知院率军突破赤城,由赤城绕过宣府进入延庆,延庆以东的永宁守将战死,已经进逼居庸关,朱祁镇 50 万大军的归路有被截断的可能。

其实假如朱祁镇和王振冷静下来,先应付眼前大敌也先,逼也先在战场上正面决战,利用己方的兵力优势将他们赶出长城沿线,再回师对付阿剌知院的话,深入延庆的这支瓦剌部队就将进无可进,退无可退,成为真正的孤军。可惜的是,这半个月来的行军已经磨光了年轻皇帝和王振的锐气,残酷的现实又让他们心中的怯懦逐渐滋长。八月三日,朱祁镇竟然宣布退兵。

其实此时朱祁镇的军中并不是没有宿将,当初他父亲朱瞻基留下的 5 位顾命大臣之中,就有屡次随从永乐帝北征的英国公张辅在内。张辅是张玉长子。张玉本来是元朝旧将,曾与顺帝逃出大都,后来又追随昭宗坚持与明军作战。直到洪武十八年,张玉才因为思念故土,投降到当时驻守北平的燕王朱棣门下,后来在靖难之役中立下大功。张辅从小就跟父亲一起带兵作战,后来在朱棣北征中也立下了汗马功劳。朱瞻基让他位列顾命大臣之中,意在政事委托三杨,军事则委托张辅。然而张辅看到朱祁镇宠信王振,自己已经是年过 70 的老人,无力再去与王振争论。特别是张辅长子早夭,直到快 70 岁的时候,才由小妾给他生了第二个儿子,此时不到 10 岁。张辅深知自己如果与王振结怨,虽然于己无伤,但等到自己死后,难保王振不向自己的家人报复,到时候儿子年幼,根本无法自保。故此对朱祁镇和王振两人的胡乱决策,张辅下定决心闭口不言,只是充当皇帝的陪同者,宁肯坐视失败,也不肯出来直斥其非。至于其他的大臣将领,看到张辅这样托孤重臣尚且如此,谁还敢出来多嘴?于是明军在大同刚停下来一天,就准备开拔回京了。

既然决定返京,宣府至居庸关一线又有敌人出没,大家自然不希望原路返回。大同副总兵郭登向内阁大学士曹鼐提出建议,不如从蔚州走飞狐道到涞源,再由紫荆关到易州,可以从涿州、良乡一线回到北京,这样路上没有敌人,比较安全。

这个主意还是有一定道理的,唯一的问题就是飞狐道并不是很方便大军通行。这段路虽然不算太远,总共只有 140 里地,但是从蔚州到飞狐道中段的黑石岭堡被人称作"四十里峪",山路盘旋起伏,平时一般商旅都觉得通行不易,50 万大军且不说,就是部队所携带的辎重想要通过,难度都非常之大。但是这条路确实安全,不必担心遇到敌人,更不必担心也先缀行其后,发动偷袭。因为这里是太行山脉的一段河谷,地形复杂,道路狭窄,也先的骑兵在此没有用武之地。群臣最为顾虑的是,飞狐道的道路不太好走,王振可能会不同意。没想到跟王振一说,他竟然欣然赞同。但是王振的想法并不是从军事和地理方面做出的考虑,他的思考更加单纯,他脑子里想的是,蔚州是他自己的老家,只要带着皇帝和大军回老家去威风一下,也算是衣锦还乡,让当初那些瞧不起自己的同事和学生们都看看,什么叫作三十年河东三十年河西。

不管出于什么目的,既然王振同意,事情也就好办多了,可是就在这个时候,荒诞的一幕发生了。大军开始朝蔚州前进了刚刚 40 里地,忽然从主帅处传来一道命令,让所有人不明所以,摸不着头脑——"全军停止前进,返回大同,沿来时的旧路回京!"听到这个消息全军上下都愤怒了,这算什么意思,刚刚决定好的事情怎么会这么快就变卦了?据说又是王振改了主意,理由是眼下马上就要到秋收时节,蔚州沿线道路不足以让大军通过,如果 50 万人经过蔚州,一定会踩踏农民耕地,造成庄稼没有收成,为了避免扰民,故此命令大军转向。现在我们无法得知在这短短的时间内,王振和英宗朱祁镇到底是怎么想的。后世的历史学者大多猜测王振可能在老家置办了大量的耕地,所以突然关心起农民的秋收问题来了。不管怎么说,王振的这个决定确实保证了蔚州庄稼的收成,但是也把 50 万明军送上了死路,更是直接让朱祁镇当上了俘虏。

明军强抑满腔怒火,踏上回家的路,结果正赶上天降大雨,让行军更加困难,大家士气低落,但是不管怎么说,总是回家在望,于是大家都抓紧赶路,一门心思要赶快回到京城。然而此时明军并不知道,也先的骑兵已经从后面缀上这支疲惫不堪的部队。

也先的军事经验可要比朱祁镇、王振之辈多得多了。朱祁镇御驾亲征,发动 50 万大军向大同而来,也先早就得到了消息。他深知明军初来,士气正盛,人数又占了绝对优势,故意避而不战,先观察一阵子再说。说起来也先此次出击,并不奢望能够征服中原地区,他的目的还在于如何取得蒙古大汗的位置。基于这样的考虑,他并不打算进行征服和统治,只是把目标定在取得一定程度的军事胜利,最好再能多抢些人口财物,就可以施施然退出长城沿线,回到草原去了。哪知道明军竟然如此不堪一击,根本没费多大工夫就突破了阳和口,接着就是大明天子竟然率领大军奄至。也先的打算是只要与明朝大军对峙上一段时间,打掉他们几个小队,取得一定的战果,自己就可以很有面子地撤退了。谁能想到明军在人数上占据压倒性优势的时候会主动撤军呢?而且撤军还撤得拖泥带水,本来向蔚州方向去,结果折腾了一圈又走上来时的路,看来他们最后还是决定要从宣府—怀来一线回京。这下子正合也先之意,宣府沿线的地形不是以山地为主,一直是明军饲养军马的重要基地,地势比较平坦,适合也先的骑兵作战。50 万明军的大部队移动起来要比也先的瓦剌骑兵慢很多,着急返回的情绪也会造成士气低落,也先只要选择一个适当的时机,对明军进行一次突袭,就算超过预期地完成了任务。

八月十日,经过连续 7 天的急行,明军到达了宣府。瓦剌骑兵也在明军的身后跟了 7 天。也先总算弄明白了,这支明军不过是画在纸面上的老虎,根本不堪一击,于是令旗一挥,如狼似虎的瓦剌骑兵争先恐后地朝着明军后卫部队扑了上去。

负责担任明军后卫任务的是恭顺伯吴克忠和都督吴克勤。这两位吴氏兄弟看着名字好像是汉人将领,其实都是蒙古人。吴克忠本名答兰,吴克勤则是他的三弟,两人率领明军后卫部队约3万人缓缓而行,忽然得到瓦剌兵马杀至的消息,急忙一边组织士兵应战,一边命人急报朱祁镇,希望主力部队能够立刻分兵前来增援。其实尽管只是后卫一部,明军的人数已经与瓦剌兵力大致相当,如果双方在同等条件下进入阵地战,明军不见得很快败下阵来,至少能够支撑一会儿。可惜的是,明军正在撤退过程中,瓦剌骑兵来得又快,他们根本没有时间去构筑阵地,搭建阻挡骑兵的栅栏,而且也来不及编成作战阵型。骑兵对于步兵最大的杀伤就在于骑兵可以通过短距离的冲刺,将步兵的布阵打开一个缺口,再从侧翼包抄回来。这样很快就能将步兵方分割成若干块包围起来,使步兵顾前顾不了后。故此以步兵应战骑兵时,最重要的就是要保持阵容的厚度,不能让对方轻易凿穿,否则只能一败涂地。可是当瓦剌来袭的时候,明军的士气与训练度都大为降低,只能匆忙回身应敌,整个阵容乱糟糟的,被瓦剌骑兵一冲就散了,无法形成有效抵抗,不多时就已陷入瓦剌的重重包围之中。吴克忠、吴克勤兄弟尽管奋力抵抗,杀敌数十,但也没办法挽回败局,先后力战身死,整个明军的后卫部队死伤过半,溃不成军。

这边瓦剌正在进行对明军后卫部队的单方面屠杀时,英宗朱祁镇还在自己的车驾之上。当他听到瓦剌逼近,后卫部队吃紧时,心中方寸大乱。此时如果能够有一位得士兵信任的名将,站出来组织大军倾全力反扑,虽然未必能胜,但也不至于落得惨败的下场。可是朱祁镇已经被吓蒙了,命令成国公朱勇率领骑兵4万余人驰援吴氏兄弟,自己则忙不迭地继续赶路,希望能尽快撤退到怀来,到时就可以凭借怀来的坚固城墙来抵挡追兵。要知道明军现在本来士气就低落,大家都希望能尽快回去,而不是重返战场。特别是骑兵,他们本可以利用自己的速度在大队人马之前返回,结果却要耐着性子和步兵、辎重在一起慢悠悠地走,最后还得去为保护主帅返回去战斗,可是主帅既不是能让自己为之效死的对象,又没有任何激发自己士气的行为,就是处在这样状况下的一支部队,指望他们上阵杀敌,根本不切实际。再加上这位成国公朱勇也是个无能之辈,他是在靖难之役中立下大功的朱能之子,但是名将之后未必皆是名将,历史上的赵括就是最好的例子,而朱勇也将步上赵括的后尘。朱勇不单没有注意到下面士兵的情绪,反而乐观地认为,自己的兵力差不多是瓦剌人的两倍,再加上己方的后卫部队余部,一定能够打个漂亮仗。可是他没想到,等到明军骑兵赶到战场之上的时候,能够看到的只是本方后卫部队的残兵败将,大多身负重伤,无力作战,敌人却都踪迹不见,再问本方的幸存者们,他们都在瓦剌骑兵的反复冲击之下被杀得晕头转向,谁也说不清楚敌军到底去了哪里。朱勇求胜心切,以为也先惧怕自己,便率领部下追击,结果在鹞儿岭中了瓦剌的埋伏,全军覆没。明军 4 万余人的骑兵,一个都没回去。

两支部队先后败亡,给明军和朱祁镇带来的打击是非常大的。如果我们能够复原当时的历史图景,从高空向下俯视的话,将会看到一个非常奇特的场面。那就是朱祁镇坐拥他的 40 余万大军慌乱而缓慢地一路向东逃窜,也先率领的瓦剌骑兵 2 万余人在后面紧紧追赶,双方的距离在不停地拉近中。最后,就在八月十三日(一说八月十四日)这天,明军突然停在了土木堡这个地方不动了。

土木堡位于从北京到宣府的交通要道上。此地有一座小山,叫作狼山,土木堡就建在狼山之上,此地今天仍有遗址,能看到昔日的南墙和西墙。根据测算,土木堡南北长 500 米左右,东西长 1000 米左右,城墙高度大致在 6、7 米之间。土木堡在著名的驿站鸡鸣驿以东,距离怀来的卫所只有 20 里路左右,距离居庸关仅有百余里。如果能顺利退入怀来地界,前面不远处即是八达岭的山区,骑兵在此不易发挥作用,只要退入居庸关之内,就可以不必担心,凭借关城之险,足以挡住也先。应该说到了土木堡,距离明军的安全脱身已经是非常近了。但是偏偏在这个时候,明军偏偏停下来不走了。

当时已经是傍晚时分,土木堡的城池非常之小,难以容纳大军。附近又没有水源,从行军的角度来说,这里不是停驻人马的好处所。大

今日土木堡

臣将领们都紧张起来,纷纷打听出了什么事情,此时天还没黑,完全来得及赶到怀来,为什么不赶紧继续赶路?最后传出来了一条小道消息,果然停止行军的命令出自王振,原因是有一个一千辆车的辎重队跟中军失去了联系,而这个辎重队拉的并不是军需物资,却是沿路官员为了贿赂王振,献给他的金银财宝,现在要停下来确认这一千辆车的位置。

从宣府到土木堡,大概有将近 150 里路。明军的后卫部队和 4 万余人的骑兵为了大军能够顺利返回,把也先的骑兵拖在宣府,为他们争取到了 3 天的逃生时间。然而他们就在距离怀来县城还不到 20 里的情况下,为了一千辆辎重的去向而停下来,不能不让人感叹命运对明军之残忍。

随着朱勇败死消息的传来,大臣们越来越感到处境不妙。此时,几名重臣凑在一起商量了一下,认为目前最为要紧的就是赶紧请旨,全军先入怀来。为此,兵部尚书邝埜亲自入奏,希望朱祁镇赶紧进入怀来,然后分兵三股,一部分能够快速行动的部队保朱祁镇先入居庸关,保证皇帝的安全,大部队继续撤退,留下一部分精兵断后,避免敌军来袭。结果由于王振扣押了奏章,这一意见不能被向上传达。邝埜见形

·欧·亚·历·史·文·化·文·库·

势危急,要求自己面见皇帝,又被王振拒绝。于是八月十三日当晚,明军仍然滞留在土木堡的孤城之中,撤退的最佳时机已经错过。

八月十四日黎明时分,瓦剌骑兵已经赶上了明军,至天光大亮,瓦剌兵马已经把明军围困起来,朱祁镇再想撤入怀来已无可能。此时明军停驻土木堡的问题也都显露出来,此地距离河流较远,距此最近的桑干河则在15里外,已被瓦剌骑兵先行占据。明军士兵马匹都没有得到饮水补充,尽管人数多出瓦剌十几倍,但是已经无力作战。将领们试图凿井取水,结果因为狼山地势较高,一直往下挖了两丈多深,也没有挖到水,只能坐以待毙。至八月十五日,时值中秋,也先的主力部队已经悉数抵达,但他判断明军虽然饥渴交加,无力作战,但如果自己倾全力强攻的话,损失也会不小,于是心生一计。他一面让围城部队做出一副收拾行装,拔寨后撤的样子,一面又主动派出使臣,要求与朱祁镇和谈。朱祁镇只是着急能够平安回去过中秋,一看瓦剌有意和谈,急忙命内阁大学士曹鼐起草文件,交由两名精通蒙语的通事官前往也先大营。王振一见和谈有望,认为瓦剌方面不会再来进攻,于是单方面下令大军开拔。明军断水已经将近两天,饥渴交加,争前恐后地冲向桑干河想要取水。此时众人只想埋头在河水中喝个痛快,哪里还顾忌什么行列阵型。军官们虽然严令约束,但是谁还肯听,根本毫无作用。也先一看明军突然冲出营盘,阵型散乱,指挥瓦剌士兵一拥而上。一时间,明军毫无准备,全线崩溃,士兵们既无招架之力,又想赶紧逃命,互相拥挤踩踏,混乱已极。然而这种混乱的场面全然无助于明军脱困,反倒方便了瓦剌人杀戮的进行,霎时间瓦剌骑兵的长刀霍霍,明军死伤遍野,血流成河。

由于明军人数众多,又处在瓦剌部队的包围之下,故此完成外围的屠杀之后,也先下令对明军进行弓箭齐射。在四面攒射之下,明军无法防守,但是一旦试图突围,又被瓦剌骑兵斩杀。如此混战之中,明军宿将如英国公张辅、驸马都尉井源,文臣如内阁大学士曹鼐、兵部尚书邝埜、户部尚书王佐等重臣均死在乱军之中。只有礼部侍郎杨善、大理寺右丞萧维桢等有限几名大臣侥幸逃出,狼狈不堪地返回了京城。

在乱军之中,唯一一个还能保持镇定的就是英宗朱祁镇,也正是这份镇定救了他一命。从英宗日后的表现来看,他并不是一个无能的昏庸天子,这时他还年轻,又被王振遮蔽了耳目,但在败军之际,他的表现却是胜于自己手下的一干大臣。朱祁镇此时并没有失去身为王者的威严。如果换成一个平庸之辈,在敌人矢如雨下之际,想必已经吓得如筛糠一般了吧。但是朱祁镇却很镇定,只带了一个太监喜宁在身边,镇定地盘膝而坐。等到瓦剌士兵过来清理战场时,他们见到朱祁镇穿戴的盔甲与众不同,就要上来强夺,被朱祁镇拒绝。瓦剌士兵当然大怒,抽刀出鞘,准备杀死眼前此人。但是有瓦剌将领看出此人虽然年轻,但举止不同常人,于是将朱祁镇押送到也先的弟弟塞刊王处。塞刊王位高权重,经多见广,一见就知道此人不同寻常,便客客气气地开始盘问。谁知道此人根本不做回答,非常镇定地反问他:"你就是也先吗? 还是他的弟弟伯颜帖木儿? 又或者是塞刊王?"塞刊王听到此问,大吃一惊,知道眼前这人对瓦剌情况颇为了解,赶紧派人通报也先,说明自己部下捉住一名俘虏,很有可能是大明皇帝。也先赶紧让明朝派来和谈的两名通事官前往确认,证实此人确为英宗朱祁镇。

英宗被俘,群臣惨死。土木堡之变的罪魁祸首王振怎么样了呢? 王振打仗不行,逃命倒是把好手,竟然阵前的长刀劲箭也杀不死他。王振知道事情坏在了自己头上,不敢再去见主子朱祁镇,只好改变装束,只身脱逃。然而敌人杀不死他,明军将领却饶不了他。乱军之中,王振迎面遇上了将军樊忠,樊忠一眼看到此人上了年纪却没有胡子,就盯上了他,离近一看,果然是王振。樊忠勃然大怒,大吼一声道:"大家遭此危难,就是你这家伙一人所为,如今惨死的生灵如此之多,怎能让你逃脱惩罚! 我要为天下苍生杀了你这个贼人!"于是王振在樊忠的大锤一抡之下,脑浆迸裂,死于非命。土木堡一战,据说能够返回北京的疲惫之兵还不到10万人,骡马被也先掠走20余万,衣甲军械全部归于瓦剌。后来瓦剌退走之后,明军重返土木堡战场,捡到瓦剌军兵不能带走而舍弃在此的头盔9000余顶,甲胄5000余领,枪械11000余把,神铳火器2800余支,炮800门,火药18桶,可见此战损失之巨大。此次瓦剌能够以不足 3 万之众击败明军 50 万大军,堪称军事史上的一个奇迹。

我们前面已经提到,也先并没有预期到对明作战能够取得这样的战果。他本来只是打算在战术层面上取得胜利,给明朝带来一些打击,在蒙古部族之中确立自己作为军事领袖的地位。哪知道能够将大明皇帝俘虏,把明军精锐屠戮殆尽,可以说是一场宛如梦幻的胜利,难怪也先闻讯长叹"我常常祷告上天,有朝一日能够让我大元一统天下,没想到今天大明天子竟然落入我手!"不过胜利的喜悦退去之后,也先突然意识到,俘虏朱祁镇固然是一大喜事,但同时也是个烫手的山芋。到底该怎么处置朱祁镇才好呢? 这让也先犯起了愁。根据杨铭的《正统北狩事迹》记载,当时就有瓦剌将领提出,干脆将朱祁镇一刀杀了,也算报了当年大元被明朝驱逐出中原之恨;又有人说,杀了泄愤这种做法没有好处,应该拿朱祁镇当人质,向明朝索要巨额赎金。也先的弟弟伯颜帖木儿则力主不但不能杀朱祁镇,反而要帮他一把,指出"兄长想要的不是万世美名吗? 大明天子是云上之人,应天受命,在万众死伤之中,一支箭头都射不到他,一刀也砍不中他,这样的人是有上天佑护的啊! 更何况我们以前受他的赏赐也不少,害他不太合适。等到明朝使臣前来迎他还朝,我们不妨将他送回,有朝一日他能重坐天子宝座之上,难道不会念我们的好处吗? 这不就是您想要的万世美名吗?"也先觉得伯颜帖木儿说得有理,便把朱祁镇交给伯颜帖木儿看管。但是按照《明史》中的说法,也先其实还是打算弄死朱祁镇,只不过当他准备动手之时,突然间风云突变,雷声震天,大雨倾盆而降,也先自己的坐骑被雷电击毙。也先站在关押朱祁镇的营帐之外,看到营帐之中隐隐透出一股祥瑞之气,于是只得打消杀死朱祁镇的念头。

其实不管是《正统北狩事迹》,还是《明史》,这些记录都带有史官的想象成分在内。当时的情况其实更为复杂一些。作为也先来说,他嘴上虽说要恢复大元的一统天下,但实际上并没有吞并中原的野心。杀与不杀英宗,对他来说都没有很大意义,因为他想要的是大汗之位,而以目前的战果来说,已经足以让他满意了。那么下面就是怎么处置英宗能够取得最大利益的问题。但实际上,这次超乎预期的胜利带来的负面影响也不小。比如当时深入延庆的阿剌知院听到也先捷报,并未前来与也先配合作战,后来在与明朝的联络中也表明自己不愿与明朝作战的心情。脱脱不花更是明白这次胜利对也先意味着什么,放下辽东攻略的事情,急急忙忙准备赶到北京战线来,希望联合也先和阿剌知院一同进攻北京。可见此次胜利反而使得蒙古与瓦剌上层贵族之间的分歧更为明显。故此也先不敢轻率地把朱祁镇杀死,想不如把朱祁镇培养成为自己的傀儡,更能有利于自己未来称汗的计划。这就是为什么伯颜帖木儿要出来力保朱祁镇的原因。于是在朱祁镇被俘的次日,也就是正统十四年八月十六日,也先打发明朝的千户梁贵回去报信,告知北京方面土木堡一役,同时宣布英宗在瓦剌手中。也先自己也不急于进兵,而是撤至宣府,然后到大同,沿路以英宗为名向官员们索要财物,直到二十四日带领英宗退出明边至集宁海子一带,于是朱祁镇开始了自己作为俘虏的塞外之旅。

再说八月十六日被放回报事的梁贵。他自己来到怀来卫的城外,要求进城。但是土木堡大败之后,怀来已成惊弓之鸟,城门紧紧关闭,根本无人理会。幸好梁贵身手还不错,自己找来一些工具,翻城而入,向怀来守将通报了大致情况。怀来守将不敢怠慢,当天就用快马传信京师,在当夜三更时分才将战报送入北京。当时北京之内的重要文官大部分都死于土木堡,于是先禀报给了留守京城的兵部侍郎于谦,再经于谦上奏给宫中。

于谦是我们在这里需要介绍的一个重要人物。如果没有土木堡之变,于谦大概也会被史家注意到,但不可能有后来的名气,但也正因为土木堡之变,改变了于谦的人生走向,带给他一个悲剧的结局。

于谦字廷益,是浙江钱塘县(今浙江省杭州市)人。他自幼喜好读书,在永乐十九年高中进士,本来是会试第一,但是却因为在考策论时针砭时弊,用语过于激烈,被抑为三甲第 92 名。此后于谦任山西道监察御史,以清廉有为著称。由于监察御史需要定期回京汇报工作,于谦每次回京奏闻时,声音清朗,分说明白,引起了宣宗朱瞻基的注意。后

·欧·亚·历·史·文·化·文·库·

来朱瞻基平定汉王朱高煦之乱以后，必须找到大臣替皇帝数落朱高煦为叛的不是，朱瞻基就想到了于谦。于谦奉诏前去痛斥朱高煦，声音洪亮，理据充分，以朱高煦之桀骜，竟然被骂得抬不起头来，由此深得朱瞻基的赏识，后来特旨将于谦擢升为兵部侍郎兼都御史，巡抚河南、江西。于谦也没有辜负宣宗的信任，在两地巡抚九年，平反冤狱，兴建义仓以备荒年，又维修黄河河堤以防水患，在当地有"于龙图"之称，被百姓

于谦像

以为包拯再世。后来正统年间，三杨在位，对于谦也非常敬重，故此于谦声震朝野，受到大家的瞩目。

然而就在此时，王振开始擅权，大臣纷纷贿赂王振，以求官运亨通。据说当时要见王振，至少要用白银 100 两，如果给到 1000 两，王振就可以招待一顿饭。但是谁要是不给钱，那就是不给王振面子，迟早要倒霉。可是于谦就是不信这个邪。他每次回京奏事，从来不给王振送礼，人家都劝他说："你巡抚山西、河南两地，怎么说也可以给王振带点土特产吧？"于谦甩动自己的两个袖管，写了一首著名的《入京》诗：

> 手帕蘑菇与线香，本资民用反为殃。清风两袖朝天去，免得闾阎话短长。

后来我们耳熟能详的成语"两袖清风"，出典正在于此。可是于谦不肯讨好王振，王振自然恨于谦入骨。正好于谦在正统十一年（1446）进京奏事，举荐王来、孙原贞二人替换自己。王振抓住机会，说于谦举人自代，是因为长期在外省做官得不到升迁，故此心怀不满而给朝廷难堪，罗织种种罪名将于谦下狱，准备置他于死地。但是于谦在山西、河南的官声极好，当地百姓听说于谦被人诬陷，群情激奋，找到地方官司要求进京为于谦申冤。地方官员本来都是于谦下属，对于谦一事极为同情，并没有压制百姓言论，而是将舆情如实反映给朝廷。王振见众怒难犯，于谦又没有别的问题，只好把于谦放了出来。但是王振还是想

教训一下于谦，于是将他降职为大理寺少卿。没想到两省百姓对此更为不满，集合了 1 万多人进京上书，乞求朝廷将于谦官复原职。此事影响巨大，就连山西、河南的藩王晋王、周王也都出来为于谦说话。王振不敢跟藩王作对，只好顺从民意。

正统十三年，于谦升任兵部侍郎，协助兵部尚书邝埜负责边防军务。土木堡之变以前，邝埜随军出征时，以后方大事相托，所以此时的于谦实际上已经是明朝军政的最高负责人，国家安危，就在他一个人身上。于谦接获土木堡兵败的消息以后，马上联系司礼监提督太监金英，把情况紧急汇报给皇太后孙氏与皇后钱氏。这位太监金英是宣宗朱瞻基宠信的太监，得势在王振之前，但是没有像王振那样怙恃弄权，所以在正统年间虽然地位仍然尊崇，但是一直被王振压制。于谦之所以找到他，是因为此人老成可靠，忠义为主，后来事态的发展也证明了于谦此举颇具眼光。

八月十七日，慌了神的太后与皇后连忙找在京的几位主要官员商议，最终在次日由太后孙氏出面，以太后的名义降懿旨，命英宗朱祁镇的弟弟郕王朱祁钰监国，集合朝臣，共商大计。

这位郕王朱祁钰是朱祁镇的异母弟弟。他的母亲正是汉王朱高煦的侍婢吴氏。宣宗朱瞻基平定汉王之乱以后，将其宫中使女都罚入后宫。在返回的途中，他就注意到了吴氏美貌聪慧，于是一直让吴氏陪侍，回京之后，安排吴氏在宫外单独居住，不时前往临幸。后来吴氏为宣宗产下朱祁钰，仍然瞒着宫内诸人。后来宣宗病重，临终之时命人将吴氏母子接入宫来，恳求太皇太后张氏与皇后孙氏看在自己的份上，善待他们母子。宣宗死后，张氏与孙氏并未食言，将朱祁钰封为郕王。说起来朱祁钰只比朱祁镇小 1 岁，但是两个人等于一直没有在一起生活过，只是名义上的手足兄弟而已。到了正统十四年，朱祁镇准备御驾亲征，按照明朝的习惯，皇帝外出，需要由太子坐镇京师，充当监国之职，好替皇帝料理国家大事。可是朱祁镇的太子当时只有 2 岁，没办法决定大事，只好请在京的郕王朱祁钰代行监国之事。朱祁镇出兵的时候以为出去转一圈，打几个胜仗就回来了，让朱祁钰替自己干几天活，

·欧·亚·历·史·文·化·文·库·

也没什么了不起的,哪知道自己还能被瓦剌人俘虏了去呢?现在英宗北狩不归,只好由皇太后孙氏再次宣布郕王监国,让朱祁钰承担起管理国家的任务来。

朱祁钰作为一个叛臣宫女所生的孩子,长期以来在宫外居住,没有经历过处理政务的相关训练,也拿不了什么大主意。百官也不太把朱祁钰当回事,于是在百官集会之上,大家真的是各抒己见,平时一些绝不敢讲的话也都说了出来。当时有一位叫作徐珵的翰林侍讲公开表示说:"我夜观天象,荧惑进入南斗天域,主兵事,由此可见,现在唯有南迁南京,才能避免一场大祸!"群臣听到徐珵的意见以后,不少人都表示赞同。当初朱瞻基顾命五大臣之一的礼部尚书胡濙作为老臣,必须出来制止这种论调,但是胡濙也心里头发虚,他不敢说要抵抗到底之类的豪言壮语,只说:"如果迁都南京,那么昌平的祖宗陵寝谁来看守啊?"这话自然给大家心头平添上一片阴影,不少主张南迁避难的大臣都互相抱头痛哭,郕王朱祁钰哪见过这个场面,也不知道应当如何是好。

此时于谦已经看不下去,急忙站出来痛斥徐珵:"再有敢进言南迁者,应当处斩!京师是天下根本所系,一旦迁都,势必人心动摇,一切都将不可挽回。当年南宋就是例子。请立刻降旨调动四方勤王兵马保卫京师!"这时太监金英一看于谦发言,赶忙命旁边的小宦官将徐珵赶下殿去。其他大臣见此情景,也就不敢再说,吏部尚书王直等人也都附和于谦的意见,终于确立了立足北京,继续与瓦剌作战的朝议基调。金英赶忙回宫劝说太后孙氏,促成郕王朱祁钰与孙氏同意坚守北京,将作战的责任交予于谦一人全权负责。

八月二十一日,于谦从兵部侍郎升任兵部尚书,成为兵部真正的一把手。此时凡事皆以对抗瓦剌为先,故此兵部尚书虽然不像内阁大学士有宰相之权,但在实际上已经成了朝中的第一人。于谦主政之后第一件事,就是清空通州粮仓的存粮,将它们全部运进京城。我们原来提到过,自从北京的前身元大都开始,这一地区就不是一个能够自给自足的都市,其粮食消耗基本依赖南方江浙地区的供应。元代粮食运输以海运为主,明代则极为依赖运河漕运。其中运河运粮到北京要经过通州张家湾一个叫作李二寺(元代及明朝中期以前称"李二寺",后作"里二泗",今北京市通州区里二泗村)的村子,通常粮运船只将粮食运到李二寺的码头仓库即可返航,再由专门人员将粮食运入京城,所以这里是供应北京用粮最重要的仓库。但是因为通州诸仓远在城外,一旦也先兵马迁回来到,这里防守薄弱,不仅存粮会被抢走,还会影响北京城内的粮食供应,与其放在那里让敌人得利,还不如及早转移。于是于谦下令在京文武官员可以预支 8 个月的禄米,士兵可以预支半年粮饷,全部自行到通州支取。又命朝廷起发大车 500 辆从通州运粮至京师,普通百姓凡能够从通州运粮到京城内的仓库中者,由官府配给路费白银 1 两。这样不仅将通州粮仓的存粮大致清空,也让官员和士兵都心怀感激,士气大振,人心安定,可谓一举多得。后来也先包围北京之时,确曾打过通州粮仓的主意,但是听说于谦已经预先处置,四处抢粮竟然没有收获,故此也使他丧失了继续围城的信心。这些都是后话,这里暂不多说。

于谦做的第二件事,就是解决王振的遗留问题,还大家一个公道。因为王振在世时狐假虎威,群臣对其满腹怨言,却又不得不去巴结他。现在王振已死,英宗北狩,再也没有人会替王振说话,不趁此刻打击依附王振的势力,更待何时?故此在八月二十三日的朝会之上,都御史陈镒提出土木堡一役应由王振承担全部责任,故此应杀王振家属党羽,并且罚没其家产入官。郕王朱祁钰对这些事情一点不懂,一听涉及杀人的事情,话都不敢说,但又找不到合适的理由宣布退朝。正在这个工夫,王振著名同党,他的得力干将锦衣卫指挥马顺站了出来,大声抗辩说王振已死,现在追究责任没有意义。这下子彻底把群臣激怒,给事中王竑忍无可忍,一把揪住马顺说:"你当初就助纣为虐,现在还敢如此狂妄!"直接张嘴对着马顺就一口咬住,百官见此情形,把一股邪火全撒在了马顺身上,人人都上去拳打脚踢,竟然把马顺活活打死在了左顺门外。

这时郕王朱祁钰看到苗头不对,就打算先避入后宫,可是群臣簇拥着他,人多势大,只要宫门一开,就要大家一拥而入,无法禁止。太监金英站出来,希望大家保持冷静,先离开宫门禁地,但是大家义愤填膺,无人肯退,反而提出要宫中交出王振的两个亲信宦官毛贵、王长随。金英看到场面快要失控,只得派人把毛贵、王长随二人带来,让健壮的青年宦官抵住宫门,把宫门打开一条小缝,让人把毛、王二人从门缝里推了出去。果然毛、王二人也被群殴致死。群臣们继续要求惩办王振的侄子王山,一时间混乱不已。

郕王朱祁钰从来没见过这样的场面,更别说一帮子平日道貌岸然的大臣当着自己的面一连打死3个人,一个劲地打算偷偷溜走。于谦看到朱祁钰要走,赶紧把他拉住,对朱祁钰说:"您千万不要在这个时候走,您一旦离开,今日之事恐怕无法善了。大臣们一时兴起,动手打死了人,等到事态平息,大家肯定担心秋后算账,到时候人心就要散了。"朱祁钰根本听不进去,死命挣扎,把于谦的朝服袖子都给拉碎了。但是于谦坚决不肯放手,耐心向朱祁钰解释大臣们如此也是为了国家,希望朱祁钰出来表态,以安众人之心。朱祁钰无奈,只得宣布战败之责应由王振承担,马顺等3人有从逆之罪,应当处死,今日之事与群臣无关。这样才控制住了局面。最后群臣退出左掖门的时候,吏部尚书王直拉住于谦的手,长叹道:"今日之事幸好有您在啊,否则就是有一百个王直,又能怎么样呢!"次日在于谦的主持之下,王振家产一律罚没充公,家族老幼上下一律斩首,王山被凌迟处死,马顺等人被陈尸于东安门外示众,余党如大同监军郭敬等人都被处以死刑,家产充公,朝野气象为之一新。

这时情况又发生了微妙的变化。由于英宗被俘,也先几次要求英宗写下诏书,命令大同、宣府等地的守将打开城门,给边防将领造成了极大困扰。毕竟诏书的确是英宗所写,如果不开门,就是抗旨不遵,但要开门,势必会做瓦剌的俘虏。这种情况到底应当如何处理,边将们只好奏报回京,要求朝廷能够有一个统一意见,如果再收到类似的诏书,己方拒不开门,今后不会被追究责任。鉴于这种情况,于谦等大臣们一合计,如此国君之位不可久旷,既然现在郕王朱祁钰有监国之责,代英宗朱祁镇处理政事，不如索性让郕王朱祁钰正位为天子，奉朱祁镇为太上皇，这样边境守将需要奉行的就是郕王之诏，也就不怕也先拿朱祁镇出来要挟大家了。但是此事说来简单，实行起来有点困难。首先一点来说，英宗朱祁镇毕竟不是死了。他是名正言顺的大明天子，虽然做了俘虏，但是假如有一天他能安然无恙地回来可怎么办？总不能到时候把两个皇帝放在一个宫里，都主持天下政事吧？那么英宗如果能回来，两个人的关系怎么摆，这是第一个问题。其次一个问题，英宗的太子朱见深虽然年龄幼小，此时只有 2 岁，但他是英宗的嫡长子，储君身份早定，对此没有人产生异议。假如将朱祁钰正位，那么年幼的朱见深太子的身份是否应当保留？这些问题并不是大臣们能够决定的，故此于谦等人只好去找太后孙氏与皇后钱氏一同商量。

孙氏和钱氏都是女子，对国家大事只是似懂非懂，但是她们都感觉到这个主意有问题。钱氏作为皇后，担心的是郕王朱祁钰一旦正位，瓦剌方面发现朱祁镇再无利用价值，会不会一怒之下把朱祁镇给杀了。孙氏作为太后，则认为朱祁钰不是自己的亲生儿子，让自己的亲生儿子让位给一个庶出之子，心里非常不是滋味，表示希望还是由朱祁钰监国，可以让朱见深提前登基。但是于谦一个劲地为她解释这里面的利害关系。按照于谦的说法，英宗现在是大明天子，故此不管我们拿出什么样的价码，瓦剌都不会放人。如果此时立郕王，则英宗在瓦剌手中就失去了价值，再将英宗赎回，不会花费什么力气；但假如以郕王监国，而太子登基，郕王名不正言不顺，

景泰帝像

太子年龄又小，等到英宗还朝，势必还要以太上皇的身份训政，这样等于英宗还有价值，瓦剌方面势必不肯轻易放人。故此如果想要让英宗能够顺利归来，只能在皇位问题上略做退让，奉郕王朱祁钰为帝。在于谦的劝说之下，孙氏、钱氏也都认同了大臣们的主张，最后就是上述两个敏感问题的解决。最后孙氏与大臣们商定的结果，就是郕王朱祁钰

·欧·亚·历·史·文·化·文·库·

正位为帝,英宗则称太上皇,将来太上皇归国,身份不变,仍然不是大明皇帝。太子朱见深作为储君,事在朱祁钰称帝之前,故此仍为太子不变,今后即使朱祁钰生下子嗣,也不能影响朱见深的太子之位。

如此一来,朱祁钰就莫名其妙地被命运之手推上了皇帝之位。到了正统十四年九月初六日,朱祁钰正式登基,议定次年改元景泰,故此日后也常常被史家以"景泰帝"称之。这位景泰帝本来对当皇帝这个事情没有什么野心,对操持国家大事更是一窍不通,但是形势发展至此,已经由不得他不干了。故此朱祁钰干脆把事情全部托付给于谦,希望这位能干的大臣可以帮他渡过危机。正是这一对君臣组合联手造就了明军与瓦剌惨烈的北京之战,以及日后"夺门之变"这一历史悲剧。

5.4 北京之战与"夺门之变"

正统十四年九月,明朝改立郕王朱祁钰为天子,是为景泰帝。瓦剌方面并没有第一时间获知这一消息。也先一直对朱祁镇照顾有加,还提出把自己的妹妹嫁给朱祁镇。朱祁镇虽然对于当也先的妹夫一事没有兴趣,但是也不好直接拒绝,只得推说天子嫁娶,均有相应礼仪,需要等自己回京采办相应物事,再来厚礼迎聘。这让也先非常满意,伯颜帖木儿也一直替朱祁镇说话,所以朱祁镇在塞外生活了一个来月,过得也算不错。

然而,当也先再次款塞,要求明方边将开城出迎时,突然发现人家再也不认朱祁镇的诏谕了。一问之下,这才明白,自己手上的皇帝已经变成太上皇了。这下子也先大怒,在十月初一日聚集人众,举行了一次登基大典,把朱祁镇请出来,表示瓦剌要支持他重做皇帝。也先以奉还朱祁镇回京为名,再次点起大军,进攻北京,希望趁明朝方面新君甫立,人心未稳,干脆把北京攻下,再行要挟。内中还有一个当初随英宗朱祁镇投降瓦剌的太监喜宁,这个人本来不是汉人,而是蒙古人,大概对明朝有特殊的恨意,一力配合也先的行动,把明朝重要据点的兵力配置、将领情况等等全都对也先和盘托出。也先就在喜宁提供的情报之下，分兵两路，自己亲率一路人马直扑紫荆关，又分兵一路作为牵制，出古北口，再次入塞，准备会师北京。

紫荆关与居庸关、倒马关合称"内三关"，扼守进入北京的通道。这里地处太行山脉与河北平原的一个交界点，对于北京来说，战略意义重大。因为一旦瓦剌突破紫荆关一线，则可以顺利进入平原区域，纵马驰骋，再无阻隔。于谦对这里也早有防备，将兵部给事中孙祥升为右都副御史，协助守关武将都指挥使韩清进行防守。十月初九日，也先大军抵达紫荆关外，一如既往地假传朱祁镇圣旨，要求守将开关接驾，自然被拒绝。也先率军对紫荆关发起猛攻，韩清出关迎战，兵败阵亡。孙祥闭关固守，却被喜宁透露紫荆关附近有一条山中小路，可以翻过山岭，抵达紫荆关内。如此瓦剌内外夹攻，孙祥在巷战中丧生，紫荆关告破。

今日紫荆关

出古北口的这一路瓦剌人马经潮河、密云一线迂回至居庸关。居庸关守将罗通坚持闭关拒敌，并且利用时已入冬，天气寒冷的条件，将冷水泼在城墙之上，形成一道冰墙。瓦剌士兵本来就不擅长攻坚战，居庸关城墙高大，墙面又布满一道厚冰，攻城的云梯在墙头上搭不住，只能望城兴叹。故此这一路人马攻居庸关不下，转而折向西南，突破白羊

·欧·亚·历·史·文·化·文·库·

口,杀死负责白羊口防务的通政使谢泽,从北路进逼北京。

此时北京城聚集的兵将约有 22 万人。虽然数目庞大,但其中近一半是从土木堡生还的残兵败将,这些人大多带伤,且士气低落,能否正常投入作战,是个疑问。还有一些是从各地抽调来的勤王部队,他们都是从山西、山东、河北等地急行军赶来,风尘仆仆,无论在体力上还是在士气上,都正处于一个低点。最后一些就是新招募来的预备部队,这些人虽然士气尚可,但是还没有经过长时间的训练,也难当重任。就在这种情况下,朱祁钰任命于谦提督各营兵马,北京全部部队,均归于谦一人节制,对于不服从命令者,有先斩后奏之权。按照明朝祖制,兵部尚书负责军政,但不能直接领兵,领兵乃是武将之责;武将则负责一线作战,不能过问军政。这样安排,就是为了保证以文官主导政治而远离兵权,武将指挥作战而无法过问政治,保证体制不会出现一个能够影响君主权力的权臣出现。然而形格势禁,朱祁钰也顾不得这许多,既然于谦愿意承担责任,索性把兵权、政权全都委任于他一人之手,后来的历史发展也证明了这一决定的正确。然而这也是造成了后来于谦悲剧结局的一个原因。为什么英宗在"夺门之变"以后,明知于谦无罪也一定要杀死于谦,并不仅是因为于谦是景泰帝朱祁钰所信任的人,而且也因为于谦经过北京一战,在军中兵将之间树立了极高的威信,如果留下他来,今后难保不会出现问题。当然这是后话,这里暂不多说。

十月初十日,于谦下令在京部队分为 9 个大队,每一队都屯驻于京城九门以外。然后让京城九门大门紧闭,如果瓦剌来袭,作战期间,九门不许开放,以示背城一战的决心。同时传令,将领临阵脱逃者斩,士兵临阵脱逃者,后队斩前队,要求士兵们置之死地而后生。最后,于谦自己并没有留在北京城内,而是随同总兵石亨驻守德胜门,与士兵同吃同住,兵部事务全部交托兵部侍郎吴宁处理。要知道在文官政治之下,文官大多瞧不起武将,所以文武之间总是存在一条鸿沟,双方隔膜很深。但是于谦以身作则,敢于亲临部队一线,这让驻守军兵受到很大鼓舞。于谦像武将一样顶盔掼甲,亲自向士兵训话,不少士兵都被于谦所感动,誓死保卫京师。为了保证作战胜利,于谦特地把当初因吃败仗而下狱的几位将领都放了出来，让他们有机会戴罪立功。这其中就包括阳和口之败的主将石亨。石亨本来是一名勇将，深得士兵信任，这次被于谦委以重任，让他负责总节制九门部队，此举也是顺应了明军人心，让大家似乎看到了一点胜利的希望。

十月十一日，瓦剌大军抵达北京。英宗朱祁镇被瓦剌军偕同前来，关押在德胜门外的一所空宅之中。北京就在眼前，却是有家不能回，朱祁镇心情之郁闷可想而知。此时瓦剌军主要列阵于西直门外。于谦要明军趁敌立足未稳，先行出击，结果两军在彰仪门外，也就是今天的广安门一场交战，明军将领高礼、毛福寿率军杀敌数百，先声夺人。当夜，于谦又派都督薛斌夜袭瓦剌营地。瓦剌方面自从土木堡一战大胜，对明军一直心怀蔑视，没想到明军会突然发动夜袭，幸好也先反应迅速，指挥若定，没有受到很大损失，但毕竟一天之中连遭两次打击，已经没有刚开始倾巢而来的那股锐气了。也先看到强攻北京，速战速决，似乎没有那么容易，于是又想重施土木堡一役故智，同时也让英宗朱祁镇派上用场，开始派出使者，通知明朝和谈，并且请他们迎回朱祁镇。

既然对方说到迎回朱祁镇一事，如果己方不予理睬，好像也不合适。于是于谦将此事通报北京城内，由朱祁钰降旨，升任通政司参议王复为礼部侍郎，中书舍人赵荣为鸿胪寺卿，以此二人为使者，前往瓦剌军营。

王复、赵荣二人到了也先的大营之后，见到了英宗朱祁镇。为了显示瓦剌是奉还英宗而来，也先和伯颜帖木儿装作护卫的样子，让朱祁镇坐在营帐当中，腰悬佩刀，自己兄弟二人甲胄穿戴整齐，站在朱祁镇的两侧，摆出一副忠心护主状。按说朱祁镇已经被俘近两月，见到臣下，应当高兴才是。但是朱祁镇听说朱祁钰给二人刚升了官，想到朱祁钰趁着自己被俘，竟然坐上了皇帝的宝座，心中颇为不快，就说了一句："怎么也不派遣个大臣过来呢！"也先听后，就问二人官居何职。朱祁镇在旁边说道："都是些小官。"也先在旁边应道："为什么不派大臣前来呢？让你们朝中的胡濙、于谦、王直这样的大臣来见我们！"也先此举明显是想将明朝重臣们骗出城来，再行扣押，好大乱明军的部署。朱祁钰没有经验,竟然想答应也先的要求,幸好被于谦阻止。于谦告诫朱祁钰,目前正处在战争之中,不可以被敌人的言语所惑,掉以轻心,哪怕真的要和谈,也要等到瓦剌退兵了再说。

既然企图赚上一两个重臣的意图没有实现,两军全面交锋的日子也就来了。十月十三日,瓦剌的斥候在德胜门一带频繁活动,窥探明军虚实。于谦猜到瓦剌将重点进攻此处,就安排石亨把士兵埋伏在德胜门外的房屋之中,军营之中仅仅留下小队骑兵分散活动,显得人数不多,示敌以弱。果然瓦剌主力来攻,明军骑兵假装不敌逃走,瓦剌骑兵纵马追赶。此时明军副总兵范广率领人马正面迎敌,石亨则带领伏兵从空房之中一一现身。埋伏的明军大多配有火铳,从高处向瓦剌士兵进行齐射。火炮部队则隐身营后,向瓦剌阵中一片轰击,只杀得瓦剌士兵人仰马翻。此役瓦剌惨败而归,也先的弟弟孛罗也被火炮打死在阵前。要知道孛罗在瓦剌人中素有"铁帅"之称,是个了不起的勇将,他中炮身死,无异于断去也先的一条臂膀。

德胜门进攻无果,瓦剌又把进攻的重点移向西边的西直门。然而西直门的守将都督刘聚这几天并没闲着,他在西直门外组织士兵挖了一条又宽又深的壕沟,士兵在壕沟与城墙之间背城而战。瓦剌骑兵很难越过壕沟,直接攻击城门,再加上明军的火器在两军对峙中发挥了出色的远程攻击作用,使得瓦剌进攻西直门无果,只得退往西直门以西。

此时西直门以西正好也有一支明军队伍。这支明军由右都督孙镗率领,本来是要开往紫荆关援救孙祥的。可是部队刚刚开拔上路,紫荆关即告失守。于是根据兵部传来的指示,孙镗将部队沿路安置在涿州、良乡一带防守。等到他实际退回北京附近的时候,大营中的士兵还剩下 500 人左右。就在此时,遭遇了瓦剌攻打西直门的败军,双方又发生了一场遭遇战。孙镗看到手下兵力严重不足,退而无路,只好带兵边打边向西直门方向撤退,并且要求西直门的守军将城门打开。但是防守西直门的都督王通与都御史杨善不敢开门,生怕瓦剌部队跟着突入城内,只在城上开炮,协助掩护。另一支部队由都督高礼、毛福寿率领,从南面增援杨镋，形成一场混战。明军在混战中，火器无法发挥作用，渐渐被瓦剌压制。眼看战斗就要逼近西直门城门时，石亨率领援军赶到。当时已近黄昏，瓦剌只得暂时退走，双方各自收兵，退回己方阵地。

十月十四日，双方又在彰仪门大战一场。这次明军再次利用火器取得了优势，但由于朱祁钰派来监军的太监想要争功，率领数百骑兵先行突出，使明军阵型出现了短时间的混乱，瓦剌趁此机会反击，明军将领武兴身中流矢而死。明军一路后退，后来靠着高礼、毛福寿的援军才稳住阵脚，再次击退瓦剌。

就在十月十四日这场战斗结束之后，明军从瓦剌俘虏处得到了一个重要情报，瓦剌方面担心出现意外，已经由伯颜帖木儿将英宗朱祁镇押走，向西退去。于谦闻讯大喜。要知道明军比起瓦剌来说，最大的优势就是明军拥有大量的火器枪炮。当时的火炮并不像后来近代以来的大炮，口径较小，炮弹杀伤力也有限，而且没有轮子来调整位置，移动不便，只能通过改变仰角来变换射程。但是对于明军来说，火炮是夜袭的有力武器，可是顾忌英宗在人家手里当俘虏，生怕炮弹误伤英宗，故此投鼠忌器。现在英宗已经被送走，则不必再有担心。于谦核实情报之后，命令十月十五日当夜，城外明军全部点起火把，避免误伤，凡是没有火把照明的地方，一律用炮打过去。当晚明军打了一整夜的炮，声音震天动地，瓦剌营地火光四起，死伤无数。也先见势不妙，急忙连夜撤退，仍然按照来时路线，分兵两路，一路经白羊口退回，一路经紫荆关退回。

也先率军经过昌平，将成祖、仁宗、宣宗陵寝烧毁，以示报复，然后从良乡、涿州向紫荆关撤退，正好遇上当初孙镗留在此地驻防的大部队。瓦剌的败军在涿州又遭重创，最后能够从紫荆关生还的瓦剌士兵，只剩下数千人而已。至十一月初八，也先率领的瓦剌残兵全部退回塞外，北京宣布解严，明朝自建国以来最大的一次危机，终于平稳渡过。

北京之战以明朝一方大胜而告终，但英宗朱祁镇还在瓦剌手中，也先也并未放弃利用朱祁镇胁迫明朝的打算。转过年来的景泰元年（1450），还是那个太监喜宁向也先建议，从宁夏突入中原，直驱江南地

·欧·亚·历·史·文·化·文·库·

区,攻下南京,在南京拥立英宗,与明朝对抗。此时也先刚经大败,这个计划大而无当,距离过长,瓦剌人对气候道路都不熟悉,故此没有实施。又有河间投降过去的叛军小田儿建议也先再入紫荆关,从河北平原南下进入山东临清,切断明朝的粮食漕运,北京守军无粮,再行攻打就容易得多了,就算没有机会攻打北京,只要烧毁漕运粮食,也能给明朝以重创。也先对这一计划非常感兴趣,结果尝试攻打长城沿线的时候,被大同守将郭登击败。瓦剌人自土木堡一役以后,对明军充满轻蔑,但在北京之战大受打击,所以也不像早先那样充满自信。郭登当时士兵不及瓦剌人数众多,但是瓦剌习惯认为明军胆小,不敢正面对抗,结果郭登率众主动冲击瓦剌营盘,喊杀之声震动山谷,故此瓦剌以为明军人多,不辨虚实,只好撤退。

此时英宗朱祁镇已经看清了喜宁的真面目,只要有喜宁不断在这里怂恿也先,不仅对明朝有害,而且朱祁镇也别想回去。于是朱祁镇就与身边的亲信袁彬、哈铭二人商议,打算找机会下手除掉喜宁。喜宁对此早有防范,设下圈套,将袁、哈二人骗出,准备杀掉。结果朱祁镇及时赶到,将二人救出。但经此一事,喜宁与朱祁镇之间就算结下了梁子。

为了能尽快除此大患,朱祁镇与袁彬、哈铭商量了一个方案,由朱祁镇出面对也先说,希望派遣使者到明朝求见太后孙氏。只要说服孙氏出面,提议与瓦剌议和,朱祁钰自然不敢不听。也先一听,欣然同意,就建议喜宁作为使者出访,因为喜宁本来在宫里服务,跟太后比较熟。朱祁镇故意表示反对,说喜宁出卖国家机密,明朝上下定然对他恨之入骨,一见面就要杀他。朱祁镇越是坚持,也先就越是觉得其中定然有诈,就越要喜宁前去。为了证明喜宁确是代表朱祁镇前往,也先就增派了一名俘虏叫作高磐,原任锦衣卫百户,随同喜宁出使。朱祁镇事先让袁彬等人找高磐做好工作,写了一道密旨,让高磐入明以后,交给前来迎接的边防将领。就这样,喜宁与高磐二人行至野狐岭,遇到了宣府方面的巡逻将领都指挥江福。江福听说二人是太上皇派来的使者,自然热情招待。席间,高磐趁喜宁没注意,将朱祁镇的密旨递给江福。江福在无人之处看过以后,当即调兵捉拿喜宁,将喜宁解往北京。朝廷众大臣对如何处理喜宁还有不少争议。很多人都认为喜宁毕竟名义上是奉使而来,如果被杀,不仅明朝会担上污名,而且也会激怒也先,到时候难免再兴战火。但是于谦坚持要杀喜宁。他认为喜宁熟知明军边防情况,对于北方地区的交通和地形也非常熟悉,现在是也先身边的重要人物,如果不杀,势必遗有后患。最后,喜宁终于难逃一死。消息传回瓦剌,朱祁镇一再表示当初他就知道会有这样的结局,故此一再反对让喜宁出使。也先这才明白自己吃了一个哑巴亏,更为生气,于是在景泰元年三月至六月间,又数次发兵侵扰明边。朱祁镇认为,只要喜宁一死,无人挑拨怂恿也先南侵,随着双方关系的修复和伯颜帖木儿为自己说话,自己南归的事情总有转机,故此他也不着急,只是静观事态的变化。

作为明朝一方,于谦一直奉行对瓦剌的强硬政策,认为不可主动与瓦剌和谈,只要瓦剌入侵,必须予以坚决回击。这样,也先数次南侵再没有取得什么成果,反而虚耗粮草,兴师动众,给自己增加了不少负担。假如也先在土木堡大胜之后就马上收手,他在草原上的威望已经达到了顶峰,实现他成为蒙古大汗的愿望指日可待。结果他偏偏利令智昏,坚持用朱祁镇去要挟明朝,甚至企图将北京占领,导致北京之战大败而归。此后大半年的时间内,也先既没有用朱祁镇换来多大的好处,又没办法在战场上有所收获,使他在土木堡大胜中积累下来的威望损失殆尽。更为关键的一点,瓦剌与明朝保持了多年的互市,其中每年贡马而产生的数量巨大的赏赐已经成为瓦剌一项重要的收入来源。现在由于双方进入战争状态,瓦剌失去了这项收入,又不能通过朱祁镇找回来,也先也开始明白与明朝长期作战有点得不偿失,故此也尝试主动改善与明朝的关系。但是,也先担心自己主动找上门去,既被人家怀疑,又容易吃个闭门羹,太没面子,便让阿剌知院代替自己,主动向明朝贡马。

然而此时明朝方面的情况也发生了变化。自从北京之战结束以后,朱祁钰的皇位一下子坐得太平起来。眼看大半年过去了,朱祁钰开始逐渐习惯了当皇帝的感觉,一朝权力在手,哪里还肯有丝毫的放松。

在朱祁钰心中,倘若自己哥哥朱祁镇就此被瓦剌羁押,再也回不来,那自己这个皇帝才能当得没有负担。他始终觉得,就算朱祁镇回来愿意去当太上皇不理政事,但是自己毕竟是人家的弟弟,做事肯定会有诸多掣肘,不会像眼下这么舒服。故此,当阿剌知院前来贡马,并且向明朝表示希望讲和,也会将英宗朱祁镇送还的时候,朱祁钰并没有做出正面回应,反而要求群臣共同商议。这种事情群臣的意见自然是派出使节,商定和谈与送回英宗的细节。谁知道朱祁钰竟然一再表示疑问,他在群臣会议上问大臣们:"原来朝廷就是因为相信瓦剌和谈,这才坏事。现在你们又不断提出应当与瓦剌和谈,到底是为了什么?"吏部尚书王直说道:"现在太上皇正在瓦剌,我们有必要将他奉迎回国。现在瓦剌主动与我和好,并且想要把太上皇送回,请您务必派遣使者前往迎接,以免出现也先变卦。"谁知道朱祁钰一听这话,脸色大变,道:"并不是我想做这个皇帝,是你们要我来坐上这个位子的。现在你们又有别的打算,我弄不明白你们的意思。"其实王直这番话只是说应当迎回英宗,并没有要朱祁钰让位。但在朱祁钰内心深处,迎回英宗就大致等于让自己让位,他怎么可能同意呢?于谦一看朱祁钰生气的样子,立刻明白了他的心病所在,赶紧走上一步说:"您的皇位是已经定了的事情。但是从情理上来说,我们也应当把太上皇迎接回来。就算是对方的诈术,我们只要多加提防,也就是了。如果最后不成,那么错的也是他们,我们总是占在理上。"朱祁钰最是信任于谦,一看于谦这么说,也就放了心,于是升任礼科给事中李实为礼部侍郎,率领随从,带着朱祁钰的敕书,在七月初一出发,前往瓦剌。值得一提的是,李实所携带的敕书,上面没有关于迎接朱祁镇回国的内容,只是表示了愿意同瓦剌和谈。

李实一行人在七月十一日抵达失八儿秃,在这里见到了也先和英宗朱祁镇。也先备酒招待李实,对李实说:"你们大明皇帝的敕书中只提到了讲和,没说接驾的事情。你们的太上皇在这里又不能做我们的皇帝,是个闲人。我打算把他还给你们,以后也算在历史上留下个好名声。你回去奏给你们皇帝知道,来三五个老臣接他,我就差人把他送去。"又带着李实去朱祁镇的居所探望,还对李实说:"你看我把他照顾得不错,一直都没有杀他。要是换作我被你们抓了,你们还能不杀我吗?"英宗朱祁镇见到李实,也颇为感慨,毕竟这是他在瓦剌将近1年时间第一次见到明朝来的使者。他问李实:"我在这里都待了快一年了,怎么也没派人过来接我呢?"李实答道:"朝廷几次想要派人来接,但是都没有确实的消息。这次让我前来讲和,探望陛下的情况,回去禀报之后,就会有人来接。"朱祁镇又问了许多朝中的情况,大概明白了朱祁钰不希望自己回去的原因,就对李实说道:"现在是也先有意送我回去。请你回去对大家说明,我只求能够回到京城,回去就做一介平民,也就满足了。"

七月十四日,李实踏上归途。谁知道他正带着也先与朱祁镇的回话赶回北京,结果在路上却遇到了另外一队明朝来到瓦剌的使臣。原来也先着急把和谈的事情定下来,好让朱祁镇赶紧回去,看自己的使者去了多日,明朝的使节还没有来,就又派去了一队使者。李实前脚出发,第二队瓦剌使臣后脚就到了。这一次于谦与大臣们都主张再派一队使者前往,因为李实带去的敕书只是有关议和一事,既然瓦剌确有诚意和谈,把英宗接回也就势在必行。于谦还郑重提出,如果太上皇不回来,始终掌握在瓦剌手中,那么边境很难保持长时间的和平。如此一来,朱祁钰也不便再加推脱,只好又命礼部侍郎杨善前往瓦剌。可这一次虽然名义上是让杨善前往洽谈迎接朱祁镇回朝事宜,但是朱祁钰交给杨善的敕书,依旧没提到迎接朱祁镇回朝之类的内容。

杨善是个很有心眼的人。他自己出钱,给朱祁镇买了不少衣物食品,又去采购了许多塞外没有的如绸缎、茶叶等礼物,用来买通也先,事先做好了比较充分的准备,想利用这次机会一举立功。当他在半路上遇到李实等人以后,杨善详细打听了也先的情况,对于迎接朱祁镇回朝已经颇有把握。到了瓦剌以后,他先用礼物上下打点一番,使得瓦剌人都认为杨善是个重情义的好人。第二天见得也先,杨善先呈递敕书和礼物。也先只听说过明朝大臣有胡滢、王直、于谦等人,没听说过杨善,又看敕书上还是只字不提迎接朱祁镇之事,不免有些奇怪。杨善早

欧·亚·历·史·文·化·文·库·

有准备,对也先解释说:"我大明皇帝说了,这是为了尊重您,好成就您的美名。否则日后此事传将出去,人家会说是瓦剌迫于明朝的压力而放人。如此不就显示不出来我们两家和好的诚意了吗?"其他瓦剌贵族又问:"那为什么没有拿金银财宝来赎人呢?"杨善说道:"这才显示了也先大人不图功利,才像个可以名垂千古,流芳百世的仁义之人啊!"也先被杨善一通乱捧,乐得合不拢嘴,也就说定了放归朱祁镇一事,但仍旧询问道:"那你们太上皇回去以后,还会再登上皇帝之位吗?"杨善表示天子之位不可擅动,既然已经是太上皇了,回去依然还是太上皇。伯颜帖木儿听了以后不大同意,劝说也先应当再派使者,通知明朝必须让朱祁镇复位,然后瓦剌才能将朱祁镇送回。也先对双方来回遣使已经感到有点厌烦了,认为自己已经说了几次放归朱祁镇,如今对方也来人迎接了,自己再不送走,显得出尔反尔,实在说不过去。

　　这样,英宗朱祁镇在瓦剌被囚禁了将近一年的时间,终于在景泰元年八月初二日踏上了归途。在朱祁镇当俘虏期间,他与伯颜帖木儿之间结下了深厚的友谊。伯颜帖木儿和妻子对待朱祁镇非常好,经常请朱祁镇到家中做客,带他游历塞外山水,宽慰他的思乡之情。这次朱祁镇回朝,伯颜帖木儿亲自护送,一路将他送至野狐岭,直到不便再送时,还拿出酒杯劝饮,对朱祁镇感慨道:"您这次回去,我们不知今后是否还能有相见之日啊!"又对照顾朱祁镇的哈铭说道:"太上皇在瓦剌这一年,我自问待太上皇不薄。但愿太上皇归国之后,身体康健,多福多寿。日后我们这里如果有什么大事,还望太上皇别忘记我的这点情分,看在我的面子上能施以援手。"最后放声大哭,与朱祁镇依依惜别。朱祁镇也颇为伤感,跟着掉了眼泪。就在君臣众人准备继续登程的时候,听闻身后又有奔马疾驰之声。众人还以为是瓦剌反悔,遣追兵前来阻截,正在惊慌失措之际,才知道是伯颜帖木儿在回去路上打了一些野味,专门让人送来的。朱祁镇深感这位瓦剌朋友的厚意,再想想朱祁钰的无情,不禁泪如雨下。

　　转回头来我们再说北京城里的朱祁钰。李实回朝之后,上奏瓦剌确有归还太上皇之意,请朱祁钰派遣使臣前往迎接。朱祁钰则坚持要等杨善回来再商量此事，结果杨善早已把情况通知了自己的儿子杨宗，由杨宗报告朝廷，太上皇即将随自己回京。此事传出，轰动朝野，群臣无不庆贺，然而朱祁钰却不太高兴。围绕如何迎接朱祁镇入京的礼仪问题，朱祁钰又跟朝中百官闹起了别扭。

本来皇帝回京，是有具体的礼节可以遵循的。但是朱祁镇现在的身份是太上皇，有了微妙的不同，必须由礼部官员重新拟定。礼部尚书胡濙组织礼官讨论的结果是，先由锦衣卫预备车马在居庸关外迎接；接至龙虎台以后，由文官至城外迎驾；行至德胜门外教场，再由武官迎驾；车驾折向东边，由安定门入城（因为皇帝回城才走德胜门）；进入东安门以后，面南背北设下座椅，朱祁钰作为太上皇之弟，与太上皇相见，百官在此朝见；最后迎入宫中南宫。

朱祁钰却觉得这套礼仪规格过高，如此大张旗鼓，到时候肯定会有百姓夹道欢迎，倘若一时民众欢呼万岁，百官中有人当场要求英宗复位，大家直接把他拥上午门，岂不变成了一场政变？所以安排太监兴安对礼部官员们说，只需要派一顶轿子两匹马接入居庸关，进了安定门以后再更换车驾，其他如礼部所奏。

礼部官员们听了朱祁钰的话以后，也都感到无法接受。虽然大家都明白朱祁钰的心理，但毕竟朱祁镇也曾经是天子，只派出一轿二马前往迎接，实在有失体面，也与礼不合。于是礼官们据理力争，要求朱祁钰收回成命。礼部尚书胡濙联合吏部尚书王直等人一同面见朱祁钰，解释此事，可是朱祁钰却说日前收到兄长朱祁镇的手书，要求奉迎还朝的礼节不可过于隆重，希望低调从事。可是到底有没有这么一份手书，大家谁也不知道，但是又不好要求朱祁钰把这份手书拿出来给大家看看，只好作罢。后来大臣们又尝试与朱祁钰讲理，可是始终拗不过，最后只好妥协。于是到了朱祁镇抵达居庸关时，翰林院侍读商辂带了一轿二马等在居庸关外，将朱祁镇引入。直到进入安定门之后，才换上了正式的车驾，一路之上无人注意。百官在东安门外迎候，朱祁钰至东安门外亲自迎接，朱祁镇下来答礼。两兄弟互相虚情假意地问候一番之后，朱祁镇乘驾进入南宫，开始了虽有太上皇之名，却形同囚犯的

·欧·亚·历·史·文·化·文·库·

7 年软禁生活。

　　朱祁钰迎回兄长朱祁镇,却把朱祁镇当成了自己潜在的最大对手。为了防备朱祁镇出来有所活动,他专门安排了靖远伯王骥看守南宫宫门,不给朱祁镇有任何接见外臣的机会。又让老太监阮浪负责南宫事务,实则是监控朱祁镇。然而朱祁镇毕竟当了 14 年皇帝,跟宫里的老太监们都很熟悉,故此两人关系一直非常融洽。朱祁镇在阮浪生日的时候,送给了阮浪一把自己佩戴过的金刀。后来宫中另一个宦官王瑶看到阮浪收藏的这把金刀,反复把玩,爱不释手。阮浪是个爱面子的,便把金刀送给了王瑶。谁知道这个王瑶跟锦衣卫指挥卢忠是酒肉朋友,两个人经常在一起吃喝胡混,结果王瑶就把这柄金刀拿给卢忠炫耀,说是太上皇赏下来的。谁知这下惹出了大麻烦。卢忠这人比较投机,他知道太上皇是当今天子的一块心病,觉得这把刀是自己的一个机会,就接二连三地劝酒,把王瑶灌个烂醉,然后把金刀偷走,通过锦衣卫向朱祁钰禀报。卢忠以金刀为证,说太上皇身处南宫,意欲勾结阮浪、王瑶作乱,金刀是太上皇拿来的信物。朱祁钰一听之下大为担心,赶紧逮捕阮浪、王瑶二人,让锦衣卫严刑拷打,希望他们把朱祁镇攀扯进来。阮浪和王瑶两人倒颇有骨气,坚持不肯做出不利于朱祁镇的口供。结果事态越闹越大,只得让王瑶与卢忠二人当堂对质。卢忠这时候倒胆小了起来。他本来指望接着此事能够升官发财,没想到事情发展逐渐失控,把自己给卷了进去。想到要与王瑶对簿公堂,卢忠担心自己一旦情急之下,讲的内容前后对不上,就会被彻底拆穿,到时候未免官升不上反而有性命之忧。所以他就想了个馊主意,干脆自己装疯卖傻,在公堂上胡言乱语,答非所问,一副痴呆的疯相。这下子让审案人员犯了愁。卢忠是个原告,结果原告却在公堂上疯了,那岂不是他说的话全都不可靠?这样可怎么结案呢?只好把事情如实上报朱祁钰。朱祁钰闻听大怒,好不容易等来了一个可以整治朱祁镇的机会,就让这个卢忠的胆小给破坏了。于是下令,不管王瑶、阮浪到底有没有罪,将王瑶凌迟处死,把阮浪收监关押,最后阮浪年龄太大,也落得个屈死狱中的下场。卢忠只好一直装疯,但是终究也没有躲得过去,后来"夺门之变"发生以后,英宗复辟,也将他凌迟处死,算是报应不爽。

但是这么一来,当今天子朱祁钰和太上皇朱祁镇算是彻底破脸。朱祁钰为了方便监视朱祁镇的起居行动,干脆命人将南宫中的树木在一夜之间全部砍伐干净。每天供应朱祁镇的饮食,也都是粗茶淡饭,吃穿用度的供应甚至还不如那些有点权柄的太监,甚至出现了要钱皇后自己动手缝补衣物的情况,有时还要托人传信去宫外找娘家借钱。朱祁钰为了防备兄长东山再起,重新开始重用锦衣卫。本来土木之变以后,大臣们痛恨王振专权,对朱祁钰力陈锦衣卫存在的问题。朱祁钰也遵从大臣们的意见,严格限制锦衣卫的活动,使得锦衣卫在景泰之初比较收敛。结果为了防备朱祁镇,朱祁钰再次重用锦衣卫,使得兄弟二人之间的对立越来越严重起来。

眼看到了景泰二年七月初二日这天,朱祁钰的妃子给他生下了长子朱见济。此时朱祁钰正在皇位上享受着权力给他带来的满足感,突然发现自己刚刚出世的儿子今后并不能成为自己的继承人,有东宫太子之位的是自己的侄子朱见深。这下朱祁钰又动起了更换太子的脑筋。

但是,朱见深的太子之位不可改易,这是朱祁钰登基时大家早就谈妥的条件,现在如要改动,必须能够取得宫中与臣下的一致同意。于是,朱祁钰先去试探帮助自己登位的太监金英。朱祁钰某天与金英聊天,突然问了一句:"太子的生日是七月初二吧?"金英心中明白朱祁钰所想,但是这个老太监还是比较明是非的人,直接回答:"太子的生日应该是十一月初二。"一句话就把朱祁钰给顶了回去。朱祁钰知道金英不赞同此事,只得再找自己的亲信太监王诚商议。

王诚早就想一步登天,能够在太监之中取代金英的地位,故此对废立太子一事,表现得非常积极。他建议朱祁钰先从大臣身上下手,联络拉拢一些大臣,给他们一些贿赂,先争取到外廷的支持再说。朱祁钰闻言大喜,就在景泰三年正月初十日,让太监兴安到内阁传旨,赏赐内阁众学士每人黄金 50 两、白银 100 两。以往皇帝赏赐内阁学士,有过赐衣、赐字,包括赐筵的情况,还从来没有过赏赐这么多钱财的先例。

·欧·亚·历·史·文·化·文·库·

兴安又分别找这些人单独谈话,暗示他们应当奏请更换储君。然而众人深知国本不可轻动,没有人对此做出正面回应。

正在朱祁钰为改立太子之事干着急的时候,机会却突然在数千里之遥的广西出现了。历史有时就是这么吊诡,广西爆发的一桩凶杀案,竟然带给了朱祁钰新的机会。

广西的这桩案子案情其实很简单。广西西南部有一个思明府(今广西壮族自治区宁明市)。这里是边境民族聚居区,所以由土官管理。思明府知府一直是土官黄氏一族世袭。传说这一黄氏家族来源于早先南方的黄峒蛮,自北宋开始,就是当地望族,负责当地事务。就在景泰三年正月,当任知府黄㒗老迈不堪重任,要求将知府之位交给自己的儿子承袭。但是黄㒗有子二人,嫡子黄求,庶子黄钧。南方民族虽然受中原文化影响,已经有了嫡庶观念,但是对待嫡庶问题不像中原人那么严格。黄㒗平时更喜欢黄钧一些,于是在告病之后,就选择黄钧承袭知府。黄求不满,故此联合族中长老黄政、黄铉作乱,集合士兵杀死黄㒗、黄钧父子。次日黄求又假作不知,急忙上书朝廷,提请让自己的儿子黄震担任知府。但是这么大的事情,纸包不住火,很快就有人密报广西巡抚李棠和总兵武毅。朝廷派人来暗访,把事情查明,要求国家将黄求明正典刑。黄求闻讯大惊,赶忙派遣亲信进京向主管官司行贿,希望可以留下自己一条性命。结果在北京得到相关人员的指点,黄求就主动上书朱祁钰,要求确定太子人选,表示继嗣之事,是国家大事,一不小心,就会变起肘腋之间,希望天子能够与文武百官商定太子人选,不再让人生起觊觎之心。

黄求这份奏章写得四平八稳,句句说到朱祁钰的心坎上。朱祁钰愁的是百官不肯为他出头,没有人肯冒险出来先提这个事情。现在黄求主动站了出来,虽然时间点奇怪,身份又是广西的土官,但是毕竟把事情提到了议事日程上来,就不容大臣们不做出表态。故此朱祁钰看了以后大喜过望,下诏赦免黄求之罪,让礼部尚书胡濙主持会议,商讨黄求上书之事。这下子王直、于谦等人在会议之上面面相觑,不知道该怎么说,谁也不敢出来表态。太监兴安出来阴阳怪气地说道:"今天此事一定要有个结果,请赞同者在纸上署名。"群臣默然。内阁学士们收了贿赂,直接签了。轮到于谦时,于谦沉吟良久,最终也是签了。群臣看到于谦都签了名,也就跟着一一签署。最后只有吏科给事中林聪一人不签,其余人等均表示赞同。不久,朱祁钰下诏立朱见济为太子,改封朱见深为沂王,并大赦天下,群臣各支双俸,以示庆贺。而此时身处南宫之中的太上皇朱祁镇听到这一消息,心中百感交集。自己空有太上皇之号,在宫中却形同囚徒一般,好不容易有个儿子未来会成为天子,现在又叫人家给废了,哪怕在瓦剌做囚徒的时节,也没有过得这么窝囊过。于是,仇恨开始在朱祁镇的心中扎下了根,为"夺门之变"埋下了伏笔。

可能真的是因为朱祁钰本身没有天子的福分与命格,他大费周章,不惜得罪众人扶立自己的儿子朱见济为太子,结果朱见济在一年之后即告早夭。群臣不断提出复朱见深为太子的意见,然而朱祁钰觉得自己年纪尚轻,完全可以再生儿子,干脆废掉长时间无所出的皇后汪氏,改立朱见济的生母杭氏为后,同时广纳后宫。结果景泰七年二月,杭氏也得急病死了。朱祁钰因为整天忙于游宴后宫,不但一子难求,而且还把自己的身体给弄垮了。从大约景泰七年开始,朱祁钰就经常生病而不能早朝,朝中大臣对此毫无办法,只得在朝会日到达左顺门问安,再悻悻而退。

转眼到了景泰八年正月,自从新年以后,群臣都没有见过朱祁钰的面,每次到左顺门见到的都是太监兴安。就在正月十二日,大家商量天子久病不能临朝,现在储君之位又一直空缺,是否应该奏请立储呢?有人建议沂王朱见深复位,也有人认为朱见深已经退位,就不可再立,应当在亲近藩王中物色人选。大家争执不下,只好把奏请立储的意见通过兴安上报给朱祁钰。兴安在正月十四日传朱祁钰口谕,说自己只是偶染寒疾,等到正月十七日朝会时再商量。按照明代礼制,正月十五日皇帝需要亲临南郊圜丘坛祭天,正月十六日回宫,正月十七日举行大朝会。朱祁钰既然说正月十七日能够来参加朝会,说明他的身体已经见好,大家也就各自散去,准备正月十七日朝堂之上再议。

　　朱祁钰此时自我感觉身体已经有所好转,还在继续休养之中。由于正月十五的南郊祭天是国家大祭祀,从规定上来说是要皇帝亲祀,所以朱祁钰也一直在为出席祭祀做准备。可是临到要准备前往祭祀的时候,朱祁钰觉得还是头重脚轻,力不从心,于是就想委托一位大臣代替自己前往。一般来说,代替皇帝祭祀,多启用内阁大学士或是主管礼部的官员,但是朱祁钰这次突然心念一动,想要找个武将前往。所谓赳赳武夫,器宇轩昂,代替自己祭祀,是个好的兆头,于是朱祁钰传来了北京之战的大功臣武清侯石亨。

　　前面曾经提过,石亨本来是防守大同一线的武将。在与也先作战中,石亨不仅战败,而且据说是临阵脱逃,故此回京之后,被追究责任,下在牢狱之中。北京一役中,由于于谦的荐举,石亨得以戴罪立功,在战场上洗脱了自己的污名,表现非常出色。朱祁钰对石亨也非常信任,觉得自己有恩于石亨,一直把他当作自己的亲信。相比于于谦来说,朱祁钰认为石亨这样的武将心思比较单纯,不会总是拦着自己不让做这个,不让做那个的。可是事实证明,朱祁钰没有看人的眼光。石亨与他见面之后,认为朱祁钰的身体已经垮了,这样下去支撑不了几天,于是嘴上对朱祁钰唯唯称是,心中却打了另外的主意。

　　石亨出来以后,首先找上了前军都督府都督张軏和太监曹吉祥。这个张軏不是别人,就是宣宗托孤五大臣之一的英国公张辅的亲弟弟,张辅是张玉的长子,而张軏则是次子,时任前军都督府都督,手握兵权。曹吉祥本来是党附于王振的青年宦官,英宗当时也很喜爱他。但是因为曹吉祥年轻,位望不高,所以在群臣声讨王振,打死马顺、毛贵一事时,没人注意到他,使他顺利逃过一劫。此后,曹吉祥凭借钻营的本事,取得了朱祁钰的信任,此时在宫中也很有势力。石亨找上张、曹二人,表示今天进宫见驾,看到天子病情实在严重,如果一旦有意外发生,目前储君之位未定,人心必然散乱,保不齐要出岔子。文官方面,现在内阁诸臣倾向于扶立襄王朱瞻墡(朱祁镇、朱祁钰的叔叔)的儿子为太子,一旦成功,我们没有功劳在内。不如趁此机会,在大内发动政变,拥立太上皇复位,也算盖世奇功。张、曹二人深以为然,于是各自行动起来。

　　于是就在正月十四日当晚，曹吉祥进宫面见太后孙氏，告知她密谋迎太上皇复位一事。孙氏早对朱祁钰登基一事不满，当然欣然同意。曹吉祥就在太后的掩护之下，开始布置宫中事宜。张軏则去找徐有贞商量。这个徐有贞就是当初在土木堡大败之后，最早提出希望都城南迁的徐珵。因为他首倡此议，导致于谦对他产生了严重的恶感，使得他一直怀才不遇，没有机会向上升迁。后来在内阁大学士陈循的建议下，徐珵改名徐有贞，使得于谦等人对这个名字不再留意，这才从翰林侍讲升到御史。说起来徐有贞此人的品行并不太好，但是这个人确实有比较强的能力。比如景泰三年六月，黄河山东章丘一段决口，此前明朝数次治黄，效果均不理想。后来派遣徐有贞前往。徐氏去后，先建造水闸控制水量，又人工挖掘支流疏通河道，同时疏通运河淤塞，历时两年，竟然消除了此地水患。故此山东百姓对徐有贞称颂非常。然而徐有贞能力虽强，于谦却是他心中的死穴。徐有贞认为自己之所以多年以来不受重用，问题就出在于谦身上，故此恨于谦入骨，连带对于朱祁钰以及官居上位的这一众大臣都非常不满。张軏非常了解徐有贞这一层心理，也知道他胸中颇有谋略，故此把他也拉了进来。

　　这边徐有贞带领众人，开始做发动政变的准备，另一边的朝廷重臣们却在正月十五日参加南郊圜丘坛的祭天活动。出乎大臣们意料的是，前来祭天的竟然不是当今天子朱祁钰，却是武清侯石亨。于谦等人看到石亨代祭，也猜到朱祁钰身体状况不佳。于是在正月十六日，于谦会同吏部尚书王直、礼部尚书胡濙等人，一同商议立储之事，大家终于取得一致意见，提出复沂王太子之位，通过朝臣们的统一行动，给朱祁钰施加压力。意见统一之后，大家一致推举兵部侍郎、太常卿商辂执笔，缮写奏章，想要赶紧递进宫去。可惜的是，当时奏章写完之后，天色已晚，众人一想，不妨等到明日朝会再行奏上，也就没有当作紧急文件送入宫去。第二天早上就发生了著名的"夺门之变"，这份奏章再也没有机会奏入。如果这份奏章能够早点完成的话，也许后来能救于谦一命，也未可知。

·欧·亚·历·史·文·化·文·库·

再说十六日当晚。这天晚上徐有贞早就做好了准备,他穿好朝服,对家人表示他要去做一件大事,如果成功,就是盖世奇功一件,如果不成,对徐家就是一场大祸。说罢,徐有贞迈步出门,走向紫禁城。

同时向紫禁城进发的还有张軏、石亨。张軏带上了前军都督府的营兵,对守门禁军宣称是得到边境消息,瓦剌准备再度入侵,故此奉命调兵进宫护卫。石亨因为代替朱祁钰祭天,所以手中有打开宫城大门的钥匙,再加上太监曹吉祥在旁边相助,守卫宫城的禁军虽然觉得这些人行踪可疑,但是也无人过问。众人入门之后,为了防备意外发生,徐有贞又把大门紧锁,将钥匙扔在了水槽之中。

众人率领士卒,快速冲向南宫。到达南宫之后,由于宫门紧锁,无法打开,石亨命士兵用巨木捶开宫门。结果士兵捶门之际,正门还没能捶开,倒是把门侧的围墙震塌了一大块,大家纷纷从震塌的墙洞中进入南宫。当晚朱祁镇尚未就寝,正在看书,他听到墙外连续巨响,后来又有不少人逾墙而入,认为肯定是朱祁钰忍不住了,要派人来杀死自己。朱祁镇倒是坦然,觉得反正自己现在也是生不如死,只准备坦然上路了。没想到这些不速之客一见到自己,纷纷屈膝下跪,口称"万岁",把朱祁镇倒给弄蒙了。在众人七嘴八舌的解释之下,朱祁镇这才明白,于是在众人簇拥之下,欣然赶赴朝会地点奉天殿。

一行人先经过东华门,被守门士兵拦下。由于守门士兵坚持不许众人入内,朱祁镇站了出来,士兵们在犹豫之下,让开了一条路。众人顺利抵达奉天殿,将朱祁镇扶上正中的天子龙椅。负责管理奉天殿的殿中武士想要上前赶开众人,被朱祁镇阻止,徐有贞带领众人率先跪倒,大喊"万岁",众武士见此情景也跟着跪倒,至此众人的政变计划算是顺利完成了大半。

此时天光微亮,百官即将上朝。石亨赶紧前往午门,击鼓鸣钟,召集百官。因为朱祁钰之前已经说明,他会来参加正月十七日的朝会,所以群臣大多早已来到午门之外,静候宫城门开,准备入内。听到门内钟鼓齐鸣,接着午门大开,群臣谁也不会多想,就按照各自班位徐徐走入。等到进了奉天殿之后,大家才傻了眼,原来坐在龙椅之上的不是往日的朱祁钰,而是避居南宫8年之久的朱祁镇。徐有贞在人群之中大喊：
"太上皇复辟了!"朱祁镇也当殿宣布："今上病重,群臣迎接朕复归天
子之位,大家不必担心,各人仍旧担任各自官职,一切待遇不变。"众人
面面相觑,有几个心向朱祁镇的臣子带头跪拜,大家也就一起拜倒,口
称万岁。朱祁镇在没有事先准备的情况下,重归帝位,史称"夺门之
变"。

　　再说还在后宫高卧的朱祁钰。朱祁钰本来也准备今天勉力上朝,
与群臣相见的。结果就在他起床没多久,突然听到前面外朝钟鼓齐鸣,
明显是皇帝上朝的声音,可是自己尚在乾清宫西暖阁,那会是谁呢? 朱
祁钰忙问左右说："这是不是于谦啊?"左右服侍朱祁钰的太监张口结
舌,不知道该如何回答。试想于谦之于朱祁钰,不仅有拥立大功,而且
更在北京一役中挽狂澜于既倒,对朱祁钰实有莫大的恩惠,故此朱祁
钰也给予了于谦极大的信任。没想到他内心深处最不放心的,就是自
己的这位大恩人于谦。在这种时候,他第一个想到的,却是是否于谦篡
位。过了一阵子,太监兴安赶来奏报,说是太上皇复辟,百官在奉天殿
均已跪拜,表示效忠,即将举行再次登基的大典。朱祁钰这才知道,自
己当皇帝的日子算是走到了尽头,一下子瘫倒在床上,大口喘气,心中
无比懊恼。

　　政变之后,随之而来的自然是政治清洗。当英宗朱祁镇的再即位
大典举行完毕,宣布改元为"天顺"之后,英宗传下圣旨,内阁大学士王
文、陈循以及兵部尚书于谦、刑部尚书俞士悦、工部尚书江渊等人被当
廷逮捕,包括朱祁钰的亲信太监王诚等人也被下狱。

　　当然,政治清洗也必须师出有名,不能给人感觉是明着要弄死这
些扶立朱祁钰的臣子。故此于谦等人被收押在监狱之中,给出的罪名
是密谋立襄王朱瞻墡之子为帝,算是勾结外藩谋逆。在刑讯之时,几位
大臣坚持认为,按照朝廷一般章程,迎立外藩必须有内府出示的金牌
印信,同时要兵部发出马牌,才能派遣使者出京。这样的话,只要核查
内府和兵部发放牌符的记录就清楚了,何必平白无故地诬陷呢? 负责
主管兵部马牌的兵部主事沈敬也一同作证,表示兵部从未发出马牌。

·欧·亚·历·史·文·化·文·库·

内府牌符长期以来都是太后掌管,总不成说是太后默许朝臣迎立外藩吧？大家围绕此事吵成一团,于谦却淡然道:"此事不过是遵从上意而已,大家在此辩论又有何用？"负责庭审的萧维桢看到于谦如此淡定,也承认说:"于公不愧见事明白,此事出自朝廷的意思,认罪也是个死,不认罪也是个死。"

最后,由于查无实据,此案定谳的罪名是"意欲迎立外藩谋逆"。所有人的判罚都是处以极刑,即凌迟处死。据说英宗朱祁镇看到罪臣的名单之后,十分犹豫,对徐有贞等人说:"于谦实有大功于朝廷。"可是徐有贞却认为,如果不杀于谦及一众人等,那么我们的"夺门之变"就算师出无名,日后未免会被人说我们是篡夺皇位。朱祁镇无奈,只得要求于谦等人可以罪减一等,虽然不能免死,但是不必凌迟处死,只是斩首示众。然而于谦被斩首之后,北京城内百姓大多悲叹号哭,认为于谦死得太冤。太后孙氏也觉得这么做有些过头,英宗更是深表后悔。

据说于谦被杀之后,家产也被罚没入官。负责抄家的锦衣卫人员前往之后,发现于家只有皇帝御赐的蟒袍、宝剑等等,没有什么值钱的东西。更为讽刺的是,后来接替于谦任兵部尚书的陈汝言,坐上这个位子不到一年就因贪赂而获罪。这次查抄陈汝言家产时,发现了赃款赃物数万之多。朱祁镇勃然大怒,要求锦衣卫将起获赃款赃物全部陈列在内廷廊下,让大臣们轮流前往参观。朱祁镇更是对着大臣们感慨道:"景泰年间于谦任兵部尚书八年,死前抄家身无长物。陈汝言当上兵部尚书不到一年光景,就贪到如此地步,难道就不嫌太多了吗!"可见于谦之死,实属朱祁镇不得已而为之。如果大臣们能早上请复沂王为太子的奏章,也就不至于给他们安上个"意欲勾结外藩谋逆"的罪名,或许不至于一死吧？

被夺了皇帝之位的朱祁钰也很凄惨。他本来身体就不好,又被朱祁镇"请"出了皇宫,远远关押在西苑,一个多月以后就郁郁而终了。当然这也怨不得朱祁镇做事太绝,毕竟也是朱祁钰过分在先,现在只能说报应不爽。即使朱祁钰死后,朱祁镇仍然对他怒气不息,明令禁止将他葬在昌平帝陵之中,只给他一块藩王的墓地,将他安葬在北京西郊的金山口。朱祁钰生无天子之分,死后也无天子之位,只是享受了不到8年的天子生活,最后落得如此下场,让人不胜唏嘘。

需要说明的是,英宗复辟之后的天顺年间,明朝的政治并没有变得更好。虽然英宗的人生经历了各种起伏,重归皇位的他也变得更加勤政,但是,由于他在夺门之变以后在政治上大肆清洗,使得景泰朝中那些有能力的大臣不是被牵连诛杀,就是心灰意冷,不敢再有所作为。特别是边境之上,蒙古与瓦剌再次蠢动,屡屡侵扰明边。然而于谦死后,边防不再有人重视,从将领到士兵都很懈怠,无力组织有效的抵抗。英宗为此干着急却没什么好办法。可以说夺门之变是明朝统治的一个巨大的转折,自此以后,明朝再也无力保持它在北部边疆的优势地位,明朝、蒙古与瓦剌的实力对比再次发生变化,新的政治格局正在慢慢形成之中。

6 草原帝国最后的兴衰

6.1 也先的大汗之梦

在上一章的末尾处,我们讲到了英宗回到北京以后,在景泰八年(1457)正月十六日夜里发动了夺门之变,重归帝位,开启了他在天顺年间对明朝的第二次统治。现在我们需要把历史的时钟拨回到景泰之初,再看看此时的北方草原之上,又发生了怎么样的变化。

瓦剌方面,如果没有北京之败的话,也先堪称当时整个东北亚地区最强大的霸主。在连自己都没有思想准备的情况下,不仅在战争中掠夺了大量的人口牲畜、装备物资,而且还能俘虏到明朝皇帝。然而却因为也先的贪念,在北京之战中,瓦剌高级将领阵亡众多,军队战死病死者超过了1万之数。最为关键的是,他们俘虏来的皇帝似乎没有能够给他们带来任何政治或是经济上的好处。最后迫于各方面的压力,他们还不得不把这块到了嘴边却咽不下去的肉给吐了回去。结果重新判断一下形势,也先才发现自己不但不赚,还把土木堡一役所取得的胜利成果全都赔了回去。这让他重新冷静了下来,毕竟他的目标不是像成吉思汗那样去征服世界,而是要取得蒙古大汗的地位。

另一方面,作为名义上的蒙古大汗,岱总汗脱脱不花也在趁着此次机会,积极扩张自己的势力。脱脱不花看准了也先在北京一战中大败而归,必须要经过一段时间的休养调整的机会,开始加强对兀良哈三卫的控制,然后将目标对准了海西女真。景泰二年,据明军方面得到的情报,脱脱不花出兵3万,对海西、建州一带的女真部落进行了清剿。这些女真部落只要肯投降者一概不杀,用车辆将他们接走西迁,并入蒙古统治范围,不肯投降者则遭到族诛,居住之处一概放火烧毁。同时,脱脱不花还不忘借此讨好一下明朝,只要在女真部落中发现了明朝方面被女真人抓住的俘虏,一概放还明朝。根据记载判断,此次脱脱不花向东扩张的力度极大,其势力应当已经渗透进入了脑温江(今嫩江)、松花江流域。明朝兵部得到的报告称,此次蒙古俘虏的女真人口有4、5万之多,其中精壮丁男大概有2万人。这次胜利使得脱脱不花的声望进一步提升,也使得也先不敢对他有所轻忽,导致双方终于走到开战这一步。

瓦剌向蒙古宣战的理由是汗位继承人的问题。根据史料记载,脱脱不花在登上汗位之后,为了答谢脱欢的扶持,娶了脱欢的女儿,也就是也先的姐姐作为正室夫人。后来也先的姐姐给他生了个儿子,也先希望脱脱不花把他的外甥指定为储君,但是脱脱不花一直不愿意。今天根据相关记载可知,脱脱不花的儿子至少有脱谷思太子、也先猛可王子与马可古儿吉思王子等人。脱脱不花最先指定的储君是脱谷思太子,有人推测说脱谷思太子的母亲可能是沙不丹的女儿阿勒塔噶勒沁。这是脱脱不花原来的正室夫人,后来因为娶了脱欢之女而离异,但是脱谷思太子的地位未发生变化。也先看到脱脱不花此时实力大增,不愿意坐视他的势力一天一天扩大,便拿汗位继承人的问题说事,与脱脱不花起了冲突。

按照《蒙古黄金史纲》的说法,也先与脱脱不花开战以前,曾经试图在一个叫作明安哈喇的地方举行会盟,商量如何解决大汗的储君问题。当时也先和阿卜都拉彻辰先到,脱脱不花与其弟阿噶巴尔济后至。也先预先安排了千余人,挥动兵刃,朝脱脱不花杀来,使得会盟破裂。至此双方正式开战。

蒙古与瓦剌开战之后,首先做出反应的是原本在瓦剌支配之下的蒙古各部。比如哈剌嗔部,在脱欢与阿鲁台交战的时候,哈剌嗔部被脱欢击败,举族投降,归入瓦剌旗下。但是此次双方交战,哈剌嗔部则重归脱脱不花一方。当时一名在牧区生活的宁夏人韩成,他从土拉河流域逃回明朝,向明朝方面报告称,也先向脱脱不花宣战之后,阿哈忽知院不服,率领本部人马与哈剌嗔部的3000人一同投靠到脱脱不花那里去了。同时,也先的弟弟塞刊王受到攻击,相约也先一起到晃忽儿淮一带去暂避风头。从韩成的报告大概可以看出,当时瓦剌支配下的蒙古部族在此时大多还是站在蒙古大汗一方,导致也先猝不及防,初战不利,只好退到土剌河与杭爱山之间的晃忽儿淮附近。这里瓦剌控制时间较长,能够得到更加充分的支持。这点明朝方面通过赤斤卫的蒙古将领革骨儿也得到了相关情报。革骨儿的报告更加具体。据他所说,景泰二年十一月,双方曾经有过一场交战。也先派阿剌知院作为前锋部队迎击,结果被脱脱不花杀得大败。阿剌知院的部队伤亡人数上千,本人还负了伤。塞刊王率军三千再次出击,结果一个都没回来。也先一怒之下,还把手下重臣昂克平章给杀了。这一报告可能虚报了瓦剌方面的损失,但是应该能够说明,在战争初期,瓦剌的确处于不利的一方。

然而仅仅过了一个月,我们大致推测就是在也先与塞刊王相约退往晃忽儿淮以后,战局发生了逆转。据《蒙古源流》记载,就在景泰二年十二月底的时候,脱脱不花率军追击也先,两军在一个叫作明干哈拉图的地方准备再次交战。战前,阿卜都拉彻辰给也先献上一策,打算利用脱脱不花与其弟阿噶巴尔济之间的矛盾,以汗位为诱饵来行使反间之计。果然阿噶巴尔济上了当,转而与也先联军,调头攻击脱脱不花。明军方面得到的情报说,脱脱不花在这一战中被杀得大败,身边只剩下十名护卫跟随,一路逃遁,无处安身,只得投向他的姻亲,兀良哈地区的头目沙不丁处。但是脱脱不花曾经娶沙不丁之女为妻,又为了娶脱欢之女而休妻,沙不丁对他没有什么好感,再加上担心收留脱脱不花而招致也先的攻击,想要干脆把脱脱不花一刀杀了,将人头献与也先。沙不丁的女儿倒是眷念旧情,努力劝阻沙不丁,反复说明当时形格势禁,两人离异并非脱脱不花之罪,现在如能将脱脱不花保护下来,今后必定是一件大功。但沙不丁不敢公然与也先作对,最终还是将脱脱不花杀死。

脱脱不花一死,也先就要兑现他给阿噶巴尔济许下的诺言,将阿噶巴尔济奉为大汗。但是也先想的是自己如何当上大汗,怎么可能轻易再让阿噶巴尔济上位？于是也先安排下一条毒计，建造了前后两座相连的房间，在后面一间房中挖了一个大坑，盖上一张大大的毛毡，在前面的房间中摆下盛大的宴席。也先请阿卜都拉彻辰过去邀请阿噶巴尔济前来赴宴，庆贺他即将登上大汗之位。阿噶巴尔济欣然前来，结果被也先安排好的众人拥入前厅，轮流向他敬酒。阿噶巴尔济带来的随从护卫等等，却被隔绝在外。等到也先等人进来以后，一声令下，众人将正喝得来劲的阿噶巴尔济等为首几人擒获，带到后面房间去丢在大坑之中，外面的随从也被包围杀死。也先的女婿哈尔固楚克是阿噶巴尔济的儿子，闻讯之后，赶紧上马逃走，但最终被也先派去的杀手追杀而死。也先还想杀掉哈尔固楚克的儿子巴颜蒙克，但是也先的女儿萨穆尔公主拼死求情，保住了这个身在襁褓之中的婴儿的一条性命。日后这名婴儿长大成人，生下一子，就是重新统一蒙古诸部的达延汗。这是后话，这里暂且不提。

也先战胜脱脱不花，又设计杀死阿噶巴尔济，黄金家族再无其他有实力的后裔可以充当大汗的角色。这时，能够出来担任大汗者，已经非也先莫属。此时东西蒙古都已经成了也先的领土，各个部落也都只得接受也先的管辖。于是在景泰四年的夏天，也先在哈剌莽来立下祭坛，宰杀白马黑牛，自立为大汗。据沈德符的《万历野获编》记载，也先立年号为"天元"，代表"元受天命"，而也先夺得其位之意。

也先如愿以偿，登上大汗之位以后，志得意满，开始再次动起南下的念头。自从土木堡之变以后，也先非常注意网罗汉人作为自己的谋士。我们前面曾经说到过太监喜宁，类似这样的人在瓦剌的不少，明朝方面也有所觉察。特别是兀良哈三卫方面积极与也先配合，不断派遣使者进贡，虽然名为进贡，其实就是打探明朝边防虚实。这时候明朝方面主持边防事务的还是兵部尚书于谦，所以此时边防情报传来非常及时，朝廷也极为重视。到了景泰四年十月以后，形势已经非常紧张。边境不断有也先已经南下打围，随时准备入侵的消息。到了景泰五年五月的时候，边境明军抓了两名蒙古俘虏，交代说也先派他们混进中原，侦查北京军马数量，临清一带的商旅情况，以及黄河的水面宽窄。由此判断,也先大概是想在夏秋时节大举入寇,突破宣府一线,在居庸关牵制明军,然后出偏师走临清,到河南进行抄掠。同时三卫的蒙人也在同年六月联合提出,要求明朝让他们回归明成祖朱棣时许给他们的大宁故地。理由是也先不断让三卫方面出兵侵扰明边,又驱使他们从军,三卫依违在瓦剌与明朝中间,感到甚是难做,故此念及明朝大恩,希望能够附塞居住,靠拢明朝,也能得到明朝的援助。这话说得像是祈求,实际等于要挟。明朝方面被弄得左支右绌,不知道该如何是好。于谦也只能要求边境加强巡视,训练兵马,提高警惕,预备也先再度入侵。从当时的史料来看,的确是有山雨欲来之势,大家无不预期明朝与瓦剌之间会有一场更大规模的交战。

然而历史有时候就是这样,正当大家的神经都高度紧绷到了极点的时候,景泰五年八月,瓦剌爆发了一场内讧,也先被部下阿剌知院杀死,偌大一场战事,就随着也先之死而化为无形。

也先怎么会突然被杀呢?实际上是因为他成为大汗之后,内部权力分配不平衡所致。我们在讲述土木堡之变时曾经说过,阿剌知院一直与也先不是一条心。当也先一个接一个地清除掉自己通往大汗之路上的障碍时,阿剌知院也在暗地里活动。也先登上汗位以后,阿剌知院要求也先将瓦剌太师之职授予自己。瓦剌太师是一个很重要的官位。当初也先一家三代,自马哈木开始,经历脱欢,一直到也先都官居太师,掌控了瓦剌的实际权力。也先一直将瓦剌太师一职视为自己的家族所有,怎么肯随便授予外人?当然断然拒绝阿剌知院的要求,并安排自己的儿子平章阿失帖木儿登上瓦剌太师之位。这下惹火了阿剌知院。在他看来,此事就是“主人换上了新衣服,难道不该把旧衣服赏赐给我吗?”两人之间矛盾明显激化。也先也意识到阿剌知院心怀不忿,听到了一些风言风语,也打算把阿剌知院找机会干掉。但是也先担心如果明着举兵攻击阿剌知院,会造成瓦剌各部族内部的分裂,毕竟与阿剌知院关系较好的部族也为数不少。最后也先想了个主意,邀请阿剌知院的儿子来喝酒。也先在酒中下了毒,阿剌知院的儿子喝了酒以后,只觉得心中难受至极,趴在地上就吐,想要通知自己父亲已经来不及了,只好咬破自己的手指,将血涂在箭矢之上,让仆人拿着血箭去通知自己的父亲。阿剌知院听到仆人来报,明白也先的用意,就要用自己的儿子把自己诱去,然后进行伏击,硬是狠下心肠不管,而且还在人前对也先表现得越发恭顺。也先毒死了阿剌知院的儿子,却看阿剌知院不但没有表现出愤怒,反倒对自己更加笑容可掬。瓦剌人心眼实,也先虽说一世枭雄,却也不例外。他不仅没有对阿剌知院更加防备,反而误以为阿剌知院畏惧自己,防备的心理就这么松懈了下来。于是,阿剌知院安排好人马,趁着也先出去打猎的机会,在半路上伏击也先。也先猝不及防,与伏兵接战后匆匆逃走,也先的弟弟,也是明英宗朱祁镇的好友伯颜帖木儿当场死亡。此时也先身边尚有数十人保护,但也先仍然怀疑这数十人之中有暗通阿剌知院的奸细,于是在半夜之中带了两个自己的亲信秘密溜走,最后也先被杀死在逃亡的路上。

　　也先称汗刚满一年,就死在了暗杀者的刀下,他的大汗之梦刚圆,一切就都化为乌有。伯颜帖木儿当年暗示英宗朱祁镇,希望他能够在瓦剌有事之时,看在自己照料于他的情面上施以援手,可是此时的朱祁镇还顶着太上皇的名号,被关押在南宫之中,过着形同囚犯的生活,对北边发生的大动荡一无所知,更不知道这位老朋友已经不在人世了。刚刚达成东西统一的蒙古帝国也因也先之祀再次陷入混乱。大部分瓦剌部族都投入到阿剌知院的旗下,而蒙古一方则捧出一位新汗,汉文名有麻儿可儿或者麻马儿可儿吉思、马可古儿吉思等等,总共不下七八种写法,我们这里姑且先用马可古儿吉思这个汉文译写。马可古儿吉思的汗号是乌珂克图汗,他是脱脱不花的幼子,在被拥立为大汗的时候仅有 7 岁,故此明人又将他称为"小王子"。也是因为他的原因,明代人后来在习惯上又将达延汗也称为"小王子",将蒙古称为"小王子部"。蒙古方面在拥立马可古儿吉思之后,开始针对瓦剌进行了反击。就在也先被阿剌知院杀死 3 个月之后的景泰五年八月,蒙古的孛罗平章借口阿剌知院以臣弑君,率军与阿剌知院有过一场交战,阿剌知院败走。次年,阿剌知院又聚集 3 万人马与奉马可古儿吉思汗为主的 4 万蒙古骑兵,在一个叫作坎坎的地方对峙。后来阿剌知院因兵

·欧·亚·历·史·文·化·文·库·

少不敌,大败而归,至明景泰七年,据报阿剌知院被自己的部下所杀。

阿剌知院死后,蒙古方面的势力又重新抬头。瓦剌各部也重新联合起来,与蒙古在肯特山以西形成了长时间的对峙。这段时间之内,瓦剌还是控制了漠北的大部分地区,但是随着蒙古本部实力的恢复,到了后来达延汗上台以后,实力的天平开始向蒙古一方倾斜。瓦剌在达延汗的攻击之下,渐渐抵受不住,只好一路西迁,逐渐撤到了杭爱山以西,金山(今阿尔泰山)以北。虽然此后瓦剌在西北仍然活跃,是西北一直不可忽视的重要力量,但它在中文史料中已经开始淡出我们的视野。以后我们再看到瓦剌,基本就是在明末至清代出现的所谓"卫拉特"了。

那么我们不妨回过头来,看看我们应当如何评价也先这个人物。他一生之中,一直在努力让自己成为像成吉思汗那样的人物,以取代成吉思汗的黄金家族,成为草原的统治者。然而他却在自己的梦想实现之后,在人生的顶点上迅速陨落,并造成了瓦剌的一蹶不振。为什么他没有能够走上他的成吉思汗之路呢?

这其中的原因很多。我认为最重要的一个因素在于,成吉思汗起步的时候,他只是斡难河畔的一个小部落首领铁木真,此时的蒙古分为各部,并没有形成后来所谓的蒙古民族。而当铁木真统一蒙古各部,称成吉思汗以后,蒙古才成为一支具有高度凝聚力和向心力的力量,开始向外扩张,席卷整个草原。虽然成吉思汗也是使用了武力征服的手段,但是当时草原上的各部族政治生态是一个一盘散沙的局面,成吉思汗的武力征服使他们被迫整合为一个统一的共同体,而这一统一的共同体又迸发出了非常强大的力量,使得原本各自为战的部族看到了他们由分散而走向统一之后的巨大好处。所以蒙古人会信服黄金家族,会去怀念成吉思汗带给他们的世界帝国。但是也先不同,也先比成吉思汗登上历史舞台的时间晚了 200 余年,他所面对的是一个已经完全成熟起来的蒙古民族。他只看到成吉思汗的成功体现在武力征服,却没有考虑到成吉思汗的成功还在于征服了人心。于是他以为只要不断地取得胜利,就能让蒙古人忘记黄金家族,然而他却在最后倒在了自己人的刀下。所以他虽然一时之间统一了东西蒙古,但是这种统一只是用武力将两股不能相容的势力暂时慑服而已,并没有从根本上将这两股力量合二为一。故此也先堪称广义的蒙古民族之中,自北元以降,能力最为突出的一代枭雄,但是他并不是一个优秀的统治者,落得如此悲惨的结局,可以说也在意料之中。

6.2　达延汗的复兴

也先死后,阿剌知院不久也兵败而死,北方草原之上最负盛名的就是孛罗平章。他在史籍之中又被写作孛来。据《蒙古源流》记载,脱脱不花的弟弟阿噶巴尔济生子哈尔固楚克,哈尔固楚克娶也先之女萨穆尔公主为妻,生子巴颜蒙克。后来也先杀阿噶巴尔济和哈尔固楚克,本来打算把巴颜蒙克也一起杀掉,斩草除根,但是被萨穆尔公主保下。此后萨穆尔公主亲自挑选了四位在瓦剌的蒙古贵族送巴颜蒙克东归,其中之一是喀喇沁蒙古的博赉太师。通常大家认为,这个博赉太师就是孛罗平章,是蒙古喀喇沁部的重要首领。

喀喇沁是清代汉译,明代多写作哈剌嗔。我们前面说过,哈剌嗔部本来在脱欢时代投入瓦剌,后来在也先攻击脱脱不花时又重归蒙古一方。孛罗平章既然是哈剌嗔部的首领,可以想象他在蒙古与瓦剌两方面均有重要的影响力。也先死后,孛罗平章立刻起兵攻打阿剌知院,并且最终将其击败,靠着这一功绩登上了蒙古的太师之位。

正如瓦剌太师传承了马哈木、脱欢和也先三代,具有非同一般的传统,蒙古太师也是像当年阿鲁台这样的大人物才能出任的要职。不过此时政治环境发生了变化,孛罗平章虽然因立下大功而受封太师,但是这时蒙古还有一位太师,这就是翁牛特部的毛里孩。

翁牛特部是成吉思汗的弟弟别勒古台的后裔,所以毛里孩也是出身于孛儿只斤氏,虽然不算黄金家族的成员,但是与黄金家族有着密切关系。根据明朝景泰六年兀良哈三卫革干帖木儿传来的报告,马可古儿吉思之所以能够成为大汗,就是毛里孩所立。要知道这个时候马

·欧·亚·历·史·文·化·文·库·

可古儿吉思只有 7 岁,毛里孩把他攥在手中,等于把大汗挟持在手,让马可古儿吉思充当自己的传声筒,故此毛里孩也得以升任太师。就在景泰六年马可古儿吉思与阿剌知院交战时节,毛里孩与孛罗两位共同带着这位小王子出战。据《蒙古源流》的记载,马可古儿吉思是被装在皮柜里面,放在马上,小王子的母亲则带着刀在旁边保护。可见当时马可古儿吉思根本没办法实际参与政治或战争,权柄仍然只能操纵在这些大贵族手中。

此后,草原上进入了群雄并起的一段混乱期。这段时间之中,首先是蒙古与瓦剌东西对抗的继续,然后就是围绕年幼的马可古儿吉思的控制权,孛罗与毛里孩还存在激烈的内部斗争。有时某一方被逼迫比较紧的时候,又要去明朝边境进行掠夺,补充自己的人口牲畜,致使从明景泰七年以后,一直到天顺五年、六年前后,北边形势极不稳定。后来几方争锋的结果就是,太师孛罗最后杀死了小王子马可古儿吉思,却又被太师毛里孩杀死。毛里孩与瓦剌阿失帖木儿互相攻击,中间多次改立大汗,然而大汗之位仍然在黄金家族之内传承。毛里孩死后,蒙古主要处于满都鲁汗和亦思马因(又写作伊斯满)太师的统治之下。其中满都鲁汗是脱脱不花和阿噶巴尔济的弟弟。满都鲁汗死于 1479年,也就是明朝宪宗成化十五年,亦思马因立巴图蒙克为大汗,即后来的达延汗。因为达延汗的年纪较轻,所以也被称为"小王子"。

达延汗在明代史籍中也经常被写成"答言汗",清代译写则统一作"达延汗"。按说本书讲述明代蒙古,应当遵用明代常用的译写方式,但是由于目前蒙古史学术界更习惯用"达延汗",故此我们这里不妨统一写作"达延汗"。达延汗巴图蒙克本来是哈尔固楚克的孙子,巴颜蒙克的儿子。后来巴颜蒙克被萨穆尔公主送回蒙古,与锡吉尔结婚,生下巴图蒙克。但是巴颜蒙克很早死去,他的妻子锡吉尔改嫁给了亦思马因太师。当时巴图蒙克只有 4 岁,于是锡吉尔将巴图蒙克转交给巴勒噶沁的巴该一家抚养,后来又转手给了唐拉噶尔的特穆尔哈达克一家。由于很早就离开了母亲,巴图蒙克小时候患了严重的胃病,幸好特穆尔哈达克一家对他视如己出,特穆尔哈达克的妻子赛海每天都用一大碗骆驼奶给他按摩擦洗胃部,过了很长时间,他的病才见好转。

巴图蒙克 7 岁时,出现了一个对他人生有很大影响的事件。满都鲁汗此时死去,他留下大小两个妻子,又称大小福晋。其中小福晋被称作满都海彻辰福晋,当时已经 33 岁。满都鲁汗死后,科尔沁的乌纳博罗特王就向满都海彻辰福晋求婚,很多人都对此表示支持。但是有心腹人对满都海彻辰福晋说,如果本来是大汗的福晋,如果改嫁了哈撒儿的后裔,等于离开了你的国土和部民,将会失去你的地位,日后一定会招来厄运。如果你能嫁给黄金家族的后代,他们是大汗的子孙,就会被长生天佑护,你可以继续做你的福晋。于是满都海彻辰福晋决定还是在黄金家族中寻找自己的丈夫,正好打听到了黄金家族还有一位小王子巴图蒙克在,于是就以 33 岁的年纪做了年仅 7 岁的巴图蒙克的妻子。既然如此,亦思马因太师也只得立巴图蒙克为汗,这就是达延汗的登台。

以上关于达延汗登位过程的这段故事,是《蒙古源流》等书的叙述。然而如果熟悉草原婚俗的人就会知道,满都海彻辰福晋与巴图蒙克的结合,实际上是蒙古旧俗的收继婚现象。所谓收继婚,人类学者认为,这在早期部族社会中是非常普遍的现象。简单来说,就是兄死妻嫂、父死妻母的一种现象。由于男权社会中,男性是家庭财富的主要创造者和占有者,女性相当于男性占有财产的一部分,故此当夫妇一方中的男性死去以后,为了保护男性财产不会因为女方改嫁而流入异姓家族之手,就会将女性嫁与男性的兄弟或子侄,相当于由这位男性的兄弟或子侄来接管他的财产,这就是收继婚。在中国,由于儒家传统很早建立,大家已经有了基本的伦常观念,收继婚现象在历史上很早就已经消失。但是相对于农耕民族来说,游牧民族的社会进化较晚,所以中国历史上可以看到收继婚对中国人造成的思想冲击。比如昭君出塞的故事,汉元帝将王昭君送到呼韩邪单于处,与匈奴和亲。然而呼韩邪单于死后,继承单于之位的是呼韩邪单于的儿子。他的儿子就想按照匈奴习俗将王昭君收继,但是王昭君因为出身汉地,在思想上没办法接受这种行为。虽然当时社会对妇女夫死守节的要求并没有那么严格,而且新上位的单于也不是昭君自己亲生,但作为汉地女性,王昭君还是不能忍受再嫁给自己以子视之的孩子。于是两种传统的互相冲突之下,她只得写信向汉朝天子求救。此时已是汉成帝登基,成帝也无可奈何,一面感慨王昭君的命运可怜,一面回信给王昭君,说明匈奴始终是化外之地,汉朝无能为力,希望她还是顺从匈奴风俗。匈奴如此,蒙古也不例外。然而蒙古早期的情况也很有趣,比如波斯史家拉施德在《史集》里面就曾经提到过,窝阔台汗在位时,由于继承了成吉思汗主要财产的四弟拖雷去世,窝阔台曾经试图让自己的儿子贵由收继拖雷的寡妻。拖雷的寡妻明白窝阔台此举是想侵吞拖雷的财产,故此坚持不从,最后终于没有被贵由收继。由此可见,至少从蒙古方面的例子来看,女性在收继婚中并不是完全被动的一方,她既作为男性财产的一部分而存在,同时也相当于男性财产的看守人。故此在满都海彻辰福晋的婚姻中,她不愿意嫁给科尔沁的乌纳博罗特王,就是因为她不愿意原属于满都鲁汗的财产转移到异姓人手中。于是选择一个黄金家族后裔就是很自然的事情了,即使这个黄金家族的后裔是自己的侄孙辈的一个仅有 7 岁的小孩。

达延汗作为蒙古民族的一位重要英雄人物,他的生平却充满疑团。到现在为止,关于达延汗的生年,各种蒙文史料中的记载均有 1 年到 3 年不等的出入。他的卒年更是最大的时间差达到了 27 年之久。目前来说,我们唯一可以确定的是,达延汗是在 7 岁登上了汗位,这一点各种史料中的记载都是相同的。此外,明朝方面的史学家郑晓在他的《皇明北虏考》中记录了这样一种说法,即达延汗实际不是一人,而是两人。据郑晓的记载,新即位的把秃猛可(巴图蒙克)在弘治(1488—1505)初年就已经死了,后来接替大汗之位的是把秃猛可的弟弟伯颜猛可。但是我们习惯上仍然按照蒙文史料如《蒙古源流》、大小《黄金史》等等,认为达延汗只有一个,也就是巴图蒙克。事实上,围绕达延汗的事迹,是蒙古史学者争论最多的一个问题,我们下面只大致叙述达延汗的情况,至于史学研究的种种分歧,则不做太多的介绍了。

就在达延汗登上大汗之位的时候,他遇到的局面大概是历代大汗之中,最糟糕的一段时期。国家的权柄操纵在太师亦思马因之手。亦思马因本来是野乜克力部酋长乩加思兰的弟弟。为了夺取部落大权,他与满都鲁汗的部下联手,杀死哥哥乩加思兰,兼并其部众,登上了永谢布万户之位。后来他成为太师,辅佐满都鲁汗,权倾国内。像亦思马因这种情况,就是以黄金家族之外的异姓贵族来主导政权,在蒙古已经延续了相当长的一段时间。这种状况使得各部族的异姓贵族们都以此为榜样,个个看准机会就蠢蠢欲动。我们前面说的科尔沁的乌纳博罗特王向满都海彻辰福晋求婚,目标就在于此,希望能够通过这种婚姻关系,取得满都鲁汗的政治和经济上的遗产。此时摆在年幼的达延汗面前的,只有两条路,一则是甘于充当这些异姓贵族们的传声筒,当好一个政治傀儡,成为草原权力游戏中的各方力量争夺的对象;二则是利用黄金家族尚存的影响力,想方设法改变局面。但是,不论达延汗再怎样天赋聪颖,他毕竟只是个年仅 7 岁的孩子,他后来能够铲除这些权臣势力,想必与满都海彻辰福晋密切相关。

满都海彻辰福晋的丈夫满都鲁汗是脱脱不花的另一个弟弟,行辈在阿噶巴尔济之后,他本来也是某个大部落的酋长,后来在明成化十一年(1475)被立为大汗。据《蒙古源流》所记,满都鲁汗当时收服在自己帐下的部众已经多达 6 万人,自身已经具有一定实力。但当时掌控蒙古实际权力者却是亦思马因的哥哥乩加思兰,后来满都鲁汗与亦思马因联手将乩加思兰斩杀,然而满都鲁汗却在此后不久去世,死因不明。达延汗由于与满都海彻辰福晋结婚,那么他就自然继承了满都鲁汗的直属部下,而满都海彻辰福晋也不希望达延汗继续被人操控,最后自己也会守不住现在的地位,故此满都海彻辰福晋倾全力培养和支持达延汗,这对达延汗形成了极强的助力。

当然,太师亦思马因此时也没有闲着。他在达延汗即位以后,也一直在努力扩张自己的势力,比如拉拢兀良哈三卫等等。但是很遗憾,现存的蒙文、汉文史料中,都没有明确说明亦思马因与达延汗交恶的过程,也没说清楚达延汗是怎么把亦思马因铲除的。我们只能看到史料中说这位亦思马因太师在达延汗登基之后,仍然专横跋扈,于是就被

·欧·亚·历·史·文·化·文·库·

大汗手下的勇士给杀死了。实际上,在明朝方面,成化十九年辽东守臣就得到情报称,亦思马因与小王子争战而败走,而到了成化二十二年,哈密都督罕慎则报告称亦思马因已死。可见达延汗与亦思马因之间的争斗至少持续了三四年之久,大概其间的过程也充满波折,堪称年幼的达延汗所经历的第一个人生重要挑战。可惜的是,关于这段时间双方具体情况的史料严重不足,我们只能得知这样一个结果,即大约在明宪宗成化末年至明孝宗弘治初年,达延汗不仅将太师亦思马因杀死,而且已经将他的大部分势力都收归己下。

平定内部的问题之后,达延汗的另一项重要功绩就是收服右翼三万户。所谓右翼三万户,主要指此时的永谢布、鄂尔多斯和土默特三部,也就是蒙古本部靠西部位置的三大部族。这里值得一提的是,游牧民族政权在早期经常会采用两翼制度,也就是左右翼来划分封地和牧区。还是以匈奴为例,匈奴有单于作为最高统治者,单于有一块直属领地,然后就是左右贤王分为左右翼,协助单于统治东西延伸出去的土地。蒙古早期肯定也有类似制度,但是随着大蒙古国到元朝的演变,蒙古人迅速建立了自己的国家政权,我们在相当长的一段时间内,都没有看到蒙古人再对左右翼进行划分。结果在明末清初的蒙文史料中,却出现了左右翼的区分,这到底说明了什么,目前还没有定论。这一时期的左右翼,主要是以土剌河流域到胪腧河流域为蒙古的核心区域,这一区域以东即为左翼,以西则为右翼。从史料中来看,似乎达延汗得到左翼诸部的支持较多,而右翼三大部族似乎与达延汗关系比较疏远,亦思马因更是永谢布一族的酋长,故此右翼部族对达延汗有些心中不服,也在情理之中。

据蒙文史料记载,当达延汗铲除权臣之后,右翼三部的主要首脑在一起商量,决定派出使者向达延汗示好,并且索要一名达延汗的儿子,带回去奉为右翼三万户的首脑。他们的使者向达延汗说了不少好话,口气极其恭顺,于是达延汗也答应派出他的次子乌鲁斯博罗特前往。就在此时,永谢布的伊巴哩太师与鄂尔多斯的满都赉阿固勒呼在一起秘密商议认为,我们自己本来好好的,为什么要在头上增加一个管我们的人呢！于是密谋安排，在乌鲁斯博罗特去拜谒成吉思汗陵的时候，让下人对乌鲁斯博罗特举止不敬，傲慢无礼。乌鲁斯博罗特当时的年龄想必不大，一怒之下，就把这个人给杀了。伊巴哩太师当众煽动人群，说道："这个人刚刚来到这里，就对我们这等态度，今后一旦掌权，还怕不把我们都杀个干净吗？"在场人群的怒火一下子就被点燃，群情激奋，虽然也有一个明白人拜音珠固尔达尔罕坚持劝阻，但是架不住对方人多势众。在众怒之下，伊巴哩等人将乌鲁斯博罗特杀死，右翼三万户借此机会联兵一处，公然与达延汗决裂。

达延汗见自己的儿子被杀，右翼三部又掀起波澜，总不能坐视不管，便率领左翼三部察哈尔、喀尔喀和乌梁海（兀良哈，并非前面经常提到的兀良哈三卫，而是指贝加尔湖一带的林区），再加上科尔沁万户一起出征右翼。双方各自布阵在一个叫作达兰特哩衮的地方。达延汗下令说："大家不必在意鄂尔多斯是守护圣主成吉思汗陵的有福部落，我们这边的乌梁海部也是守护大汗金棺的有福部落，就请乌梁海部与科尔沁部一起对付鄂尔多斯部。喀尔喀要对上土默特，察哈尔要对上永谢布。"这场战役的结果是，鄂尔多斯部的孟库库托克齐临阵投降，右翼三部大败，最后大量的部众都表示愿意降服。达延汗将少数不降之人放逐到青海一带，并将此次战事的祸首之一满都赉阿固勒呼斩首。另一名祸首伊巴哩太师逃往哈密，后来也被人杀死，将首级献上。至此，右翼三万户均重归达延汗旗下。

当达延汗平定右翼之乱，将左右两翼六万户置于自己统治之下以后，他开始一边向西攻击瓦剌，同时开始向明朝遣使朝贡。瓦剌因为受到达延汗攻击，慢慢走上西迁之路，我们在前面已经提到。至于向明朝朝贡，这里必须说明，"朝贡"一词只是明朝史官一厢情愿的说法。《明实录》记载，明孝宗弘治元年（1488），达延汗前来贡使，但是使臣带来的书信在明朝方面看来则是"言辞悖慢"，自称自己为"大元大可汗"。兵部官员当时即奏，认为达延汗虽有入贡之意，但是并没有把自己放在臣属的位置之上，而是以敌国自居，认为自己与中原王朝的地位相当。

为什么会有这种情况出现呢？核心在于"朝贡"这一体制本身的问题。我们经常会使用"朝代"或者"王朝"一词来称呼我国古代政权。那么这里面的"朝"究竟是什么意思呢？以明代为例，明代人既可以自称自己为"明朝"，又可以自称为"中国"，那么"明朝"与"中国"之间是否可以画上等号呢？实际上，"朝"与"国"有微妙的不同。所谓"朝"，是针对朝贡体制而言的。按照儒家传统下的王朝逻辑，中原政权本身是一个国，而在中原政权以外的"外夷"需要向"中国"朝贡，表示愿意向"中国"称臣，成为"中国"的附庸，从而接受中原政权的"王化"熏染。这样，以中原政权的这一国家为基础，再加上周边向"中国"朝贡的若干附庸小国，共同构建了一个王朝，王朝的核心自然是"中国"。这一套王朝与国家的理念，大体是在《公羊传》与《周礼》的基础之上演绎而来的。所以长期接受儒家教育的官员们，大多不具备平等外交的意识，只要看到外部政权派遣来的使者，自动将对方的举动判定为朝贡，也就是不承认对方与自己的地位对等。这就是为什么后来英国马嘎尔尼使团访问清朝，会形成中西礼仪之争。具体到达延汗时期的蒙古与明朝，达延汗当然不会认同蒙古是一国，而明朝是蒙古的天朝上国这样的观念，他只会有强与弱的概念，而不会有高与低的概念。换句话说，在蒙古一方看来，假如明强蒙弱过于明显，那么我自然可以向你俯首称臣，正如阿鲁台以来蒙古一直采取的态度一样；可是当双方的强弱差距没有那么大的时候，我为什么非要自降一级与你来交往呢？所以双方立足点与视角不同，必然出现交流上的障碍。到了弘治九年，兵部报告中称，蒙古方面使臣带来的书信之中，将明朝直接称作"南朝"。由于中国有过所谓南北朝这一历史阶段，而南朝最后终为北朝所并，故此这种态度和用语自然会让以大国自居的明朝人非常不高兴。如此一来，明朝当然认定蒙古是包藏祸心，蒙古也认为明朝待己之意不诚，赏赐越来越微薄，自然而然双方就转入了战争状态。明朝方面自天顺以后，边防就废弛日久，达延汗几次入边都没有遇到太大抵抗。其中对边境影响最大的几次战役，分别在弘治十三年和弘治十八年。达延汗在弘治十三年五月从大同一带入边，沿桑干河谷至朔州、马邑、浑源(今山西省朔县)等地,破坏极大。弘治十八年则从宣府进入,与明军爆发了虞台岭之战。此役明军阵亡2615人,伤1156人,马匹损失达到6500匹,给了明军戍边部队沉重一击。

从达延汗几次南下来看,此时蒙古已经从阿鲁台时期的衰落状态中恢复了过来,开始重塑其在草原上的霸主地位。达延汗也开始分封诸子,试图建立新的统治秩序。达延汗的分封诸子,对后来草原的政治格局有很大影响,有必要详细一一叙述。

首先是达延汗的长子图噜博罗特,他本来应当作为"台吉",即汗位的正统继承人,一说是汉地"太子"一词的音译。但是图噜博罗特的命运不济,死在了达延汗之前,还好留下了一个儿子博迪,后来继承了达延汗的汗位,受封察哈尔万户。接下来次子乌鲁斯博罗特被伊巴哩太师等人害死在成吉思汗陵,死时年纪尚轻,没有孩子。三子巴尔斯博罗特,在达延汗收服右翼三万户之后,受命统领右翼。四子阿尔苏博罗特,受封土默特。五子阿勒楚博罗特受封内喀尔喀。六子斡齐尔博罗特受封察哈尔的克什克腾。七子阿尔博罗特受封察哈尔的浩齐特。八子格勒博罗特受封察哈尔的敖罕、奈曼两处。九子格呼森扎,受封外喀尔喀。十子乌巴伞察,受封阿苏特和永谢布。

为什么要这样一一介绍达延汗分封的情况呢?因为达延汗的这种分封,对于蒙古有非常重要的意义。蒙古草原上原有的政治秩序大体上是由成吉思汗建立起来的。成吉思汗的基本思路就是将整块土地分成若干小块,既分封给自己的儿子与亲戚,也会根据军功分封给异姓部落首领,最后将整块土地的统治权,交给自己的儿子。这种分配方式在北元时期已经出现了弊端。因为元朝皇帝最终被迫北逃,等于丧失了自己的领地和领民,反而原来仍然在草原之上的各个部族仍然保存了自己的力量。到了脱古思帖木儿被杀以后,此后登位的大汗变得越来越有名无实,他们除了拥有一个大汗的名号以外,其实在实力上与一般的异姓贵族没有什么不同,甚至比一些权臣还有不足。当达延汗即位时,他能够掌控的只有从满都鲁汗那里继承下来的察哈尔万户,其他左右五万户,不论是否支持达延汗,都在异姓贵族手中掌控。

然而达延汗却通过发动对右翼三万户的战争和分封诸子,逐渐将异姓贵族排除出去,而将掌握在异姓贵族手中的土地民众转移到自己和自己儿子的手中。原有的异姓贵族本来是部落酋长,后来慢慢转变为管理领地的行政官员,需要对达延汗或达延汗的儿子负责。这些异姓贵族失去了原来的领地和人民,只是收获了一个"岱达尔罕"的称号,可以免于赋役。那么这样一来,自然解决了长久以来的异姓贵族势大欺主的问题。

我们需要说明,达延汗复兴蒙古,但并未完成对东西蒙古的统一。达延汗实际支配的领地和人民,也只是他旗下的六万户而已。至于支持他进行作战的科尔沁万户,以及依违于蒙古和明朝之间的兀良哈三卫,都并不在他的直接支配之下。也就是说,达延汗的实际支配力是远小于北元之初的几位大汗,同时也比不上曾经一统蒙古的脱欢和也先两父子。但是他的统治与这些前代人物有很大不同之处。譬如也先,他凭借一时的武力统一了蒙古,却使矛盾激化,导致身死人手,使蒙古陷入更加混乱的状态。反观达延汗,他的支配范围虽小,但是统治基础更加牢靠。正如成吉思汗使得草原各部族看到了他们归入"蒙古"旗下之后,得到的巨大好处和迸发出的巨大力量一样,达延汗扫清了他旗下各个万户的割据力量,使得六万户之间逐渐对彼此的身份产生了血缘上的认同,有助于凝结力量,减少分歧,可以一致对外。故此我们可以看到达延汗的所作所为,在后来蒙古历史的发展中起到了非常大的作用。

在达延汗统治之下,蒙古的力量再次恢复过来,重新压制了瓦剌。牧民的经济力量也有了很大提升,牲畜的产量一路走高,人口也在持续增加。达延汗在蒙古近40年的统治,给蒙古在制度和经济上都打好了重要的基础,这才有后来俺答汗的称霸。

6.3　俺答汗称霸蒙古

按照蒙文史料的记载,达延汗死在明武宗正德十一年(1516),死时大约是44岁。本应继承汗位的长子图噜博罗特早亡,长孙博迪台吉年纪幼小,当时年仅13岁。故此由统领右翼的三子巴尔斯博罗特继承大汗之位。但是巴尔斯博罗特也寿命不永,在当上大汗的三年之后即告去世,后来又由左翼一支来继承汗位。大约在正德十六年,博迪台吉登位成为大汗。

按照蒙文史料《黄金史》的记载,博迪因为年幼而无法顺利当上大汗,等到年长之后,就率领左翼三万户去拜谒成吉思汗陵。在这里,博迪台吉对巴尔斯博罗特说:"你趁我年纪小的时候,自己窃取了大汗之位,如今你在这太祖陵前,肯向我朝拜行礼,我就宽恕于你。"巴尔斯博罗特说:"大汗之位确实应当属于你,你既然让我朝拜,那我就朝拜吧!"于是向博迪台吉行礼。博迪台吉说:"如此就对了。"于是博迪祭拜成吉思汗,登上大汗之位。从这段故事来看,我们大致可以知道,此时蒙古民族已经大体认同并接受了嫡长子继承的观念,所以会出现巴尔斯博罗特自知理亏的描写。但是实际情况很可能没有这么顺遂,大概少不了各种明争暗斗。当然这种内部关于汗位的斗争,与达延汗之前的汗位斗争不同,异姓贵族在其中起不到什么作用,只是达延汗的后代之间围绕汗位展开的内斗,影响较之达延汗以前,就要小得多了。同时我们也可以注意到,在汗位继承问题上,显然右翼与左翼形成了不同的集团,大体可以推定巴尔斯博罗特在博迪年幼时,因右翼的支持而登上大汗之位。而等到博迪年长之后,博迪又在左翼的推动之下成为大汗。这种左右两翼在汗位继承上轮流坐庄,使得原本支持巴尔斯博罗特的左翼,在巴尔斯博罗特死后,转而支持巴尔斯博罗特的两个儿子吉囊与俺答。

吉囊的全名是衮必里克墨尔根,吉囊一名来自于他的封号"济农"。据说"济农"这一封号来自于汉语中的晋王。由于唐太宗的太子李治被封为晋王,后为太子,成为唐太宗的继承人,而唐太宗在当时被称为"天可汗",受到草原霸主突厥人的尊敬。故此蒙古人听到唐太宗的故事以后,就出于对唐太宗的敬意,非常重视晋王这一封号。元世祖忽必烈的孙子甘麻剌也被封为晋王,执掌兵权,长期在西北作战。故此蒙人就将晋王呼为"济农",后来则用"济农"称呼那些实权在握的王。后来在明末清初,这个词语又影响到了汉语,成了"亲王",故此清代将亲王作为王爵的第一等级,只有皇帝的儿子和兄弟才能获封亲王之号。这种中文影响到民族语言,又从民族语言音译为中文的词汇,在中文里面其实并不少见。比如现在中文中的"把式"一词,在北方话中经常被用来描述某一行当的专家,据说其词源是博士一词,在蒙文中变成了"巴合失",用来称呼老师,最后作为外来语重新进入中文,就变成了现在的"把式"。总而言之,衮必里克墨尔根在博迪称汗之后,得到了济农的封号,故此当时人习惯将他尊称为济农,所以在明代史料中就称呼他为吉囊。吉囊统领鄂尔多斯一部,力量甚强。

与哥哥吉囊一样,俺答的名字也不是他的原名。俺答的原名大概是阿不孩,因为明代史料中有称呼他是"俺答阿不孩"的例子,俺答也是蒙文词,就是著名的"安答",也就是兄弟的意思。金庸先生著有脍炙人口的小说《射雕英雄传》,里面就有主人公郭靖与成吉思汗的四皇子拖雷结安答的情节,想必安答之意不必多做介绍。之所以在史料中被称为"俺答",我想大致是因为他是吉囊的安答,所以在史料中有俺答、谙达等等音译。另一种对他的称呼是阿勒坦汗(Altan),因为后来在内蒙古西乌珠穆沁旗王府的家庙中发现了一种蒙文旧手抄本,全文用诗体写成,直译过来的标题应为《名为宝汇集之书》,内容主要介绍阿勒坦汗的一生,故此习惯上被大家称为《阿勒坦汗传》。经过比对,可以确定阿勒坦汗就是俺答汗。

需要说明的是,巴尔斯博罗特的孩子总共有七个之多。吉囊和俺答只是其中最年长的两个。他们一人统率鄂尔多斯部,一人统率土默特部,力量几乎可以同博迪汗分庭抗礼。根据明代的《译语》和《皇明北虏考》两部史料记载,吉囊和俺答两人主要驻扎在河套地区,大概部下兵马有几十万之众。其中俺答崭露头角,是在明嘉靖三年(1524)前后。此时左翼三部中兀良哈部出现了叛乱,这时兀良哈的图类诺延与格勒巴拉特丞相公开扯起叛旗,故此博迪汗约定与吉囊和俺答兄弟一同出兵。此时的俺答只有18岁,头一次登上战场。这次达延汗的孙辈们齐心合力,在巴勒吉给了叛军沉重一击,对兀良哈部进行了洗劫,俺答在此役之中也有突出表现,一代霸主的气质已见端倪。

此后,俺答和吉囊为了拓展领地,又进军青海。我们前面介绍过,1510年达延汗收服右翼三万户,将叛乱的主谋者大多流放到了青海地区。满都赉阿固勒等人的残部退往西域,后来辗转迁徙,过了大约四五年以后,这一批人也到了青海。两批人汇合一处,逐渐在青海湖一带繁衍生息,使青海湖成为蒙古的另一片重要牧区。所以明人也将青海地区的蒙古一部称为"西海达子"。

西海达子虽然定居在青海湖附近,但是依然心怀故土,故此与蒙古本部之间的关系比较紧张。据明人史料记载,嘉靖四年时,蒙古本部曾经派出2万精兵,前往青海湖去进行清剿,但是被西海达子有所察觉,故此提前向南迁走。讨伐军扑了个空,对地理又不熟悉,被西海达子以逸待劳,吃了个大败仗。西海达子的领袖亦不剌想要乘胜追击,一鼓作气杀回老家去,一直进军到贺兰山一带,却被蒙古本部派来的后续部队击败,只得退回青海湖。此后双方关系就一直处于忽战忽和的状态。然而真正的大战在明世宗嘉靖十一年(1532)爆发。吉囊、俺答兄弟派遣了5万人,从野马川渡河,突入青海湖。西海达子的首领亦不剌部被击破,部众大部分被吉囊兄弟俘虏。另一位首领卜儿孩率众逃走。然而按照《阿勒坦汗传》的记述,卜儿孩是无可奈何,只得将自己的女儿献给吉囊,然后才得以率众远奔。

在明嘉靖二十一年(1542)以前,吉囊、俺答兄弟以及博迪汗5次发动对兀良哈部的战争,2次入侵青海,掠夺民户物产,充实自己的实力。后来吉囊在明嘉靖二十一年病死,俺答成了蒙古右翼中最具实力的人,同时也成为右翼共同拥戴的首领。故此俺答在嘉靖二十一年以后再次攻入青海,此役将卜儿孩部彻底收服。博迪汗无奈之下,只得授予俺答土谢图彻辰汗的封号,此后遂有俺答汗之称。

俺答汗像

俺答汗实力进一步扩张以后,又向瓦剌用兵。前面曾经说过,瓦剌在达延汗复兴蒙古之后,实力渐渐转弱,开始逐步西迁。至俺答汗时,瓦剌势力的东界已经后撤至今天甘肃省张掖市的西北方向。也就是说,瓦剌向西退却,已经离开了和林一线,甚至可能已经离开了晃忽儿淮地区。根据《阿勒坦汗传》的描述,俺答汗第一次攻打瓦剌,将军队驻扎在了扎拉满罕山,这里应当是阿尔泰山山脉的某座山峰,可见此时瓦剌已经从杭爱山一线又向西移动了不少。这一次俺答汗出击瓦剌,时间大致在明嘉靖三十七年(1558)彻底打垮西海达子诸部之后。《阿勒坦汗传》中说,俺答汗前往此处,特意去见了吐鲁番地区的王者白帽沙汗。吐鲁番地区的统治者多为察合台诸王的后裔,俺答汗自称自己是拖雷一系的后裔,与白帽沙汗攀扯祖上的兄弟情谊,互相赠送礼物,竟然大获成功。在获得了沙汗支持以后,俺答汗翻过越库凯罕山,袭击了瓦剌的厄鲁特和巴阿图特部,击败了博图海太师与翁惠丞相,掠夺了大量人口牲畜。后来俺答汗还曾数次攻击瓦剌,不断对瓦剌部落进行洗劫,也使自己的力量越发壮大起来。

如果我们比较达延汗之前,蒙古本部发动对外战争的频率,再参考博迪汗与俺答汗发动对兀良哈、西海达子和瓦剌的战争频率,就会发现在达延汗之后,蒙古本部进入了一个对外战争的高发期。为什么会出现这样的情况呢?很大程度上是因为达延汗分封诸子以后,蒙古诸部领主之间的斗争虽然并未平息,但是确实内斗大大减少。草原上进入了一个相对安定的状态,人口不断繁衍,出生率大大提高。在这种情况下,自身力量的增长是一个方面,同时人口数量也逐渐逼近草原经济能够负担的上限。由于蒙古人仍然处于游牧经济之下,没有农垦的习惯,在食物有可能出现不足的情况下,很自然就会出现对外扩张的需求,所以就会出现一而再、再而三的出击。然而频繁的对外作战虽然能够扩大己方的领地,掳掠大量的物资,但是俘虏来的人口也会形成新的负担,故此反复对外作战并不能从根本上解决问题,无异于饮鸩止渴。俺答汗作为统治者,显然意识到了这样的问题,于是在发动战争之余,开始考虑与明朝恢复贡市贸易,同时在靠近明边之处适度发展农业,让蒙古人适应城居生活,进入半农半牧的生活状态。

由于达延汗以后,蒙古本部与明朝的关系再次陷入低谷,俺答汗在河套地区之时,也曾数次入塞抢掠财物,此时想要与明朝恢复贸易,有较大难度。大概在嘉靖十三年(1534),明朝方面收到俺答汗希望入贡的消息,因为对蒙古仍然存有很大的戒心,故此断然拒绝。此后俺答汗连续十余年间要求明朝恢复边境贸易和贡使往来,但都没能成功,反而使得俺答汗失去耐心,不断寇边,造成双方关系持续恶化而难以修复。

恢复同明朝的贸易往来既不可得,让蒙人尝试改变生活方式,却是在俺答汗的推动之下,得以顺利进行。俺答汗首先看中了丰州川(今内蒙古自治区呼和浩特市一带)这块地方,希望尝试在这里建造城池,推进农垦,使之成为一块半农半牧区。丰州川本身是一块非常适合农耕的地区。这里在大青山之北,处在黑河流域的冲积平原之上,气候也适宜耕种庄稼,天气变化没有那么剧烈,夏天降水还算充足。这一地区距离大同不远,在历史上,中原王朝强盛之时,此地也有过农业经济。原本蒙人对于农垦知识非常有限,更不用说修建城墙、铸造农具这些技术活。但是明朝方面因为边政腐败,生活在边境一带的百姓民不聊生,多次发生大规模的逃亡事件。据当时明朝大臣的报告称,边境屯田的百姓,不仅要在长城附近负责瞭望,屯田的产出不能供应自己的生活,而且朝廷批下来的补助粮总是无法落实。一旦蒙古入侵,这些百姓往往要被发动起来,组成民兵参与抵抗。但又因为他们不是士兵,所以即使在战斗中有所斩获,并不能获得军功。更何况明朝官军斗志懈怠,每次都造成屯边百姓大量伤亡,幸存下来的也是被掳到北方为奴。可以说当时边境上的百姓生活非常凄惨,所以也有不少不堪忍受的人,成群结伙跑到蒙古那边去,表示投降之后,能够获得蒙古的平民身份,甚至有时会被赐予一些牛羊,得以安置下来。而且除在边境屯田的百姓民不聊生以外,军队的情况也好不到哪里去。由于负责边政的上级官员贪腐,使得大同守军的下级士兵在嘉靖十二年发生了一场规模不小的兵变,不少士兵在遭到弹压之后投奔了蒙古,最终被俺答汗收为

·欧·亚·历·史·文·化·文·库·

己用。这些投降过去的民众和士兵,他们大多数人都有农耕生活的经验,成为俺答汗在丰州川筑城开垦的重要财富。

除了这些人以外,当时山西地区正好白莲教盛行。我们前面在讲述红巾军大起义时曾经介绍过,白莲教的渊源可以上溯到南宋时期,是佛教净土宗的分支,但不为正统佛教所接纳,算是民间出现的异端。白莲教此时在山西盛行,很快受到政府压制,于是不少教徒也投奔蒙古。根据明朝人的报告,在嘉靖二十五年,有一个叫作丘富的白莲教徒,跑到了俺答汗身边。此人对建筑颇有研究,教会了俺答汗筑城和修建宫室的技术,组织人力在丰州川修建了城墙以及不少宫殿,吸引中原降人到那里居住,形成的据点被称作板升。此后俺答汗从吸纳中原降人中尝到了甜头,大量以利引诱中原人前来,当时在他身边知名者,有丘富、张彦文、王廷辅、马西川等多人。这些人利用这一机会,在蒙古大展身手,不仅使俺答汗了解中原的虚实情报,还大幅提升了蒙古的经济、技术水平。

俺答汗一方面重用中原投降之人,另一方面也开始善待俘虏。原本汉地俘虏在蒙古,都是被充作奴隶使用。但是一般蒙古家庭的生活方式多以游牧为主,不需要太多奴隶。故此当明蒙关系不佳时,战争频发,汉人俘虏数量就会激增,普通蒙古家庭容纳不了这么多奴隶,只好将他们转卖到西域各国。据说也先时代被转卖到西域的汉地奴隶有数千万之多。但是瓦剌因为本身地处西边,将奴隶贩卖给西域比较方便,但是蒙古本部距离西域又远,所以在达延汗以后,抓到的过量汉地俘虏,基本上是以杀掉为主。自从俺答汗开始在丰州川筑城农垦以后,情况再次发生变化。出于补充劳动力的需要,壮年劳动力和有专业技术能力的汉人被保留下来,甚至会被配给一些基本财物,等到生活安定之后,再连本带息偿还。这样一来,板升人口不断增加,而且板升的数量也迅速增长起来。据明人瞿九思《万历武功录》的记载,大约在明穆宗隆庆年间,丰州川的汉人人口数已经增长到了 5 万余人,蒙古人的数量也有 2000 人左右,而到了万历年间以后,丰州川板升的汉人竟然增加到了 10 万人,开垦田地有万顷之多,已经出现了数百个村落。为什么丰州川的人口增加如此之快呢？核心在于蒙古与明朝的制度存在很大不同。明朝不仅赋税重，法令严苛，而且基层官吏对百姓的盘剥侵渔也让人难以招架。反观蒙古一方，由于蒙人大多处于游牧状态，中原汉人抵达丰州川板升之后，只需要承担一定的租税和差役，生活上比较自由，没有那么多官吏前来对他们无度索取。故此身在边境的百姓经常自发性大规模地逃出边塞，向丰州川迁徙。这些百姓来到此地以后，深感身上的束缚减少，从而能够激发出他们更多的生产热情。故此丰州川的改革非常成功，最为显著的一点就是解决了蒙古的粮食问题。通过这里的农业生产，不仅可以提供给蒙人足够的粮食供应，而且放牧的牲畜也能够获得充分的口粮，一旦草原出现恶劣天气，牲畜不至于因为草场环境破坏而失去食物，可谓一举多得。

　　与丰州川板升顺利发展同时，俺答汗也终于获得了恢复与明朝贸易的机会。尽管丰州川板升为蒙古经济的发展打下了基础，但是想要进一步扩大规模，仍然需要明朝能够提供许多内地出产的物资才行。故此俺答汗请求贡使的行动一直没有停止。他第一次亲自出面要求入贡，是在嘉靖二十年（1541）七月，派遣使者石天爵到大同阳和口，向大同巡抚提出要求，希望能够开通边市贸易。石天爵本来是明朝过去的降人，俺答汗托他带话，明确说如果开放边市，马上就可以约束臣下，保证今后不会到长城沿线骚扰。时任大同巡抚史道将此事原原本本奏上明世宗朱厚熜，并且认为开边市对朝廷来说有利无害，只要守臣用心防御，此事可行。巡按御史的意见也认为应当允许，兵部审覆意见也指出俺答汗确有诚意，应当可以允许入贡，开放边市。结果世宗朱厚熜却认为，蒙人数次侵扰边境，猖狂至极，此时却又突然前来请求贡使，难道是真心如此吗？看到皇帝这么说，其他大臣的意见立刻来了一个一百八十度的大转弯，大家异口同声开始表示蒙人向来多诈，此举背后必有阴谋，不可轻易相信。结果就是世宗朱厚熜下旨，不但不许开放边市，而且下令边将准备出边追剿，如能生擒或斩杀俺答汗者，主将升官，普通将士升 5 级，赏银 500 两。此道圣旨一出，俺答汗此次请求贡使之事自然化为泡影。结果就是以礼相请不成，俺答汗只好采用武力

·欧·亚·历·史·文·化·文·库·

胁迫明朝开边。于是当年八月,俺答汗出石岭关,直扑太原。此次入侵的蒙军有七八万人,沿太原向东行进,一路杀掠至平定州(今山西省阳泉市平定县)。

次年闰五月,俺答汗认为上次请求开边市不成,已经给了明朝一方教训,这次想必对方会答应,就派遣石天爵、满受秃二人再次赴大同。石天爵对大同守臣说明,这一次俺答汗交给自己两支令箭、一面令牌。俺答汗自己领兵 30 万,驻扎在此地不远,如果一次请求入贡通使不成就请求两次,两次不成就三次,三次还不同意,俺答汗就将率军南下,分兵三路,准备会师于大同。石天爵说的是实情,并不是虚词恫吓而已。但是由于去年朱厚熜的圣意已决,没人再敢把此事报告上去。于是新任大同巡抚龙大有自作主张,派人把石天爵抓起来,又将满受秃杀死,谎报朝廷说自己擒获蒙人首领邀功。世宗朱厚熜闻讯非常高兴,将龙大有升为兵部侍郎兼右副都御史,要求对石天爵处以磔刑,即碎尸而死。这下子闹得实在过分了。所谓两国交锋,不斩来使,石天爵本为出使而来,却变成了被擒获的"匪首"而死,自然引起了俺答汗的愤怒。故此这一年六月十七日,俺答汗再次进入大同,扫荡大同、太原、平阳等地。由于明军不敢正面与蒙古大军对抗,俺答汗一路深入,竟然没人阻挡,从大同而入,又由雁门关而出。据明军战报称,此次俺答汗入边,明朝方面被攻克卫所 10 处,州县城镇被破坏 38 处,蒙人杀伤掳掠人口 20余万,损失马牛羊等牲畜 200 万。这一切损失都是世宗朱厚熜的一己意气和龙大有的不择手段造成的。

此事之后,又过了 4 年,到嘉靖二十五年,俺答汗开始建设丰州川板升,无奈之下,只得再次向明朝请求贡使并开放边市。这一次他派遣使者堡儿塞,带着白骆驼 9 头、白马 9 匹、白牛 9 头,并金、银锅各 1 口前往大同进贡讲和。其实俺答汗希望与明朝恢复正常往来之意甚诚,奈何皇帝对其恨之入骨,就是不肯相信。再加上上次龙大有因为杀死使者而获升赏,给后面的继任者开了个坏头,这次堡儿塞等人到了大同,大同总兵官的巡边家丁名叫董宝,直接将堡儿塞等人杀了,拿他们的首级上报奏功。宣府、大同总督翁万达看到大同发来的奏报,觉得事有蹊跷,便着手下人等仔细调查,果然查实堡儿塞等人只是蒙古以礼前来的使者,董宝等人仅是为了贪功受赏,便自作主张杀死使者,于是便将整个事件经过详细说明,向世宗朱厚熜做了汇报。翁万达在报告中称:"上次石天爵之事,蒙人前来实为好意,我方也应以礼相待。可是我方一开始假意应允,设诈而将石天爵斩杀,实为我方处事不当,最后使得对方报复性入侵,造成不必要的损失。董宝等人不过是大同总兵官的家丁而已,却胆敢置国家法令威信于不顾,擅自杀死使者,这算是什么道理!人家派出使者,拿出信物,希望边防守军代为传达,即使我们不愿答应对方请求,也不应该把人家骗到境内杀害。希望当今天子能够将董宝等人明正典刑,给天下一个交代,并将此意通报边关,让蒙人知道朝廷对此事的处理。以免对方再次恼羞成怒,兴兵犯境。臣等也将积极防御,以备不虞。"

从翁万达的奏章来看,他对于边境事态的分析把握都是十分到位的。然而世宗朱厚熜这个人是个有名的倔脾气。朱厚熜在明朝皇帝中不算是个昏庸之辈,但是此人做人有股子犟劲,不太善于与别人达成妥协,喜欢一条路走到黑。他本来是兴王朱佑杬的二儿子,因为兄长夭折,故此早早继承了兴王的王位,成了一位藩王,封地在湖广安陆(今湖北省安陆市),按说继承皇位这件事跟他就算是没有关系了。结果他的运气不错,上任天子明武宗朱厚照是个有名的荒唐天子,

嘉靖帝像

临死前并无子嗣,想要找到一个继承人。按照朱元璋留下来的所谓《皇明祖训》,如果皇帝直系无子,就应当兄终弟及,可以在武宗的堂兄弟中找人继承大统。于是大臣们选来选去,就选到了这位兴王朱厚熜的头上。

当时的首辅杨廷和多多少少有点不太把这位外地来的未来天子放在眼里。在迎接朱厚熜入城的问题上,杨廷和等人参考的仪注是皇太子入京的仪注。朱厚熜看后当时就不干了,马上就说,我是武宗遗诏

入京继承大统的,又不是先帝的儿子,为什么给我用皇太子的仪注呢?当即驻跸城外,不肯再走了。朝中大臣们一下就慌了,没想到这个外地来的小藩王这么难弄,人家都上赶要当皇帝,这位就为个名分的问题,能当也不当了,现在再找其他人来当也来不及了,只好率先做出让步,修改仪注,兴王朱厚熜这才肯入城即位。即位之后没多久,这位外地来的皇帝又做出让大臣惊骇之举。朱厚熜竟然要求大臣追封自己的生身之父兴献王!

帝王追封自己的父亲,并非没有先例,但大多都是开国皇帝刚刚取得天下,将自己的父祖曾高四代追封为皇帝。可是朱厚熜是个中途过来继承皇位的皇帝,用个可能不太恰当的比喻来说,他本来只是皇帝的"替补"人选,捡到了一个当回皇帝的机会,结果还想把自己没做过皇帝的老爸也追封帝号,这怎么可能?以杨廷和为首的老臣们当然纷纷表示反对。一些希望讨好新君的新晋大臣看到机会,想要借此博得新君的欢心,便站在新君一方,围绕是否要追封兴献王展开长时间的争论,史称"大礼议"。大礼议在嘉靖一朝明里暗里,一共持续了18年之久。反对追封一方的意见当然是,既然兴献王生前没有当过皇帝,即使儿子当了皇帝,死后也不应加封。赞成追封一方则玩的是文字游戏,理由是朱厚熜来当皇帝是因为武宗无后,皇统中断。换言之,朱厚熜作为武宗的堂弟,是来继承皇位传承这个"大统"的,而不是过继给武宗的父亲宪宗朱见深当儿子的。这就是当时骇人听闻的所谓"继统不继嗣"之说。也就是说,朱厚熜作为皇帝,他的父亲始终是兴献王,所以出于孝思,皇帝追封自己的父亲为皇帝,在宗庙中有一个位置,当然无可厚非。双方一开始争执不下,后来因为朱厚熜本人的意愿,使得兴献王终于在宗庙中有了一席之地,反对追封的大臣最后也都遭到打压。如果换作其他皇帝,一般不会顶着如此巨大的压力,这么长时间坚持自己的意见,推动这样一个似乎并没有多么重要的事情。由此可见,朱厚熜其人不仅仅是性格坚忍而已,可以说如此倔强的性格在整个明代都是比较罕见的。正因为如此,朱厚熜在对待俺答汗求贡的问题上始终不肯有丝毫退让,最终酿成了后来的庚戌之变。

在庚戌之变发生的嘉靖二十九年(1550)以前,俺答汗还曾经几次通过翁万达向朝廷提出贡使开边市的建议,甚至表示希望亲自与明朝有关方面的大臣会谈,但均遭到拒绝。至嘉靖二十七年,翁万达再次要求重新考虑俺答汗的提议,结果被世宗朱厚熜下诏严厉训斥。皇帝一发雷霆之怒,臣下自然不敢再有进言。俺答汗也终于对明朝失去了耐心,于是在嘉靖二十九年六月,大举入塞,由于这一年干支为庚戌,故称"庚戌之变"。

俺答汗此次入塞,目的是希望给明朝沉重一击,通过军事胜利强迫明朝许可贡使和开放边市。蒙军直抵大同北部的长城之外。大同总兵张达率军前来迎击,俺答汗不与张达做正面交战,而是将精锐部队埋伏在山谷之中,派出一些老弱骑兵在外面游荡作为诱饵。张达看到对方的兵力不强,而且大多是老弱之人,贪功心切,率军急进,果然中了俺答汗的埋伏战死。副总兵林椿率领另一队人马,为了营救张达,也被蒙军杀死。张达、林椿战死疆场,大同守军士气低落,不敢再战。继任大同总兵的仇鸾只好派自己心腹用重金贿赂俺答汗,希望蒙军转向东线,不要再攻击大同。俺答汗于是转而向东,改为出古北口南下,在这里大败蓟州巡抚王汝孝部,由密云而入怀柔、顺义等地,至八月中下旬至通州。

自从正统十四年(1449)土木之变以后,北京作为京师首都,已经整整 101 年没有出现过被敌军逼近的情况。谁知道这一次蒙古大军竟然转眼间就从塞外到了京师近郊,一时朝野哗然。比较上次瓦剌进攻北京的规模来说,俺答汗此次南下动员的部队更多,有十余万之众。但是正统年间兵部主事者是于谦,对于军政事务的处理要远强于嘉靖一朝。此次京城的守军集结之后,仅有四五万人,而且大部分是老弱残兵,平时大多为军官和宦官从事杂役,没有作战能力。更为严重的问题是,这些士兵的武器都不齐备,虽然兵部要求开放仓库领取兵器衣甲,但是主管仓库的太监仍然按照惯例索要贿赂,使得大部分士兵无法顺利领取,导致军队迟迟不能编成。直到此时,兵部尚书丁汝夔发现问题难以解决,才想起来赶紧报告世宗朱厚熜。朱厚熜闻讯大惊,赶紧一面

241

推动库房尽快发放甲仗,一面要求各地将领进京勤王。

此时俺答汗如果真有意入侵北京,以北京的守卫力量来说,能否像 101 年以前那样取得北京保卫战的胜利,实在是未知之数。可是俺答汗却要等待与明方谈判的时机,所以没有对北京发动攻击。故此在他八月十七日抵达通州的次日,仇鸾率领 2 万人马从大同赶来。此后保定、宣府、山西等地的勤王部队也陆续赶到,各地部队达到了 5 万人之多。可是由于日夜兼程而来,都没有携带足够的粮草。京师之中也没有提前为勤王部队预备补给,只好放任他们在乡间抢劫百姓,最后形成的破坏竟然比蒙古大军还要严重。八月二十一日,俺答汗让俘虏宦官杨增,在《阿勒坦汗传》中被称为杨兀扎克,带翻译好的汉文书信入城。按照万历年间内阁首辅叶向高的记录,这封信的内容是"给我钱,让我前来贡使,马上就可以解围,否则每年来你这里一次"。当然原信肯定是用蒙文写成,经过有关人员用汉语翻译以后,用语显得幼稚生硬,不过其中的意思是很清楚的。当日,世宗朱厚熜召集内阁大学士严嵩、礼部尚书徐阶等人在宫内讨论此事。严嵩仍然揣测朱厚熜的意思,坚持认为俺答汗不过是前来抢粮食财物的贼人,日久自去,不必担心。徐阶见事要比严嵩明白得多,他马上指出,敌人来此一路杀人放火,哪里是为抢食而来? 而且对方递来请求贡使书信,事情虽需礼部处理,但主意还得由皇上来拿。世宗朱厚熜此时也不敢再固执己见,只说:"现在事情紧急,正要大家商量,怎么能够都推给朕呢!"徐阶见朱厚熜是这个态度,赶紧趁机表示,如果在俺答汗威胁之下,立刻答应对方的要求,有失明朝大国的体面。不妨借口对方书信是用汉语写成,不合外交惯例,要求对方先退至长城以北,另派使者用其本国文字,通过大同守臣奏上,走正常的外交程序,即可允许他们提出的要求。其余大臣和世宗朱厚熜也都没有更好的主意,只得按照徐阶的办法处理。最后决定还是由宦官杨增出面,携带大量金银财宝,作为给俺答汗的礼物,将徐阶的意思告诉俺答汗,恳求蒙古退兵。

2 天以后,也就是嘉靖二十九年八月二十三日,俺答汗的蒙古大军开始向白羊口方向一路退去。大同总兵仇鸾率军跟踪在后,希望抓捕一些脱队的蒙古骑兵回去邀功。结果当天天降大雨，俺答汗担心明军设下伏兵，命令一半人马掉头折返，仍从来时的古北口旧道返回。仇鸾的部队正好与蒙古折返部队相遇，当时大雨滂沱，道路泥泞，双方并未交战。但是明军见到蒙军开来，心中胆怯，竟然临阵奔溃，四散而逃。后来清点在泥地里自相踩踏而死伤的人数，有千余人之多，仇鸾差点被蒙军俘虏，可见当时明军战斗力之低下。至八月二十八日，蒙军退出长城，北京宣布解严。

庚戌之变换来的一纸城下之盟，使得嘉靖三十年明朝终于开放了大同马市，并与蒙方约定，如果开市一两年后蒙方不再来骚扰边境，那么就许可恢复贡使。于是，在嘉靖三十年四月下旬，现在大同镇羌堡开设了第一所马市，接下来又许可在宣府等地与就近部落开设马市，看似明蒙之间又可以保持一段时间的和平往来。然而事情的发展并不像计划中的那么顺遂。明方一批年轻气盛的中级官员，对于朝廷被迫签下城下之盟感到非常愤怒。边境开放的马市，已经成为明朝积弱的一个象征。所以这些官员在朝中大肆宣传反对马市的言论，希望朝廷能够知耻而后勇，重新振作起来，加强边防力量一雪前耻。这对世宗朱厚熜的刺激非常大。朱厚熜本身就对蒙古存有偏见，我们前面举大礼议的例子说过，朱厚熜是一个非常倔强的人，一旦形成固定看法，很难被人扭转过来。于是马市刚开，朱厚熜就后悔了。本来兵部当时审议提出马市开放一年 4 次，每季与蒙古交易 1 次，且不仅布匹可以进行交易，还可以用粮食进行交换。结果朱厚熜要求每年只能开市 2 次，且粮食不能参与交易。后来干脆变成每年只能开市 1 次，而且还让使者前往蒙古说明这是皇帝有好生之德，体察蒙古下情，特准开设互市。今后 10 年间不出现边警，可以再特准增加 1 次。前来贡使则是绝不许可。这与当初庚戌之变时双方口头达成的协议完全不同。至嘉靖三十一年九月，双方马市开设了 1 年有余，朱厚熜再次下旨，要求停止各处马市，再有敢要求开市者一律处斩，单方面破坏协定，再次使明蒙之间进入了战争状态。

俺答汗刚刚看到边市正在逐步打开，结果明方莫名其妙地就把边

·欧·亚·历·史·文·化·文·库·

市给停了,怎能不感到大为光火,自然再度南下,双方战争就这么又持续了近20年。明朝因此又多遭受了近20年的损失。从这一层面来讲,值得称道的好消息就是顽固的世宗嘉靖皇帝朱厚熜,终于在嘉靖四十五年(1566)死去,之后继承皇位的是朱厚熜的三子朱载垕,是为穆宗,改元隆庆。这无形中给了明蒙关系一次机会。穆宗上台之后,先后任用徐阶、高拱为首辅。此二人为政比较务实,对于明蒙关系也有正确的估计。特别是高拱就上台以后,很快就调王崇古出任宣府、大同、山西总督,方逢时为大同巡抚。王崇古、方逢时在边区历练多年,对于边政有很深的认识与体会,他们对于后来时局的发展有着重要的影响。当然最为关键的还是新皇帝不再固执己见,委任得人,使得明蒙关系再度得到转机。再就是隆庆四年(1570)发生的把汉那吉出逃事件。

把汉那吉是俺答汗第三子铁背台吉的儿子。在把汗那吉只有3岁的时候,铁背台吉突然死去,死时年龄不大。俺答汗认准了自己的儿子不是正常死亡,而是与妻子们争宠有关。故此在铁背台吉死后,他的妻子均被俺答汗处死,其中包括把汉那吉的亲生母亲在内。当时把汉那吉被交托给他的祖母一克哈屯抚养,等于一直在俺答汗身边长大,故此深得俺答汗的宠爱。结果在明隆庆四年的这一年,把汉那吉正满18岁,俺答汗打算给他订门亲事。当时已经说定了,要给把汉那吉娶兀慎兔扯金的女儿为妻。但是俺答汗当时有个漂亮的外孙女被称为三娘子,已经许配给了阿尔秃厮,结果俺答汗看到这个外孙女长得实在漂亮,就自己娶了。这里特别值得一提的是,据说三娘子从小就天姿国色,擅长歌舞骑马,名动草原,嫁给俺答汗之后称乌纳楚钟根哈敦。她在俺答汗晚年以及过世之后长期主导蒙古政治,成为当时最为重要的一个人物。这些是后话,这里暂不详述。为了补偿阿尔秃厮,俺答汗便把原本许给把汉那吉的兀慎兔扯金的女儿夺过来,嫁给了阿尔秃厮。把汉那吉从小一直受宠,突然把本属于他的东西夺走,从情感上很难接受,于是恼羞成怒,竟然离开自己的部落,闯出边塞,投奔明朝去了。

从以往的经验来说,蒙古贵族出于各种原因,南逃至明朝以求托庇,并不是第一次。明朝方面一开始当然也乐于接收,不管对于国内也好,对于蒙古也好,均可作为己方正面的政治宣传大肆渲染。可是后来逐渐发现,随着逃亡原因的五花八门,再加上逃亡者地位的不断提高,收纳这些逃亡者往往占不到便宜不说,还会招来蒙古方面报复性的攻击。所以这一次把汗那吉逃至明边,边防官员并不敢放他入塞,只能去请示王崇古和方逢时两位上司处理。

王崇古、方逢时两人闻讯之后,一面让守关人等尽快把把汉那吉送往大同审问,一面派人向朝廷提交报告,认为把汉那吉身份与众不同,奇货可居,应当尽快将他安顿下来,利用他与俺答汗启动谈判,实乃与蒙古重开边市的天赐良机。这份报告书到了朝中,引起大臣们的纷纷议论。毕竟开边市之举,在嘉靖朝被认为是一个禁区,不仅不为当时舆论所容,而且也被皇帝厌恶。可是现在形势发生了大转变,穆宗朱载垕对此没有那么排斥,而且内阁中枢的两位有力大臣高拱与张居正都全力支持王、方二人的意见。这样一来,即使朝中仍然存在反对的声音,也能够依靠高拱与张居正的力量压制下去。当时山西道御史叶梦熊坚持反对,最后被降两级外调出京,算是杀鸡儆猴。于是在中央的推动之下,王崇古与方逢时才得以实施与俺答汗谈判的计划。

当把汉那吉出逃之时,俺答汗人正在蒙古西部,听说孙子跑到明朝一边去了,心中无比悔恨,急忙赶回丰州川。此时的俺答汗已经60多岁了,虽然儿子众多,孙子也不少,但是把汉那吉毕竟是在自己身边长大的,现在只身一人逃往明朝,谁知道会有什么样的结果?据说俺答汗当时闻讯痛哭,把眼睛都哭肿了。把汉那吉的祖母一克哈屯更是整天以泪洗面,同时埋怨俺答汗不好。俺答汗没办法,只好叫来长子黄台吉,点起2万人马屯兵大同之外,自己率领本部主力直驱大同以西的平虏卫,希望能以武力威慑明朝,让他们将把汗那吉放回。

俺答汗此次南下,意在要回把汉那吉,如果把汗那吉出了事,再命大军挥戈一击,为自己孙子报仇,但是如果把汗那吉没事,自己贸然动手,没准倒害把汉那吉送了命。为此俺答汗没有莽撞从事,只是陈兵长城以外,没有主动进攻,也没有派出使者要求交涉,而是等着明方使者的到来。王崇古、方逢时见俺答汗如此态势,心中大致有了谱,便命旗牌官鲍崇德与原大同副总兵田世威前往。俺答汗见到鲍、田二人，直接就说："自从我领兵以来，好像你们明朝的边将死在阵前的可不少啊！"鲍崇德马上答道："边将跟您的孙子相比，哪个更重要一些？我们朝廷现在正善待您的孙子，如果此时开战，不过是逼着我们要您孙子的命而已。"双方把话点到，互相心知肚明，终于开始谈判。鲍崇德提出，只要俺答汗愿意将丰州川板升中的几个汉人头目，也就是山西白莲教的头领如赵全等人交出，即可与明朝交换把汉那吉，然后双方可再次坐下来谈贡使与开边市之事。俺答汗当时心中已经同意，但嘴上并未完全答应下来，而是要求派出自己的亲随火赤力、十六二人亲自到明朝去探视把汉那吉，看看明朝是否真有诚意和谈，同时也确认一下把汉那吉的情况。鲍崇德上报王崇古后，王崇古有意安排火赤力登上高楼，把汗那吉正好穿戴明朝的官袍骑马从楼下经过。火赤力远看大为惊讶，说道："此人是把汉那吉吗？远看好像是他，但是怎么穿着汉人的衣服呢？"下楼之后再仔细观察，果然是他，于是大喜回报。

　　此时长城之外，明蒙两军对峙，虽然上面没有开战的意思，但是私下里已经火药味十足。双方小摩擦不断，冲突时有发生，如果火赤力等人再不回来，双方已经很难约束住自己的士兵。幸好此时火赤力等人连夜从大同赶回，将所见所闻汇报俺答汗。俺答汗急忙对鲍崇德说："我们双方就此事说定，下面回去安排以赵全等人交换把汉那吉一事。我马上宣布退兵，但是我儿子黄台吉现在进逼大同，不一定知道我们的约定，担心他做出过分之举，请你立刻拿我的令箭，出示给黄台吉，让他尽快退兵。"当夜俺答汗先退。果不其然，黄台吉的人马在十月十二日攻入长城，方逢时亲自坐镇大同，将城门大开，以示不想作战之意，同时派人持俺答汗令箭去见黄台吉。使者告诉黄台吉说："你父亲已经跟我们上司约好，回头就将把汉那吉放回。你父亲担心你不知道此事，故此派我将这支令箭拿给你看。让你见此令箭，迅速撤军，不可破坏双方的约定。把汉那吉此时已经进京接受封赏，你如果不信，可以拿着令箭前往你父俺答汗处详细询问，我可以作为人质与你一同前往。"黄台吉接过令箭，喜极而泣，于是当下退回塞外。

一场大战就此消弭无形。事后双方再次约定,以丰州川板升汉人头领 10 人,与明朝交换把汉那吉。当年十一月十九日,俺答汗派出一小队人马,将 10 人引渡回国,次日把汉那吉由明朝军官护送出境,俺答汗与一克哈屯在边境迎接,祖孙再次相见,三人抱头痛哭。这一次明朝终于妥善处理了把汉那吉之事,也为双方关系的恢复,打下了良好的基础。

把汉那吉回到蒙古境内之后,代表俺答汗的使者同时也进入了明朝境内,正式向明方提出了封贡的请求。俺答汗向明朝说明,蒙古目前缺少必需的粮食和衣物,希望明朝每年都能慨然相赠谷物布帛,并且希望明朝皇帝能够给自己封个王号,使蒙古也能享受到明朝的爵位。当然俺答汗也一再说明,这只代表他个人的意愿,还没有同他的弟弟子侄等其他领主商量。至同年十二月,俺答汗终于说服其余各部,每一部均派遣使者 18 人,一同出使明朝。这次使者们提出蒙古各部均感到明朝恩义,互相约定以后不再寇犯边境,希望能够与明朝恢复贡使,开放边市,希望与明朝互相禁制边境士兵,互不侵犯,永结盟好。王崇古见来使意态诚恳,便代为奏上。兵部集议认为兹事体大,更有先帝不可再提开边市之议的禁约,特别是对方一上来就提出要求明方士兵不可以进行烧荒、捣巢等活动,那么如果日后再要求我们不能巡逻、不可设防怎么办?于是给王崇古回复说要从长计议。

从兵部集议的情况就可以看出当时明朝官员的鄙陋。所谓烧荒,是指当时明朝军队对蒙古入边的报复性措施,即在深秋草枯季节到草原上放火,破坏边境的草场,使蒙人无法在那里放牧。捣巢更是恶劣。蒙古人的习惯是一个部落的男子出征或放牧时,老人、女子、孩子留守在家,蒙文称为"奥鲁",汉人称此为"老小营"。捣巢就是趁其男子外出时偷袭其老小营,把财物人口抢走。因为当时明军的战斗力不足以与蒙军正面交锋,只能采取这些不光彩的手段报复对方。所以俺答汗提出明军不可以再进行烧荒、捣巢,只是限制明军在长城以外的活动,是完全正当且合理的要求,与不能巡逻、不可设防是完全不同的事情,可是兵部却以此为由,拒绝开边市之议,足见目光之短浅。

次年二月,王崇古见兵部官员们嘴上说从长计议,结果始终没有个结论,只好专门写了一份奏章,论述应当接受俺答汗请求的理由。王崇古在奏章中说明,开边市、许封贡并不代表要完全信任蒙古一方,相反而言,拒绝对方的要求,反倒是比较容易的事情。但是嘉靖年间庚戌之变以后事态的发展,足以说明拒绝蒙古的要求之后,使得蒙古方面对此愤愤不平,九边边防压力加大,从而造成国家财力极大负担,这也是不争的事实。如果我们现在接受对方的要求,最起码可以让边境有数年的喘息之机,这样抓紧时间休整和训练军队,搭建防御工事,重新聚积财物,这样就争取到了几年的时间可以恢复实力,争取重新压倒对方。这岂不是比现在每年都要为蒙古来袭惶惶不可终日要强得多吗?

王崇古此议可以说充分表现出了他作为一个政治家的高瞻远瞩。即使如此,兵部官员们的因循守旧仍然未能改变,集议的结果仍然是大家各执一词,同意王崇古主张的共计22人,不同意的有17人,另有5人以为可以先通使,边市仍然不可开。也就是说,支持王崇古意见者仍然不能超过半数以上。幸好高拱、张居正等人把王崇古的意见报告了穆宗朱载垕,穆宗亲自点头,并由内阁对兵部表示,皇帝对王崇古的奏章表示首肯。这样,由穆宗亲自下旨,要求兵部再议此事,兵部官员们见到皇帝已经表示同意,不必再由他们来承担责任,纷纷欣然同意,此事才得通过,于是许可了册封俺答汗,并接受蒙古贡使,开设边市的要求。

既然决议已定,册封俺答汗的程序很快启动。隆庆五年三月,由穆宗朱载垕正式下诏册封俺答汗为顺义王。同年五月,在大同得胜堡外举行册封仪式,不仅对俺答汗封王赐印,而且还授予俺答汗的弟弟老把都、儿子黄台吉等人都督同知之职,其余子孙弟侄各依地位高下,授予指挥同知、佥事、正副千户等职,共授军职112人之多。俺答汗与其余蒙人首领共4人上台宣誓称:"汉人兵马80万人,蒙古兵马40万人,从今日开始立定法度。我蒙古新生幼儿直至成年,新生马驹长成大马,终生不可侵犯中国。如果有哪一家台吉入塞为非作歹,我们要革去他所领兵马,不让他再管事。其他部落首领入塞做了坏事,就把他的老婆孩子、牛羊马匹都剥夺了,赏赐给别的部落。"宣誓已毕,将誓言写在纸上,烧成纸灰向天撒去,表示对天立誓。然后双方就明蒙之间的一些具体事宜进行了约定,比如如果有蒙人逃入明朝,该如何处理,而明朝边民逃入蒙古,又该如何处理,双方边境居民如有纷争,涉及财物,应当如何追赔,如果在纷争之中打死打伤人,应当按哪里的法律解决等等,均做出了规定。至于贡使一事,大致说定在每年春天马瘦之时,由大同左卫入塞,同时也限定了使团人数和使者赏例。由于这一年的贡使时间已过,同意蒙古使者在九月来访。边市也议定在大同得胜堡、新平堡、宣府张家口堡、山西水泉营、延绥红山堡、宁夏清水营六地开设,具体时间将在使臣来访之后,择日开市,为期1个月。每处边市蒙古可以驻军300人,明方驻军500人,负责维持治安及贸易秩序,交易蒙方主要提供金银、牛羊马匹、皮毛、马尾等物,明方则提供布帛、粮食与铁器。从这些条款中可以看出,此次明蒙开通互市的规模远较当初庚戌之变时议定为大,也说明了双方均有足够的诚意。特别值得一提的是,俺答汗此次与明朝立约互市,使得蒙古右翼三万户与明朝开始了一种非常紧密的互动关系,终明之世,右翼没有再与明朝产生大规模的冲突。

与明朝修好之后,又过了10年,俺答汗在75岁时去世。此时已经是明朝万历九年(1581)。此后由他的长子黄台吉继承了顺义王之位。黄台吉性格强梁暴戾,与自己的儿子扯力克(亦写作扯力克)台吉之间出现了比较深的矛盾。而实际上此时右翼三万户中,拥有最强大力量的,却是俺答汗最宠爱的三娘子。黄台吉不但与自己的儿子闹翻,还一直与三娘子不合,故此当时蒙古几乎出现了分裂的局面。三娘子由于讨厌黄台吉,自己率领部民西去,黄台吉又去追赶,影响了当年的边市贸易,也没有照惯例向明朝贡使。明朝方面担心任其发展下去,会影响到好不容易建立起来的良好关系,于是由明朝政府居中作筏,劝说两家和好,并且让黄台吉将三娘子收继,这样才使黄台吉真正继承了俺答汗的权力。黄台吉收继三娘子之后,自身实力得到大大增强,他的儿子扯力克自然也就又归附到黄台吉的帐下,使得蒙古渡过了此次分裂危机。经过这样一番努力,黄台吉也对明朝衷心感谢,在他执掌大权之际,一直竭力保持与明朝的友好关系。

然而黄台吉上位仅仅 3 年,就在万历十三年(1585)二月病死了。接下来继承顺义王之位的是黄台吉的儿子扯力克。由于当时三娘子还活着,并且在草原之上仍然有很大的影响力,扯力克必须遵照习俗,将三娘子收继,才可以真正拥有权力。可是扯力克却嫌三娘子此时年纪大了,不想与她成婚。明朝方面只得给他施加压力,称:"你家夫人顺服我大明,至此已经是第三代了。如果你想当这个顺义王,就得跟她结婚;如果你不跟她结婚,那我们就安排别人跟她结婚,到时候就是那个人来当顺义王。"扯力克没办法,只好把自己原来的妻妾赶走,迎娶三娘子,在万历十五年三月正式受封。明朝方面为了感谢三娘子,将她封为忠顺夫人。三娘子一直活到了万历中后期。其中在万历三十五年,扯力克死去的时候,三娘子仍然在世。扯力克的长子晃兔台吉此时已经死了,应当由扯力克的孙子卜失兔继承顺义王之位。于是当时就有人准备按照惯例,安排卜失兔继续收继三娘子。结果俺答汗其他孙子辈的一些领主欺负卜失兔年幼,派人出来阻挠这桩婚事,蒙古再次陷入混乱。明朝再次充当中间人的角色,出来在两派之间调停,完成了卜失兔与三娘子的婚姻。但是卜失兔还没正式完成继承顺义王位的典礼,三娘子就因为年纪老迈而去世了。随着三娘子的死去,俺答汗在蒙古所建立的权威和霸业也就走到了尽头。

三娘子像

6.4　昙花一现的林丹汗

我们在上一节中讲述了俺答汗的经历。俺答汗只是土默特一部的首领,成为右翼三万户的领袖,也是拥有蒙古两翼六万户中最强实力的一位,同时代左翼三万户中的首领相比之下也黯然失色。在俺答汗的不断扩张之下,作为蒙古大汗所属的察哈尔部被迫东迁,让出宣府、大同等地,将牧地移向东北。但当俺答汗过世之后,右翼逐渐走向衰落,左翼三万户,尤其是原本大汗所在的察哈尔部开始再度兴起。至明末万历年间,蒙古大汗传至林丹汗(文献中亦写作凌丹汗,全称为林丹呼图克图汗),他开始追求重振大汗权威。据说林丹汗曾经自称自己是"神中之神全智成吉思隆盛汗""林丹胡图克图福荫成吉思睿智战无不胜伟大剌瓦尔迪大太宗之天神全世界之玉皇转金法轮诺门罕"。在这两个分别长达12字和42字的冗长名号来看,林丹汗是个极度自负的人。而且林丹汗出手也不同寻常。他大致在万历三十二年(1604)登上汗位,卧薪尝胆十余年,在万历四十三(1615)年突然开始行动,一上来就攻陷了广宁卫,让明朝方面对他刮目相看。

在万历四十三年的明朝,北方的蒙古已经不再被朝廷视为大敌,大臣们已经发现,真正的威胁来自于东北方向,是当年并不起眼的建州女真,他们的首领叫作努尔哈赤。建州女真作为北方一支十分活跃的力量,可以追溯到两宋之交。完颜阿骨打建立金朝,在中国北方建立政权,也有百余年的统治。在大元帝国瓦解之后,明朝希望联合北方各部族,压制北元势力,便将地处东北的建州女真编为建州卫,帮助明朝对抗蒙古。我们曾经说过,在瓦剌兴起时,瓦剌的也先和蒙古的脱脱不花汗都曾经攻打过女真海西部,劫掠人口财产,使女真诸部被迫南迁。

女真南迁之后,不断繁衍生息,实力在慢慢恢复之中。到了努尔哈赤作为首领之后,他在建州女真内部也进行了政权组织形式的改革,成就了后来著名的八旗制度。至万历十一年(1583),努尔哈赤开始征讨女真诸部。他在东北地区的积极活动,在万历十五年引起了明朝辽东巡抚的注意,并且试图派兵对其进行剿灭。但是由于在执行层面上出现了上下方针不一的情况,使得明朝出师不利,辽东方面的官员又互相推诿责任,结果变成了内外文官们互相攻讦的一场闹剧,而真正的主角努尔哈赤却被大家忽视掉了。结果努尔哈赤就利用这样的空隙在辽东地区取得自身发展的时间和空间,正如后来大家所知的那样,他成了著名的清太祖,创立了中国古代史上的最后一个王朝。

万历四十三年,当林丹汗攻陷广宁时,明朝中央对努尔哈赤的担心已经开始超过了蒙古。就在次年,努尔哈赤完成了对女真诸部的统一,他定都赫图阿拉(今辽宁省新宾县),建元天命,定国号为后金,即奉天受命,远祧金朝之意。明朝决定不与林丹汗争一时之气,反而对他加以赏赐,意在"以夷制夷",挑动林丹汗替自己去跟后金争锋。于是在万历四十五年,明朝与林丹汗开始互市,并且将征收广宁一带赋税的权力授予了林丹汗。林丹汗此时也明显感觉到了后金的威胁,故此也不排斥与明朝联手,开始将目光转向东方。

努尔哈赤像

实际上,努尔哈赤也在积极寻求蒙古方面的支持。万历四十二年,努尔哈赤即为自己的大儿子代善娶了蒙古内喀尔喀部扎鲁特部贝勒钟嫩的女儿,同时科尔沁部莽古思贝勒也将自己的女儿嫁给了努尔哈赤的另一个儿子。所谓"贝勒",来自于女真语,在早期是贵族之意。第二年,努尔哈赤又为自己的儿子娶了科尔沁孔果尔贝勒的女儿。而到了万历四十五年,努尔哈赤把自己的侄女又嫁给了内喀尔喀巴岳特部的恩格德尔台吉。喀尔喀与科尔沁两部与后金政权相毗邻,长期居于东北地区,与代表蒙古大汗的察哈尔部之间素有嫌隙,并不是铁板一块。这两部与后金之间虽然也有战争,但是努尔哈赤在统一女真诸部的过程中,一直主动拉拢他们,以保障自己后方的稳固。然而尽管努尔哈赤一直希望通过联姻的方式笼络,但后金政权的蓬勃发展,不可能没有引起他们的担心。在1619年,即明万历四十七年,内喀尔喀与科尔沁两部联军与后金部队在铁岭发生一场大战,结果以努尔哈赤的大胜告终,努尔哈赤还抓获了内喀尔喀部的盟主宰赛父子。由于宰赛在内喀尔喀五部之中有极高的威望,所以努尔哈赤并没有杀他,而是借此机会与内喀尔喀五部谈判,双方约定互相之间建立攻守同盟,并且明确共同的敌人为明朝,双方应共同出兵攻取广宁,但没有明确喀尔喀与察哈尔部的关系。至此喀尔喀部中亲后金一方的势力大盛,使喀尔喀部后来更加倾向于努尔哈赤。此后,在明天启四年(1624),也是后金天命九年,科尔沁部的首领奥巴也看清形势,决定脱离蒙古阵营,投降后金以求自保。奥巴与努尔哈赤在盟约中宣布,林丹汗所在的察哈尔部态度高傲,经常对科尔沁和满洲进行羞辱,故此科尔沁与满洲缔结同盟,共同对抗察哈尔部,今后如果哪一方私自与敌方议和,将承受上天降下的灾殃。

林丹汗对于喀尔喀、科尔沁两部倒向努尔哈赤一方,似乎并未感到意外,可见双方的关系一直不佳。林丹汗后来采取的行动,只是派出使者向努尔哈赤表示,目前广宁的财权已经全部交付给了自己,要求后金不可进攻广宁。结果努尔哈赤不但并不理睬,还把林丹汗的使者一刀杀了,双方彻底破脸。当然双方真正的兵戎相见,是在明熹宗的天启元年(1621)。这一次后金大军攻夺明朝东北重镇沈阳,明军在战斗中一败涂地,一时间辽东尽没,皆入后金版图。为了抵抗努尔哈赤的进袭,林丹汗发动数十万蒙古骑兵,与明军一道防守山海关,阻挡了努尔哈赤南下的势头。这种状况使得林丹汗开始意识到,辽东地区的蒙古诸部,已经成为努尔哈赤向东扩展的左膀右臂,必须先予剪除。特别是科尔沁,如果说喀尔喀部只是依违于后金和蒙古之间的话,科尔沁与察哈尔部的关系早已出现明显裂痕,科尔沁曾经收容过很多因察哈尔部内乱而逃亡的贵族,其中不少人是林丹汗欲杀之而后快的对象,所以林丹汗自然把科尔沁当成了自己第一个攻击目标。

但是,攻打科尔沁也不是件轻松的事情。因为科尔沁的牧区在喀尔喀五部之东,必须长途跋涉,还要取得喀尔喀五部的支持才能到达。林丹汗为此准备了一年多,先在1625年(明天启五年,后金天命十年)

十月,派出使者绰尔济喇嘛造访科尔沁,与奥巴做最后交涉,提出如果奥巴放弃与后金的联盟,则两家仍旧可以保持和平,奥巴若一意孤行,两家也只有决裂一途。奥巴决心已定,对林丹汗的使者根本不予理睬。于是在十一月时,林丹汗开始准备进攻,本来计划在十一月十五日出征,后来干脆提前到了十一月初。此次喀尔喀五部之中,一部分人对林丹汗的出征表示默许,但是作为喀尔喀五部的首领炒花却不愿看到科尔沁落入林丹汗之手。于是炒花从十月就开始派出使者通报科尔沁一方,告知奥巴有关林丹汗的动向,特别是察哈尔部将在十一月出兵的情报。同时,炒花又压制住了喀尔喀中亲林丹汗一方的活动,禁止他们参与林丹汗对科尔沁的出兵。故此奥巴很早就对林丹汗出兵的规模和路线有所掌握,并派出使者向后金求援。故此林丹汗刚开始的行动非常顺利,科尔沁守军纷纷逃走,但当他进至奥巴居城格勒珠尔根时,科尔沁部开始在城中拼死一战。由于奥巴得到的情报是察哈尔部十一月十五日出征,故此后金援军到了十一月十日才到达。努尔哈赤亲率大军坐镇镇北堡,担任前锋的则是莽古尔泰指挥的五千精兵。他们抵达农安塔之后,林丹汗攻格勒珠尔根不下,担心腹背受敌,于是撤围而去。

其实这场战斗中涉及的几方心态都是很有意思的。除去直接参战的察哈尔、科尔沁两部不说,喀尔喀部的首领炒花并没有认识到他所面临的难局。由于后金与科尔沁联手,他在东北一带想要保住自己的地位,唯一的可能就是寻求与林丹汗合作。可是炒花想的只是保住自己的地位和领土,故此对林丹汗的行动不断阻挠,以为这样可以向后金一方市恩,无异与虎谋皮。后金方面,也不想真的跟林丹汗来个硬碰硬。他们更希望看到蒙古诸部内部之间先互相斗个头破血流,自己能够坐收渔翁之利,于是努尔哈赤并没打算真的去救助科尔沁。他当时下令先锋部队不可越过农安塔,只需要给林丹汗施加一些压力即可,就是做做样子而已。林丹汗对努尔哈赤也颇多忌惮,看到后金兵马到此,不敢继续围攻,可以说已经堕入了努尔哈赤对他的计算之中。

这场战斗结束之后,林丹汗与努尔哈赤都意识到了喀尔喀部依违其间,首鼠两端,对己方有着严重的影响,如果想要向东或向西继续推进,必须解决喀尔喀部,将它置于自己的旗下。于是在 1626 年,后金一方以喀尔喀部背盟为名,命代善为前锋,努尔哈赤亲率中军,分兵八路,对炒花所在的乌齐叶特部与巴林部进行袭击。在此战之中,巴林部被后金彻底击溃。等到努尔哈赤到来以后,炒花再无力与后金主力作战,只得向西逃窜,投奔林丹汗旗下安身。林丹汗趁此机会,将炒花的残部兼并,并且数落炒花说:"你也算是喀尔喀五部之主,当初宰赛被人抓了,你不跟我说;后来宰赛的女儿也被人家抢了去,你又不跟我说。后来你还跟这些坏蛋的头子们暗地来往不断。囊路是你的亲侄子,都被人家杀了,你也不当回事。囊路的儿子歹安儿被他们抓走,你也不管。难道你就不是个男人?只知道诓骗明朝的赏赐!你送给那些坏蛋骆驼马匹,人家就用点马鞍破袋子什么的打发你,你说那值什么!"炒花被骂得哑口无言。此后后金再破以宰赛为首领的扎鲁特部,而林丹汗也趁机出兵扎鲁特部,对新遭大败的扎鲁特部再次进行了洗劫,使得喀尔喀五部残众在走投无路之下,只得投奔科尔沁,喀尔喀部彻底在东西两面夹击之下土崩瓦解。

林丹汗对喀尔喀部进行洗劫,固然增强了自己的实力,但是在蒙古内部来说,影响非常恶劣。因为蒙古诸部之中,虽然仍有矛盾,但毕竟同气连枝,可是林丹汗却为了自己的需要,兼并喀尔喀部众之后,并未以礼相待,反而拿他们当战俘一般,特别是对扎鲁特部的出兵,更是落井下石,未免让人齿冷。所以在林丹汗出兵之后,蒙古特别是察哈尔本部之内人心反而更加动荡,特别是林丹汗的亲族近支均对他感到不满,纷纷暗地里与后金有了往来。可以这么说,林丹汗的所作所为,只是在表面上充实了己方的实力,实际上却是将很多心怀疑惧的部落推向了后金一方。在这种情况,林丹汗并不是没有察觉到形势的变化,于是决定暂不与后金在东线争锋,而打算趁蒙古右翼诸部实力衰退之时,先发动西征,重返宣府、大同故地,争取稳固后方以后,再来与后金较量。基于这样的考虑,林丹汗发动了西征,也直接导致了他的败亡。

1627 年三四月间,就在后金与林丹汗相继洗劫喀尔喀部的次年,林丹汗主动率众向西而去,使得整个北方局势发生了很大的变化。根据史料记载,林丹汗此次西行,带领的人马有十余万,大致是尽遣手下精锐出征,首先攻下在开平一带活动的哈喇嗔部。此时继承俺答汗顺义王之号的,是第四代顺义王卜失兔。此时的顺义王已不再有当年的号召力,能够将整个右翼都发动起来,现在他只能率领土默特一部抵抗林丹汗的入侵。于是在这一年七月,顺义王卜失兔带领本部人马与哈喇嗔残部,在威宁海子一带布防。结果到了十月,林丹汗大败卜失兔。卜失兔的兄弟习令、色令二人本来就因为继承顺义王位的问题与卜失兔关系不睦,干脆趁机率众投降林丹汗,卜失兔只得逃窜到了河套地区。到了这一年的年底,土默特部的主要力量均已被林丹汗击溃。

虽然土默特部实力上已经大大不如往昔,但是毕竟在名义上还是明朝册封的顺义王统率之部,且与明朝有着密切的边境往来。所以明朝方面对于林丹汗突然放弃东线与后金的作战,反而西进吞并土默特部的做法,表示了强烈的不满。此时崇祯皇帝朱由检刚刚即位,急于立威,便宣布因蒙古诸部自相攻击,要停止对蒙古各部的市赏。失去市赏之后,林丹汗等于少了一大块常规的财政收入,当然觉得火大,便在明崇祯元年(1628)六月入边,在得胜口叩关请赏。明军不许,林丹汗下令进攻,于是一口气打到了大同城下,杀死明军和百姓数万人,大同差点失守。崇祯帝朱由检无奈之下,用总督宣大山西军务王象乾的计策,命使者出阳和口,找到永谢布部,通过永谢布部联络右翼诸部与明朝一同对付林丹汗。结果这年九月,卜失兔率领的土默特残部与永谢布、鄂尔多斯两部的联军,在埃不哈跟林丹汗的察哈尔部一场大战。出乎大家意料的是,三部联军竟然毫无抵抗之力,一战即溃。三部首领大多逃向河套地区以西,卜失兔的妻子和顺义王的金印也都被林丹汗俘获。

可是尽管林丹汗在西线进展顺利,后金却把察哈尔本部蚕食殆尽。同在1628年,皇太极在二月出兵大凌河,大败留在察哈尔故地的多罗特旧部。据称此次察哈尔部被后金俘虏的人数达到了11200人之多。至这一年九月,原来处于东部的蒙古诸部大部分已经归降后金,原来留在故地的察哈尔余部,不是在战争中被杀,就是成了后金的俘虏,只有少量人马西逃投奔本部主力。在这种情况之下,林丹汗的西征部队也开始产生了强烈的厌战情绪,因为大家的亲眷大多还在故地,生死未卜。林丹汗的西征虽然进展顺利,但是战略目的并不明确,到底打算推进到哪里,夺取的领地如何安顿,大家心里都没有底,只是走一步看一步,根本不知道自己的未来是什么样子。很多人实在不想再去打仗,更何况自己身后还有一个虎视眈眈的后金呢? 故此察哈尔部下属乌珠穆沁、苏尼特、浩齐特等部,先后脱离西征,逃往外喀尔喀。林丹汗为了报复,又在 1629 年和 1631 年两次攻打外喀尔喀,开始两线作战。但对已经内外交困的林丹汗来说,两线作战无异于分散己方的战斗力,更加速了自己的败亡。

1632 年(明崇祯五年,后金天聪六年)四月,皇太极组织蒙古与后金联军一起对林丹汗发起攻击。由于之前林丹汗的四面出击导致他在蒙古诸部之中众叛亲离,在皇太极号召之下,蒙古诸部大多都站在了后金一方,主动与皇太极联手。林丹汗对此毫无准备,一听各部均已倒戈,大惊之下,率部众西逃,准备前往青海暂避。按照相关资料记载,林丹汗当时要求各家只要有牛两头以上的,一律随大部队一起迁走,结果谁也不愿意远走青海,最后从归化城(今内蒙古自治区呼和浩特市旧城)出发之后,沿途之上众人就相约散去。林丹汗本来还拥众十余万之多,走了没多远,还跟他一起西逃的就只剩下四五万人了。后金兵马在后面衔尾追击,结果除了看到一些零星溃散下来的察哈尔部骑兵以外,根本就没看到想象中的察哈尔部主力,于是欣然攻克归化城,收编逃散部众。克什克腾部干脆举部投降。后金兵马居然兵不血刃,就将林丹汗辛苦西征取得的领地全部占为己有。

从结果来看,林丹汗显然没能够逃往青海,去仿效当年的西海达子以图再举,而是藏身于毛乌素沙漠的深处,不断骚扰甘肃、凉州等地,希望能抢到一些粮草衣食,解决自己的生存困境。但是毕竟沙漠中的环境恶劣,日子一天不如一天,部众不断逃亡,相继投奔后金。最终林丹汗在 1634 年夏天死在了甘肃大草滩(今甘肃省天祝藏族自治县)。在他死后,察哈尔部最后一些保持较强实力的贵族,如多尼库鲁克等人纷纷离开甘肃,投降后金。留守大漠之中的,只剩下林丹汗之子额哲等人。漠北车臣汗部还曾经派出使者,劝告额哲携众投奔漠北,其实意在挟制蒙古大汗。但是额哲还没来得及做出选择,就在1635年四月,被后金远征军包围。额哲等人见大势已去,只得带领最后的一群察哈尔残部投降了后金远征军元帅多尔衮。

额哲等人的投降,不止宣告了蒙古大汗作为草原领袖的历史走到了尽头,同时也宣告了后金作为北方新一代霸主的诞生。同时,后金政权也开始了对蒙古诸部的重新安置与改编,依据满洲八旗,将蒙古诸部重新编成为蒙古八旗。就在次年,也就是1636年,即明崇祯九年,皇太极宣布原后金国号与天聪年号停用,改国号为大清,年号崇德。蒙古八旗贵族向皇太极奉上号称从元代流传下来的传国玉玺,表示大家愿意奉清帝为大汗。8年之后,1644年,即明崇祯十七年,清顺治元年,内外交困的明崇祯皇帝朱由检上吊煤山,李自成攻入北京,吴三桂引清兵入山海关,清王朝定都北京,开启了中国最后一个王朝的统治。此后蒙古在清代近300年间,成为满清国家中的重要一部分,蒙古族也被置于理藩院的管理之下,开启了属于他们的另一段历史。然而当初那雄伟瑰丽的草原帝国,只剩下来那些英雄史诗,还在人们口中传颂,一如那美妙而遥远的梦境。

7 终章

　　蒙古的历史并未因其被改编为蒙古八旗而结束,如果我们继续往后讲述蒙古历史,大家会看到准噶尔汗国的兴起——或许大家会想起金庸笔下《鹿鼎记》中与韦小宝结拜的噶尔丹王子,他在历史中是个了不起的人物,统一了卫拉特诸部,在漠西建立了准噶尔汗国。大家还会看到土尔扈特部因不堪忍受俄国的欺凌压榨,从伏尔加河流域万里东归——这个故事后来被拍成了电影《东归英雄传》,一时脍炙人口。蒙古民族在历史中给我们带来了太多太多的精彩故事,但是有关于曾经的蒙古帝国,它的历史开始于成吉思汗,并终结于林丹汗,这是史学界的共识,故此本书也将终结于此。

　　回到本书最开始的话题,为什么曾经能征惯战的蒙古会被农民军赶出中原,再也无法回复当年帝国的光辉岁月? 当我写完这本书以后,我认为我已经找到了答案。在我看来,元朝的失败当然有多方面的原因,但是蒙古在军事层面的失败直接折射出了一个非常深刻的问题,也就是游牧民族与帝国体制之间的不协调性。

　　在成吉思汗时代的蒙古,虽然成吉思汗建立了大蒙古国,也有了初步的政治权力架构,但这一时期的大蒙古国与其说是一个国家, 不如说是正在向国家阶段过渡的部落联盟。此时蒙古的经济仍然以游牧为主,经济水平的提升速度远不及国土扩张来得快。支持蒙古部落财富快速增长的基础,就是战争胜利后的劫掠。这一新出现的部落联盟,很快发现他们通过征服手段,以惊人的速度聚积了大量财富。这是他们以前所不能想象的。于是,他们就以更大的热情投入到战争之中,形成了当时亚洲大陆上的一股狂飙。

　　问题出现在成吉思汗晚年,面对自己的家族与征服得到的大量土地和人民,成吉思汗开始考虑分配财产的方式。于是进入窝阔台、贵由

·欧·亚·历·史·文·化·文·库·

和蒙哥三汗时代,大蒙古国在国家化进程上走得越来越快,四大汗国也相继出现。相比于成吉思汗时代对外征服而言,以后统治者在对内管理上投入的精力必须越来越多。直至忽必烈打败阿里不哥,建立大元,此后在元朝生活的蒙古人,大多数已经不再过游牧生活,转向定居生活。元朝的建立也标志着蒙元帝国进入到了国家阶段,完全不同于早期大蒙古国时代的部落联盟。在忽必烈完成中国的统一之后,曾经骁勇善战的蒙古军队在国家化进程之下,作战方式和特点也发生了转变。我们知道,部队的战斗力是通过训练和给养两方面来保持的。早期蒙古军队的给养,大部分来自于他们的战利品,也就是所谓的以战养战,与大蒙古国的经济力无关。元朝则全然不同。由于元朝国家可以提供巨大的经济后盾,元朝部队给养几乎完全依赖国家的经济力量,到元末国家经济力量大受打击,经济水平持续下滑的时候,元朝部队受到影响是理所当然的。再加上南方大规模的叛乱,导致大都的粮食供应都出现紧张,这时候国家在资源分配和协调方面的能力已经降至最低点。我们还能指望蒙古军队发挥当年的战斗力,去跟南方气势如虹的农民军对抗吗?

所以我们就看到了蒙元帝国崩溃之后的连锁反应。虽然昭宗爱猷识理达腊回到了草原,但他们对于政权的管理方式,仍然带有鲜明的元朝国家特征。故此我们也就可以理解,为什么明朝会对蒙古作战始终处于上风。反而当脱古思帖木儿被杀之后,忽必烈一系的后代进入低谷,大多数蒙古人恢复了游牧生活,元朝国家特征被越来越淡化,蒙古的力量才又重新聚集恢复了起来。我们后来所见的瓦剌政权也好,达延汗政权也好,他们的战斗力水平较元末时代有了提高,这与他们都是完全立足于草原之上的政权有着密切关系。即使是称霸一时的俺答汗,他曾经试图转变蒙古贵族的生活方式,通过收容城居的汉人来提升蒙古的经济水平,但是就整体而言,他没有影响到蒙古人最基本的游牧生活。至少从历史结果可以看出来,摆脱了帝国体制这套不合身的外衣以后,回归游牧生活的蒙古人虽然不能再像成吉思汗时代那样纵横驰骋,但至少表现出了远超过明军水平的战斗力。

正是因为这样的原因，我们可以注意到，尽管成吉思汗还在蒙古人心中有着崇高的地位，尽管大元的辉煌壮丽还为他们津津乐道，但是恢复了实力的达延汗也好，俺答汗也好，他们没有人再想像成吉思汗那样去征服四方。曾经的蒙元帝国在 1368 年以后，留给蒙古人的就只剩下一个辉煌的背影，而广袤的草原，才是蒙古人心中的归宿。

参考文献

明实录.北京:线装书局,2005.

蒙古秘史.余大钧,译注.石家庄:河北人民出版社,2001.

乌兰.蒙古源流研究.沈阳:辽宁人民出版社,2000.

曹永年.蒙古民族通史.呼和浩特:内蒙古大学出版社,2002.

和田清.明代蒙古史论集.北京:商务印书馆,1984.

达力扎布.明代漠南蒙古历史研究.呼和浩特:内蒙古文化出版社,1997.

曹永年.明代蒙古史丛考.上海:上海古籍出版社,2012.

陈高华,史卫民.元上都.长春:吉林教育出版社,1988.

朱风,贾敬颜.汉译蒙古黄金史纲.呼和浩特:内蒙古人民出版社,1985.

薄音湖,王雄.明代蒙古汉籍史料汇编.呼和浩特:内蒙古大学出版社,2006.

白翠琴.瓦剌史.桂林:广西师范大学出版社,2006.

索　引

欧亚历史文化文库

已经出版

林悟殊著:《中古夷教华化丛考》 定价:66.00 元

赵俪生著:《弇兹集》 定价:69.00 元

华喆著:《阴山鸣镝——匈奴在北方草原上的兴衰》 定价:48.00 元

杨军编著:《走向陌生的地方——内陆欧亚移民史话》 定价:38.00 元

贺菊莲著:《天山家宴——西域饮食文化纵横谈》 定价:64.00 元

陈鹏著:《路途漫漫丝貂情——明清东北亚丝绸之路研究》

定价:62.00 元

王颋著:《内陆亚洲史地求索》 定价:83.00 元

〔日〕堀敏一著,韩昇、刘建英编译:《隋唐帝国与东亚》 定价:38.00 元

〔印度〕艾哈默得·辛哈著,周翔翼译,徐百永校:《入藏四年》

定价:35.00 元

〔意〕伯戴克著,张云译:《中部西藏与蒙古人

——元代西藏历史》(增订本) 定价:38.00 元

陈高华著:《元朝史事新证》 定价:74.00 元

王永兴著:《唐代经营西北研究》 定价:94.00 元

王炳华著:《西域考古文存》 定价:108.00 元

李健才著:《东北亚史地论集》 定价:73.00 元

孟凡人著:《新疆考古论集》 定价:98.00 元

周伟洲著:《藏史论考》 定价:55.00 元

刘文锁著:《丝绸之路——内陆欧亚考古与历史》 定价:88.00 元

张博泉著:《甫白文存》 定价:62.00 元

孙玉良著:《史林遗痕》 定价:85.00 元

马健著:《匈奴葬仪的考古学探索》 定价:76.00 元

〔俄〕柯兹洛夫著,王希隆、丁淑琴译:

《蒙古、安多和死城哈喇浩特》(完整版) 定价:82.00 元

乌云高娃著:《元朝与高丽关系研究》　　　　　　　定价:67.00 元

杨军著:《夫余史研究》　　　　　　　　　　　　定价:40.00 元

梁俊艳著:《英国与中国西藏(1774—1904)》　　　定价:88.00 元

〔乌兹别克斯坦〕艾哈迈多夫著,陈远光译:

　《16—18 世纪中亚历史地理文献》(修订版)　　定价:85.00 元

成一农著:《空间与形态——三至七世纪中国历史城市地理研究》

　　　　　　　　　　　　　　　　　　　　　　定价:76.00 元

杨铭著:《唐代吐蕃与西北民族关系史研究》　　　定价:86.00 元

殷小平著:《元代也里可温考述》　　　　　　　　定价:50.00 元

耿世民著:《西域文史论稿》　　　　　　　　　　定价:100.00 元

殷晴著:《丝绸之路经济史研究》　　　定价:135.00 元(上、下册)

余大钧译:《北方民族史与蒙古史译文集》　定价:160.00 元(上、下册)

韩儒林著:《蒙元史与内陆亚洲史研究》　　　　　定价:58.00 元

〔美〕查尔斯·林霍尔姆著,张士东、杨军译:

　《伊斯兰中东——传统与变迁》　　　　　　　定价:88.00 元

〔美〕J.G.马勒著,王欣译:《唐代塑像中的西域人》　定价:58.00 元

顾世宝著:《蒙元时代的蒙古族文学家》　　　　　定价:42.00 元

杨铭编:《国外敦煌学、藏学研究——翻译与评述》　定价:78.00 元

牛汝极等著:《新疆文化的现代化转向》　　　　　定价:76.00 元

周伟洲著:《西域史地论集》　　　　　　　　　　定价:82.00 元

周晶著:《纷扰的雪山——20 世纪前半叶西藏社会生活研究》

　　　　　　　　　　　　　　　　　　　　　　定价:75.00 元

蓝琪著:《16—19 世纪中亚各国与俄国关系论述》　定价:58.00 元

许序雅著:《唐朝与中亚九姓胡关系史研究》　　　定价:65.00 元

汪受宽著:《骊靬梦断——古罗马军团东归伪史辨识》　定价:96.00 元

刘雪飞著:《上古欧洲斯基泰文化巡礼》　　　　　定价:32.00 元

〔俄〕Т.Б.巴尔采娃著,张良仁、李明华译:

　《斯基泰时期的有色金属加工业——第聂伯河左岸森林草原带》

　　　　　　　　　　　　　　　　　　　　　　定价:44.00 元

叶德荣著:《汉晋胡汉佛教论稿》　　　　　　　　定价:60.00 元

·欧·亚·历·史·文·化·文·库·

王颋著:《内陆亚洲史地求索(续)》　　　　　　　定价:86.00元

尚永琪著:

　《胡僧东来——汉唐时期的佛经翻译家和传播人》　定价:52.00元

桂宝丽著:《可萨突厥》　　　　　　　　　　　定价:30.00元

篠原典生著:《西天伽蓝记》　　　　　　　　　定价:48.00元

〔德〕施林洛甫著,刘震、孟瑜译:

　《叙事和图画——欧洲和印度艺术中的情节展现》　定价:35.00元

马小鹤著:《光明的使者——摩尼和摩尼教》　　定价:120.00元

李鸣飞著:《蒙元时期的宗教变迁》　　　　　　定价:54.00元

〔苏联〕伊·亚·兹拉特金著,马曼丽译:

　《准噶尔汗国史》(修订版)　　　　　　　　　定价:86.00元

〔苏联〕巴托尔德著,张丽译:《中亚历史——巴托尔德文集
　第2卷第1册第1部分》　　　　　　定价:200.00元(上、下册)

〔俄〕格·尼·波塔宁著,〔苏联〕B.B.奥布鲁切夫编,吴吉康、吴立珺译:

　《蒙古纪行》　　　　　　　　　　　　　　　定价:96.00元

张文德著:《朝贡与入附——明代西域人来华研究》　定价:52.00元

张小贵著:《祆教史考论与述评》　　　　　　　定价:55.00元

〔苏联〕K.A.阿奇舍夫、Γ.A.库沙耶夫著,孙危译:

　《伊犁河流域塞人和乌孙的古代文明》　　　　定价:60.00元

陈明著:《文本与语言——出土文献与早期佛经词汇研究》

　　　　　　　　　　　　　　　　　　　　　定价:78.00元

李映洲著:《敦煌壁画艺术论》　　　定价:148.00元(上、下册)

杜斗城著:《杜撰集》　　　　　　　　　　　　定价:108.00元

芮传明著:《内陆欧亚风云录》　　　　　　　　定价:48.00元

徐文堪著:《欧亚大陆语言及其研究说略》　　　定价:54.00元

刘迎胜著:《小儿锦研究》(一、二、三)　　　　定价:300.00元

郑炳林著:《敦煌占卜文献叙录》　　　　　　　定价:60.00元

许全胜著:《黑鞑事略校注》　　　　　　　　　定价:66.00元

段海蓉著:《萨都剌传》　　　　　　　　　　　定价:35.00元

马曼丽著:《塞外文论——马曼丽内陆欧亚研究自选集》　定价:98.00元

〔苏联〕И. Я. 兹拉特金主编，М. И. 戈利曼、Г. И. 斯列萨尔丘克著，

马曼丽、胡尚哲译：《俄蒙关系历史档案文献集》(1607—1654)

定价：180.00元(上、下册)

华喆著：《帝国的背影——1368年后的蒙古》　　　　定价：55.00元

敬请期待

贾丛江著：《汉代西域汉人和汉文化》

王永兴著：《敦煌吐鲁番出土唐代军事文书考释》

薛宗正著：《西域史地汇考》

徐文堪编：《梅维恒内陆欧亚研究文选》

李锦绣编：《20世纪内陆欧亚历史文化研究论文选粹》

李锦绣、余太山编：《古代内陆欧亚史纲》

李锦绣著：《裴矩〈西域图记〉辑考》

李艳玲著：《田作畜牧

　　——公元前2世纪至公元7世纪前期西域绿洲农业研究》

许全胜、刘震编：《内陆欧亚历史语言论集——徐文堪先生古稀纪念》

张小贵编：《三夷教论集——林悟殊先生古稀纪念》

李鸣飞著：《横跨欧亚——中世纪旅行者眼中的世界》

杨林坤著：《西风万里交河道——明代西域丝路上的使者与商旅》

林悟殊著：《华化摩尼教补说》

王媛媛著：《摩尼教艺术及其华化考述》

李花子著：《长白山踏查记》

芮传明著：《摩尼教敦煌吐鲁番文书校注与译释研究》

马小鹤著：《霞浦文书研究》

〔德〕梅塔著，刘震译：《从弃绝到解脱》

郭物著：《欧亚游牧社会的重器——鍑》

王邦维著：《华梵问学集》

李锦绣著：《北阿富汗的巴克特里亚文献》

孙昊著：《辽代女真社会研究》

赵现海著：《明长城时代的开启

　　——长城社会史视野下明中期榆林长城修筑研究》

杨建新著:《边疆民族论集》

王永兴著:《唐代土地制度研究——以敦煌吐鲁番田制文书为中心》

〔俄〕柯兹洛夫著,丁淑琴译:《蒙古与喀木》

韩中义著:《欧亚与西北研究辑》

刘迎胜著:《蒙元史考论》

尚永琪著:《古代欧亚草原上的马——在汉唐帝国视域内的考察》

石云涛著:《丝绸之路的起源》

青格力等著《内蒙古土默特金氏蒙古家族契约文书整理研究》

尚永琪著:《鸠摩罗什及其时代》

石云涛著:《魏晋南北朝时期的外来文明》

〔英〕斯坦因著,殷晴、张欣怡译:《沙埋和阗废墟记》

李鸣飞著:《金元散官制度研究》

淘宝网邮购地址:http://lzup.taobao.com